Serienmörder des Dritten Reiches

KRIMINALCHRONIK DES DRITTEN REICHES
SONDERBAND: SERIENMÖRDER

WOLFGANG KRÜGER

SERIENMÖRDER DES DRITTEN REICHES

(1933–1945)

Mit einem Vorwort
von Michael Kirchschlager
und Wolfgang Krüger

KIRCHSCHLAGER

INHALTSVERZEICHNIS

VORWORT

Nach umfangreichen Recherchen legt Wolfgang Krüger einen weiteren Band zu Kriminalfällen aus der Zeit des Dritten Reiches vor. Diesmal begibt sich der Celler Kriminalhistoriker auf die Spur unheimlicher Serienmörder. Als »Serienmörder« werden in der Regel diejenigen Mörder bezeichnet, die ihre Verbrechen in zeitlichem Abstand voneinander begehen. Die Zeitabstände können Tage, Wochen, Monate oder gar Jahre betragen. Ebenso können die Motive für die Taten ganz unterschiedlicher Natur sein. Häufig jedoch handeln Serienmörder aus sexuellen Motiven, es handelt sich hier um reine Triebtäter, die bei Begehung ihrer Morde in einen wahren Rausch verfallen können. Wenn dann die Opfer auch noch Kinder sind, dann hat der Serienmörder die unterste Stufe erreicht. Die abscheulichen Verbrechen eines solchen Mannes werden in diesem Buch geschildert.

Gewinnsucht kann gleichfalls zu Serienmorden führen, beispielsweise um das Opfer zu berauben oder sich in den Besitz einer Lebensversicherungssumme zu setzen. Auch die Zahl der Opfer weicht voneinander stark ab, doch spricht man in der Regel erst dann von einem Serienmörder, wenn dieser mindestens zwei Menschen getötet hat. Es ist zwar immer von »Serienmördern« in der männlichen Form die Rede, aber auch serienmordende Frauen hat es gegeben. Die europäische und US-amerikanische Kriminalgeschichte weist eine nicht geringe Zahl dieser »weiblichen Ungeheuer« auf. Ihre Waffe aber war, in der Blütezeit im 18. und 19. Jahrhundert, fast ausschließlich heimtückisch beigebrachtes Gift.

Es ist keineswegs die Absicht dieses Buches, auf die psychologischen Aspekte von Serienmördern einzugehen. Vielmehr sollen die Aufklärung der Verbrechen sowie ihre Aufarbeitung vor Gericht, so wie sie in den zeitgenössischen Tageszeitungen und in überkommenen Akten ihren Niederschlag fanden, dargestellt werden. Auch im Dritten Reich werden, zumindest bis zum Kriegsbeginn, Serienmorde und ihre Aufdeckung und Aburteilung den sensationslüsternen Lesern eine willkommene Abwechslung dargeboten haben.

Sogar in der vermeintlich fast lückenlos überwachten Diktatur des Dritten Reiches konnten Serienmörder ihr Unwesen treiben. Sie ließen sich auch durch die Androhung und konsequente Anwendung der Todesstrafe nicht von ihren Taten abschrecken. Drei wurden bereits im ersten Band der »Kriminalchronik des Dritten Reiches« vorgestellt.* Für das vorliegende Buch wurden von Wolfgang Krüger weitere Serienmörder aufgenommen, die, mit Ausnahme von Ogorzow und Eichhorn, deren Untaten literarisch verwertet wurden, heute weitgehend in Vergessenheit geraten sind.

Da findet sich beispielsweise die Dortmunder »Raubmord-GmbH«, die eine scheußliche Serie von Raubmorden im westfälischen Industriegebiet zu verantworten hatte. Obwohl sie zwei dieser Morde in den letzten Monaten der Weimarer Republik beging, erfolgten doch der letzte Raubmord, die abschließenden Ermittlungen sowie der Prozeß erst nach der Machtergreifung von 1933, fallen also bereits in die Zeit des Dritten Reiches. Aus diesem Grunde wurden sie in diesem Buch mit aufgenommen.

Sogar das Randgebiet des malerischen Schwarzwaldes, bereits in den dreißiger Jahren Ziel zahlreicher Touristen, war Schauplatz einer Serie von unheimlichen Morden. Der Täter konnte erst nach einer mehrere Tage dauernden Menschenjagd gefaßt und seiner Bestrafung zugeführt werden.

Die erschütterndste in diesem Buch geschilderte Mordserie aber hatte ein Melker zu verantworten, der im »Sieges-Sommer« 1940 die Mark Brandenburg, Magdeburg sowie das sudetendeutsche Eger heimsuchte und im Laufe von drei Wochen vier kleine Mädchen an sich lockte, um sie zu mißbrauchen und zu ermorden. Weil seine Zielgruppe kleine Mädchen waren, galt der Mann als derart gefährlich, daß sich sogar der Chef der Sicherheitspolizei, Reinhard Heydrich, über den Gang der Ermittlungen Bericht erstatten ließ.

Der erste geschilderte Fall aber beleuchtet die abscheulichen Verbrechen des berüchtigten Triebtäters Eichhorn, der seinen ersten Mord noch vor der Machtergreifung beging. Erst acht Jahre nach seiner ersten Bluttat gelang es der Polizei, ihn zur Strecke zu bringen und ihm der gerechten Strafe zuzuführen.**

Den typischen Serienmörder stellte Paul Ogorzow dar, der innerhalb von einem Dreivierteljahr acht Frauen ums Leben brachte, zum Teil unter ungewöhnlichen Begleitumständen: Er warf fünf seiner Opfer, nachdem

---

* Wolfgang Krüger: Kriminalchronik des Dritten Reiches, Bd. I, Arnstadt 2008, S. 13–28, 159–190 u. 289–311.

** Berühmt wurde der Fall durch den Roman »Kalteis« von Andrea Maria Schenkel.

er ihnen den Schädel zertrümmert hatte, teils lebend, teils tot aus dem fahrenden S-Bahn-Zug.

Es mag nachdenklich stimmen, daß zwei der schlimmsten Serienmörder des Dritten Reiches bei der Reichsbahn beschäftigt waren: Eichhorn und Ogorzow. Und genauso wie der Münchner »Lustmörder« Eichhorn in den Jahren vor Kriegsausbruch benutzte Ogorzow seine Freizeit vor Schichtbeginn oder nach Schichtende, um sich mit dem Fahrrad oder zu Fuß auf die Jagd auf Frauen zu begeben. Beide Männer verstanden es auf raffinierte Weise, ein Doppelleben zu führen, so daß sie ihre abscheulichen Verbrechen ungestört über einen langen Zeitraum, Eichhorn sogar sieben Jahre lang, verüben konnten. In einem wesentlichen Punkt unterschied sich der Berliner S-Bahn-Mörder jedoch von Eichhorn: Er brachte es immerhin auf acht Todesopfer, drei mehr als sein bayerischer »Rivale«.

Als letzter Fall wird der des polnischen Serienmörders Wignaniec geschildert, der als Fremdarbeiter im westfälischen Osnabrück drei seiner Landsleute ermordete und beraubte.

Dank gebührt erneut denjenigen deutschen Bibliotheken, die dem Autor schon seit vielen Jahren historische Tageszeitungen auf Mikrofilmen zur Verfügung stellen, allen voran dem Institut für Zeitungsforschung der Stadt Dortmund, der Zeitungsabteilung der Staatsbibliothek zu Berlin und der Bayerischen Staatsbibliothek in München. Die Mikrofilme wurden am Lesegerät im Stadtarchiv Celle ausgewertet, wofür Autor und Verlag der Leiterin, Sabine Maehnert, herzlich für ihre Geduld danken. Ebenso war Frau Nicole Laka, die für den Satz, das Layout und die Gestaltung des Buchumschlags verantwortlich zeichnet, an dem Gelingen dieses Buches beteiligt.

Wolfgang Krüger

Das Gasthaus »Zum Bruckenfischer« in Schäftlarn.
Postkarte, 1930er Jahre

JOHANN EICHHORN – DER FRAUENMÖRDER VON MÜNCHEN

BAYERN (1931–1939)

Johann Eichhorn gilt zu Recht als einer der scheußlichsten Sexualverbrecher der jüngeren deutschen Kriminalgeschichte. Ungehindert konnte er zehn Jahre lang seine abnormen Neigungen austoben, vermochte, wie die *Münchener Zeitung* es ausdrückte*, wie ein wildes Tier Jagd zu machen, und zwar auf Frauen und junge Mädchen. Die Kriminalpolizei tappte jahrelang im Dunkeln. Erst eine weitere Straftat, die versuchte Vergewaltigung eines kleinen Schulmädchens Anfang 1939, führte zu seiner Festnahme und späteren Aburteilung. Damit wurde ein Alptraum beendet, der sich jahrelang über die bayerische Metropole und ihre Umgebung gelegt hatte. Die Zahl seiner Opfer geht in die Hunderte, vier unter ihnen überlebten den Überfall nicht.**

Mittwoch, der 14. Oktober 1931, war ein prächtiger sonniger Herbsttag in München, der Hauptstadt des Freistaates Bayern. Auch im Isartal, südlich der 800.000 Einwohner zählenden Metropole, zeigte sich das Laub der Bäume in herrlichen goldgelben Farben.

Zwei junge Brüder waren bereits in der Frühe in München aufgebrochen und fuhren nun auf ihrem Motorrad mit Beiwagen etwa zwanzig Kilometer nach Süden ins malerische Isartal. Sie durchquerten die kleine Ortschaft Schäftlarn***, fuhren an dem uralten Kloster Schäftlarn vorbei und gelangten an die Isar, die ruhig dahinfloß. Auf der alten Brücke überquerten sie den Fluß und bogen dann unweit des Gasthauses »Zum Bruckenfischer« von der Hauptstraße in einen in südlicher Richtung führenden Feldweg ab.

Um die Mittagszeit gelangten sie an den alten Mühlbach, einen Altarm der Isar****. Hier waren beide Ufer dicht mit Schilf und Sträuchern bewachsen. Gelegentlich führten schmale Pfade zum Bach hinunter. Die

---

* Ausgabe vom 10. Februar 1939.

** Ausgewertete Tageszeitungen: *Münchener Zeitung, Münchner Neueste Nachrichten, Neue freie Volks-Zeitung.*

*** Sie gehörte damals wie heute zum Landkreis München.

**** Dort verläuft heute der 1934 eingeweihte Mühltalkanal.

Brüder entschlossen sich, an einer gut zugänglichen Stelle am Ufer ihre mitgebrachte Brotzeit zu genießen und danach Brombeeren zu pflücken, die sie nach München mitnehmen wollten. Sie stellten ihr Motorrad ab und bereiteten alles für die Rast vor.

Einer der Brüder ging zum Bach hinunter. Und da sah er ihn, den blauen Hut mit Bändern, eher noch eine Art Kappe, die im Dickicht des Ufers hängengeblieben war. Neugierig geworden, versuchte er, die Kopfbedeckung näher in Augenschein zu nehmen, doch es war fast unmöglich, ans Wasser zu gelangen. Und dann sah er die zwei Beine, die unter einem Wurzelstock hervorragten. Mehr vermochte er nicht zu sehen. Nachdem er sich vom Schreck erholt hatte, rief er seinen Bruder herbei, ließ sich von ihm an den Beinen festhalten und spähte vorsichtig in das glasklare, träge dahinfließende Wasser unter dem Wurzelstock.

Seine dunkle Ahnung erfüllte sich! Kein Zweifel: Da befand sich tatsächlich eine Leiche im Bach, der an dieser Stelle etwa eineinhalb Meter tief war. Nur eine Hand und die Beine waren deutlich zu erkennen. Allem Anschein nach handelte es sich um eine weibliche Leiche, die auf dem Bauch lag. Am Handgelenk war deutlich ein Draht zu sehen, mit dem es wohl gefesselt war. Fichtenzweige bedeckten den Rest des Körpers, und es sah ganz danach aus, als seien sie mit dem Draht an den Körper gebunden worden. Hier lag ein Mord vor, der als Fessel dienende Draht ließ keine andere Deutung zu.

Die beiden jungen Männer vergaßen rasch das Beerensammeln. Nach der Brotzeit war ihnen nicht mehr zumute. Eilig bestiegen sie ihr Motorrad und fuhren davon. Anstatt aber die nächste Gendarmerie in Schäftlarn anzusteuern, brausten sie die zwanzig Kilometer nach München zurück und meldeten den Fund ihrer örtlichen Polizeidienststelle. Eine vernünftige Erklärung für ihre merkwürdige Handlungsweise konnten sie allerdings nicht geben.

Die Polizei handelte sofort. In einem Dienstwagen fuhren die beiden Brüder am Nachmittag an den Fundort zurück. Die Polizeibeamten sahen nun die unter dem Wurzelstock steckengebliebene Leiche der Frau, anscheinend einer noch jungen Frau. Einer der Beamten versuchte, die Tote unter dem Wurzelstock hervorzuziehen und sie zu bergen. Es gelang ihm trotz gewaltiger Anstrengungen nicht, auch nicht, als er eine lange Stange zum Einsatz brachte. Die Baumwurzeln schienen die Leiche nicht hergeben zu wollen.

Inzwischen war es dunkel geworden, und jeder weitere Bergungsversuch war aussichtslos. Daher stellte die örtliche Gendarmerie zwei Beamte zur Bewachung des schaurigen Fundortes ab, die in Schäftlarn ihr Nachtquartier bezogen. Vorsorglich verständigten sie aber auch die Mordkommission und die Staatsanwaltschaft in München.

Beim ersten Tageslicht am folgenden Morgen wurde die Bergungsarbeit fortgesetzt. Aus München waren inzwischen Oberstaatsanwalt Dr. Lersch sowie Staatsanwalt Dr. Fleischmann und ein Beamter der Mordbereitschaft der Münchner Polizeidirektion eingetroffen. Schließlich gelang es nach mehreren Anstrengungen, die Tote aus dem Wurzelstock zu befreien. Die Zweige waren mit dem Draht fest an den Mantel und Kleid tragenden Körper gebunden, und zwar oberhalb der Hüfte, und ließen nur die Hände und die Beine frei. Die Hände wiederum waren auf dem Rücken gefesselt. Und nicht nur das: Vier schwere Steine waren ebenfalls an der Toten befestigt. Sie sollten verhindern, daß sie an die Wasseroberfläche getrieben wurde.

Nachdem die Beamten den Fund das Ufer hinaufgezogen und das Gesicht freigelegt hatten, erkannten sie, daß es sich um ein junges, gutaussehendes Mädchen handelte, wohl zwischen zwanzig und fünfundzwanzig Jahre alt. Die langen braunen Haare waren zu einem Zopf geflochten. Nach und nach löste man die Fichtenzweige von der Leiche. Ihre Oberbekleidung war völlig zerrissen, die Brüste entblößt und ihre Strümpfe waren heruntergezogen worden. Auf der Haut waren zahlreiche Schürfwunden sichtbar.

Dies und der fehlende Schlüpfer ließen nur einen Schluß zu: Hier lag höchstwahrscheinlich ein Lustmord vor, so die ersten Mutmaßungen, und: Das junge Mädchen mußte sich gegen seinen Angreifer verzweifelt zur Wehr gesetzt haben.

Wer aber war die Tote, wann und wo wurde sie ermordet, und vor allem: wer war ihr Mörder? Zur Beantwortung dieser Fragen wurde die Tote nach Aufnahme des Lokalaugenscheins noch am Vormittag in das Institut für gerichtliche Medizin und Kriminalistik nach München verbracht, wo man sich Aufschluß über ihre Identität und die näheren Todesumstände versprach.

Erste Ermittlungen förderten Überraschendes zutage. Allem Anschein nach handelte es sich bei der jungen Frau um die erst sechzehn Jahre alte Katharina Schätzl aus dem im oberbayerischen Landkreis Pfaffenhofen gelegenen Wolnzach. Das Mädchen, die Tochter eines Maurers, weilte erst seit kurzer Zeit in München, wo es eine Stellung suchte. Seit dem 11. Oktober galt es als vermißt. Seine Mutter war eigens nach München gefahren und hatte die Polizei aufgesucht, da sie von der Tochter tagelang nichts mehr gehört hatte. Als man der Mutter die Kleider der Toten vorlegte, brach sie zusammen: sie gehörten tatsächlich ihrer verschwundenen Tochter!

Die Kriminalbeamten befaßten sich auch mit den letzten Tagen des Mordopfers. Katharina war am 3. Oktober auf der Suche nach Arbeit in München eingetroffen und hatte sogleich eine ihr bekannte, in Haidhausen wohnende Familie besucht. Sie blieb dort zwei Stunden. Dann entfernte sie sich wieder und ließ ihren Handkoffer zurück. Wohin sie gegangen war, vermochte die Familie nicht zu sagen. Sie wolle noch andere Bekannte besuchen, mehr erfuhr sie nicht. Die Bekannten sahen sie danach nie wieder. Aber erst eine Woche später, am 11. Oktober, meldete die Mutter, die sich in großer Sorge nach München begeben hatte, ihre Tochter als vermißt.

Am Nachmittag wurde die Sektion der Toten vorgenommen. Sie wies keine erkennbaren größeren Wunden auf, jedoch Würgemale am Hals. Allem Anschein nach war das Mädchen erwürgt und anschließend ins Wasser geworfen worden. Ein Notzuchtverbrechen ergab die eingehende Untersuchung jedoch nicht, auch wenn die zerrissenen Kleider darauf hindeuteten. Dies konnte aber auch durch den Transport beziehungsweise durch das Ablegen der Leiche im Isar-Altwasser verursacht worden sein.

Wie aber war das Opfer in das Isartal gelangt? Hatte sich das unerfahrene Mädchen einem Fremden anvertraut und war von diesem in den Tod gelockt worden? Noch standen die Ermittler vor einem großen Rätsel.

Die endgültige Bestätigung dafür, daß es sich um das sechzehnjährige Mädchen aus Wolnzach handelte, erhielt die Mordkommission, als die gramgebeugte Mutter am Freitag, dem 16. Oktober, die Leiche im Institut für gerichtliche Medizin und Kriminalistik positiv als die ihrer verschwundenen Tochter identifizierte. Katharina war das älteste der drei Kinder.

Die Suche nach dem Mörder

Da die Polizei auf die Mitarbeit der Bevölkerung angewiesen war, ließ sie in der Tagespresse eine Beschreibung der Katharina Schätzl verbreiten. Demnach war sie recht klein gewachsen, nur 1,60 Meter groß, schlank,

Die sechzehnjährige Maurerstochter Katharina Schätzl war das erste Opfer des Serienmörders. Foto: Ilmgau-Zeitung

aber dennoch kräftig gebaut und für ihr Alter sehr gut entwickelt. Sie trug ein blaues Schlupfkleid, einen braungesprenkelten Mantel und schwarze Pumps, eine dunkelblaue Stoffkappe mit hellem Einsatz und Schleife. Wo war diese Person seit Sonnabend, dem 3. Oktober, gesehen worden?

Tage vergingen, doch der ersehnte Durchbruch wollte sich nicht einstellen. Wohl meldeten sich immer wieder Zeugen bei der Mordkommission und berichteten von echten und vermeintlichen Wahrnehmungen, doch konkrete Hinweise auf den Täter waren nicht dabei. Es wurden Zweifel laut, ob es sich überhaupt um einen Mord handele. Denn seinerzeit wurde ein Selbstmord bekannt, bei dem der Lebensmüde sich Hände und Füße band und dann ins Wasser sprang. War es demnach nicht möglich, daß sich das Mädchen selbst mit Steinen beschwerte und in den Tod sprang? Diese Möglichkeit aber mußte zwangsläufig ausscheiden, denn dem Opfer waren nicht nur die Füße gebunden, sondern auch noch die Hände an den Leib. Außerdem bedeckten die Tannenzweige durch die feste Umschnürung am Hals auch den Kopf. Zudem war nicht Ertrinken die Todesursache, wie die Obduktion ergeben hatte.

Am 19. Oktober setzte die Regierung von Oberbayern eine Belohnung von dreihundert Mark aus. Die Polizei warnte zugleich junge, in München eine Stellung suchende Mädchen davor, allzu vertrauensselig zu sein. Gerade »unerfahrene Dinger« vom Lande waren in der Großstadt vielfältigen Gefahren ausgesetzt. Viele ließen sich von dem ersten besten ködern und ins Verderben führen, was zumeist Verführung und anschließende Schwangerschaft bedeutete, gelegentlich aber auch ein schreckliches Ende, wie es Katharina Schätzl erfahren mußte.

Drei Tage später war man ein Stück weiter, zumindest was die letzten Sichtungen des Opfers anlangte. Vor allem aber meinte man nun zu wissen, wann der Mord an dem armen Mädchen verübt worden war: am letzten Wies'nsonntag, genauer gesagt am 11. Oktober! Aufgrund von glaubhaft scheinenden Zeugenaussagen konnte nämlich Folgendes ermittelt werden:

Katharina Schätzl kam am 3. Oktober mit dem Zug in München an, wie bereits einwandfrei festgestellt wurde. Deutschland litt damals sehr unter der großen Massenarbeitslosigkeit, und auch Katharina suchte verzweifelt eine Arbeitsstelle. Ihr Vater war seit längerem erwerbslos und konnte die fünfköpfige Familie nicht mehr ernähren. Als ältestem Kind oblag es nun der Sechzehnjährigen, Geld in die Familie zu bringen.

München stand in jenen Tagen ganz im Zeichen des Oktoberfestes, jenes bekannten Volksfestes auf der Theresienwiese. Nach dem Besuch in Haidhausen suchte sie eine junge Prostituierte auf, die sie vor einiger Zeit beim Hopfenzupfen in Wolnzach kennengelernt hatte. Später mietete sie in der Lothringer Straße ein Zimmer, das sie tagelang bewohnte. Es schien, als sei Katharina aber auch in recht zweifelhafte Gesellschaft geraten.

Die Nacht auf Sonnabend, den 10. Oktober, verbrachte sie bei einer Freundin im Münchner Stadtteil Au. Dort ließ sie am nächsten Morgen, als sie sich wieder aufmachte, ihre Handtasche zurück. Am Abend wurde sie von mehreren Zeugen in einer bekannten Gastwirtschaft in der Straße Tal im Stadtzentrum gesehen, in der sie seit einigen Tagen gut bekannt war. Zwischen acht und neun Uhr sah man sie draußen auf der Straße stehen, und zwar in Begleitung eines jungen Mannes, den sie »Hans« nannte. Sie erzählte, sie warte auf einen Kraftradfahrer, der versprochen hatte, sie nach Pasing zu fahren. Er kam aber nicht, worüber sie sehr enttäuscht gewesen sein soll. Die Nacht verbrachte sie erneut bei einer Bekannten.

Die nächste Sichtung erfolgte am Sonntag morgen am Hauptbahnhof, wo sie wieder auf jemanden zu warten schien. Anschließend begab sie sich auf die Theresienwiese, auf der das letzte Wies'nwochenende auf die bekannte feucht-fröhliche Art begangen wurde. Einige Bewohner aus ihrem Heimatort Wolnzach erkannten sie gegen halb elf Uhr, als sie mit einem etwa dreißig Jahre alten Mann vor einer Schaubude stand. Dieser Mann war von mittelgroßer Gestalt und trug einen blauen Anzug sowie einen grauen, längs eingedrückten Hut. Wegen des lauten Rummels konnten die Dorfbewohner allerdings Näheres nicht in Erfahrung bringen.

Um die Mittagszeit wollten mehrere Zeugen am Sendlinger-Tor-Platz gesehen haben, wie ein junges Mädchen, dessen Beschreibung auf die Schätzl zutraf, mit einem Motorradfahrer in südlicher Richtung zum Isartal fuhr. Von diesem Zeitpunkt an, also dem späten Vormittag, fehlte von Katharina jede Spur, zumindest gab es in München keine weitere Sichtung von ihr.

Die Beamten zeigten größtes Interesse, den Motorradfahrer, auf den sie im Tal gewartet hatte, vor allem aber den Unbekannten von der Wies'n zu ermitteln. War einer von ihnen ihr Mörder?

Andere Zeugen meldeten Wahrnehmungen, die sie näher am Fundort der Leiche gemacht hatten. Am Sonntag nachmittag kurz vor 18 Uhr beobachteten Ausflügler einen Motorradfahrer, der vom Kloster Schäftlarn kommend auf dem zur späteren Fundstelle führenden Feldweg in Richtung Icking fuhr. Auf dem Soziussitz saß ein sich an ihn schmiegendes junges Mädchen in einem braunen Mantel und mit tief ins Gesicht gezogener zweifarbiger Mütze. Der Fahrer selbst, dessen Alter auf Mitte zwanzig

Das Isartal mit Grünwald. Postkarte, um 1930

angegeben wurde, trug eine braune Lederkappe mit Ohrlappen und war mit einer dunklen, hochgeschlossenen Joppe und hellen Hosen bekleidet.

Bald darauf hielten sich andere Ausflügler ganz in der Nähe der späteren Leichenfundstelle auf. Sie gingen am alten Mühlbach entlang, als plötzlich ein junger, hochgewachsener, schlanker Mann aus einem Gebüsch sprang, die Wanderer verblüfft ansah und rasch davonlief. Später sahen sie ihn wieder: Er lag mit abgewandtem Gesicht im Gras und schien sich zu sonnen. Schon damals kam ihnen dieser Mann, dessen Alter sie mit fünfundzwanzig bis dreißig angaben, sehr sonderbar vor, sie meldeten die unheimliche Begegnung aber erst, als sie aus der Zeitung von dem Leichenfund erfuhren.

Die Mordkommission arbeitete mit Hochdruck an der Aufklärung des scheußlichen Verbrechens, aber ein entscheidender Durchbruch wollte sich trotz der Zeugen nicht einstellen. Noch immer war die Identität jenes ominösen Motorradfahrers ungeklärt.

Eine weitere Spur, die nach Wolfratshausen führte, eröffnete sich, als sich ein Straßenbahnschaffner bei der Polizei meldete. Anfang Oktober sei es gewesen, als ihm in der Straßenbahn vom Isartorplatz nach dem Isartalbahnhof ein sehr junges Mädchen auffiel, das ihn nach den Zuganschlußzeiten nach Wolfratshausen fragte. Aus der Hallertau sei es (Wolnzach liegt in der Hallertau), habe zu Hause noch jüngere Geschwister und fahre nun nach Wolfratshausen, weil dort eine freie Dienstmädchenstelle angeboten werde. Ihr Vater, ein Maurer, sei arbeitslos und es wolle nun für die Familie Geld verdienen.

Noch über mehrere Wochen zogen sich die Ermittlungen hin, ohne daß sich ein Erfolg einstellte. Auch neue Zeugen meldeten sich nicht mehr. Wohl wurden mehrere Verhaftungen vorgenommen, aber alle Beschuldigten konnten ein Alibi nachweisen. Die Tagespresse stellte die Berichterstattung schließlich ganz ein, der Fall Schätzl geriet allmählich in Vergessenheit. Und es sah ganz danach aus, als würde der Mörder der Katharina Schätzl nie zur Rechenschaft gezogen werden.

Etwas anderes machte der Polizei um diese Zeit ebenfalls zu schaffen: eine Serie von brutalen Vergewaltigungen. Seit dem Jahr 1928 wurden vornehmlich im Münchner Westen immer wieder junge Frauen überfallen, mit einer Schußwaffe oder einem Messer bedroht und dann mißbraucht. Schon seit drei Jahren jagte man den Täter, konnte seiner bislang aber nicht habhaft werden.

Jahre vergingen. Im Deutschen Reich hatten sich inzwischen grundlegende Veränderungen vollzogen, denn seit dem 30. Januar 1933 herrschten die Nationalsozialisten unter ihrem Führer Adolf Hitler im Lande. Im Jahre 1934 hatten sie ihre unheilvolle Macht weiter gefestigt, hielten sie die Deutschen bereits in ihrem eisernen Griff. Und in München sorgten andere Morde für neue Schlagzeilen.

Das Verschwinden der Anna Geltl

In den Münchner Zeitungen erschien am 2. Juni 1934 eine kleine, wohl kaum beachtete Notiz:

»Eine Frau wird vermißt. Die Polizeidirektion München gibt bekannt: Seit Mittwoch, 30. Mai wird die 26 Jahre alte Friseurgeschäftsinhaberin Anna Geltl, geb. Burger, die zuletzt in München, Marienstraße 2/3, beim Vater, Kriminaloberkommissar Burger, wohnte, vermißt. Sie verließ gegen 1 Uhr die elterliche Wohnung, um mit Fahrrad in die Gegend von Wangen bei Starnberg zu fahren und wollte spätestens 7 Uhr zurück sein. Es wird angenommen, daß ihr etwas zugestoßen ist. Alle Nachforschungen sind bis jetzt ergebnislos verlaufen. Die Frau ist 1,65 Meter groß, untersetzt, hat schwarze Haare, Bubikopf, hohe Stirne, graubraune Augen, kleinen Mund und vollständige Zähne. Sie macht den Eindruck eines Sportmädels. Bekleidet ist sie mit blauem Dirndlkleid, ohne Mantel, weißen Socken und weißen Halbschuhen. Sie trägt goldene, kleine Armbanduhr, einen Ring mit blauem und einen mit weißem Stein, Ehering mit Inschrift ›7. 5. 1934‹. Sie führt bei sich ein englisch montiertes Damenrad, Marke Viktoria-Leerlauf, mit Nickelspanne als Gepäckträger, schwarz-weißen Bademantel, roten Badeanzug und Handarbeiten.

Nachrichten wurden erbeten an die Polizeidirektion München, Nachrichtenstelle für Vermißte. Fernruf 94 3 21, Nebenstelle 316.«

Wenige Tage später wiesen die Zeitungen nochmals auf die verschwundene Frau hin und deuteten an: *»Es muß mit der Möglichkeit gerechnet werden, daß ihr etwas zugestoßen ist, oder auch, daß sie das Opfer eines Verbrechens geworden ist.«* Besonders tragisch war der Umstand, daß die Vermißte erst seit drei Wochen verheiratet war.

Es meldeten sich tatsächlich mehrere Zeugen, die die Frau am frühen Nachmittag auf ihrem Fahrrad auf der nach Starnberg führenden Staatsstraße gesehen hatten. Diese Straße führte mitten durch den Forstenrieder Park, ein ausgedehntes und bei der Stadtbevölkerung sehr beliebtes Waldgebiet* im Südwesten von München. Dort verlor sich ihre Spur. In Wangen** wollen einige Zeugen sie ebenfalls gesehen haben, wie Ermittlungen der Starnberger Gendarmerie in dem kleinen Ort ergaben.

Der Ehemann der Vermißten gab zu Protokoll, Anna habe sich an jenem Morgen mit ihrem Vater, einem pensionierten Kriminaloberkommissar, gestritten und wütend dessen Wohnung verlassen, in dem sich das Paar ein Zimmer teilte. Sie habe ihm erzählt, sie wolle sich »Luft verschaffen«, indem sie mit dem Fahrrad quer durch den Forstenrieder Park bis nach Wangen fahren würde. Vergeblich habe er versucht, sie davon abzuhalten und ihr geraten, bis zum Wochenende zu warten, dann könne man diesen Ausflug zu zweit unternehmen. Anna aber habe ihren Dickkopf durchgesetzt, das Wetter sei so schön und sie wolle unbedingt sofort losfahren. Gegen sieben Uhr abends wollte sie wieder zurück sein.

Als Anna Geltl auch um 23 Uhr noch nicht heimgekehrt war, suchten ihr Mann und ihr Vater die nächstgelegene Polizeistation auf und erstatteten Vermißtenanzeige. Die Befürchtung, es könne ihr etwas passiert sein, wurde mit jeder Stunde größer. Der Verdacht aber, sie könne Selbstmord begangen haben, wurde bald wieder zerstreut, zumal sie eine recht lebenslustige Frau war, die sich riesig auf die erste eigene gemeinsame Wohnung mit ihrem Ehemann freute.

Das Polizeipräsidium wandte sich immer wieder mit Fotos und Beschreibungen der Frau an die Öffentlichkeit, sie rief insbesondere Beeren- und Pilzsammler, die den Forst aufsuchten, auf, die Augen offen zu halten und jede ungewöhnliche Wahrnehmung oder Entdeckung umgehend zu melden. Doch auch dies brachte nicht den gewünschten Erfolg, ebenso wenig wie eine von der Familie und anderen ausgesetzte hohe Belohnung. Die Polizei veranstaltete, unterstützt von Einwohnern, eine große Suchaktion rings um Wangen, doch fand sie nicht die geringste Spur von der Frau.

Erst fünf Jahre später sollte Anna Geltls Schicksal aufgeklärt werden. Sie hatte ihren Fahrradausflug aufs Land jedenfalls nicht überlebt. Das wurde im Jahre 1939 zur furchtbaren Gewißheit.

Vermißtenanzeigen waren im München der dreißiger Jahre nichts

---

* In der Zeit des Königreichs Bayern wurde er gern für königliche Jagden benutzt, entwickelte sich aber später zunehmend zu einem Erholungsgebiet.

** Heute ein Stadtteil von Starnberg.

Ungewöhnliches. Immer wieder kam es vor, daß in der bayerischen Metropole Kinder wie auch Erwachsene, zumeist Frauen, verschwanden. In den allermeisten Fällen wurden die Fälle gelöst, die Vermißten lebend wieder der Familie zugeführt.

Am Montag, dem 10. September 1934, wurde die Nachrichtenstelle für Vermißte erneut mit der Meldung über eine verschwundene Person konfrontiert. Die fünfundzwanzig Jahre alte Kontoristin Berta Sauerbeck aus München war seit zwei Tagen nicht nach Hause gekommen. Sie hatte den vorangegangenen Sonnabend abend mit ihrem Verlobten in einem Tanzlokal in der Auenstraße verbracht. Gegen 23 Uhr verließen beide das Lokal, gingen eine Strecke die Isar entlang und besprachen die gemeinsamen Pläne für den Sonntag. Man plante einen Ausflug in die nähere Umgebung. Kurz vor Mitternacht trennte sich das Paar, nachdem ihr Verlobter Berta zur Straßenbahnhaltestelle begleitet hatte. Berta bestieg dann an der Ludwigsbrücke einen Wagen der Linie 1, um in die elterliche Wohnung in der Eggartenstraße im nördlichen Stadtteil Milbertshofen zurückzukehren. Am Hauptbahnhof stieg sie in die Linie 8 um. An der Endhaltestelle in Milbertshofen verließ sie gegen 0.45 Uhr die Straßenbahn und ging dann kurz vor ein Uhr die hellerleuchtete, allerdings um diese Zeit wenig begangene und befahrene Moosacher Straße entlang in westlicher Richtung heimwärts. Dieser Fußweg, den sie schon oft zurückgelegt hatte, dauerte etwa eine Viertelstunde. Zu Hause kam sie jedoch nicht an.

Ihre Eltern vermuteten am nächsten Morgen, sie habe bei ihrem Verlobten übernachtet. Doch als sie auch am Montag weder an ihrer Arbeitsstelle im Büro der BMW-Werke noch zu Hause erschien, auch ihr Verlobter sie seit dem Sonnabend abend nicht mehr gesehen hatte, ging Bertas Vater zur Vermißtenstelle und erstattete Anzeige.

Die Polizei suchte am Dienstag, dem 11. September, das Gelände entlang der Moosacher Straße zwischen der Endhaltestelle und der Eggartenstraße ab. Dabei kamen auch Spürhunde zum Einsatz. Die Suche verlief aber zunächst ergebnislos.

Am selben Tag meldete sich ein Ehepaar bei der Polizei. Es gab an, es habe die ihm schon seit längerem bekannte Frau auf ihrem Heimweg nahe der Süddeutschen Bremsenwerke auf dem Fahrrad überholt. Unweit des stillgelegten Milbertshofener Friedhofes, nahe der Kiesgrube, habe das Ehepaar auch ein an eine Telegrafenstange angelehntes Herrenfahrrad bemerkt, und zwei Männer hätten sich unweit davon unterhalten.

Einer dieser Männer, er trug eine helle Sportmütze, habe der jungen Frau im Vorbeigehen etwas zugerufen. Anstatt verbal darauf zu reagieren, sei sie rasch weitergegangen. Wenig später sah ein Ehepaar die Vermißte am westlichen Ende der Werke. Von dort waren es nur noch etwa zehn Minuten bis zur elterlichen Wohnung in der Eggartenstraße. Auf dem weiteren Streckenabschnitt mußte ihr folglich etwas zugestoßen sein. Und dort lag die ausgedehnte Schutt- und Kiesgrube.

Leichenfund in der Kiesgrube

Am Mittwoch morgen schwärmten die Beamten, unterstützt durch eine Hundestaffel, erneut aus. Sie nahmen unter tatkräftiger Hilfe von Pionieren* insbesondere die Gegend der etwa dreihundert Meter westlich der Werke gelegenen aufgelassenen Kiesgrube in Augenschein. Diese lag nur wenige Meter von der Moosacher Straße entfernt, also von dieser einsichtbar, war etwa hundert Meter lang und zwanzig Meter breit sowie fünf Meter tief. Seit längerem war sie mit Abfällen aus den nebenan gelegenen Bremsenwerken gefüllt. Die Männer mußten nicht lange suchen. An dem der Moosacher Straße zugewandten Längsteil der Grube bemerkte plötzlich jemand einen Ellenbogen aus der Schuttmasse ragen, dann auch einen Schuhabsatz. Man begann zu graben, und etwa fünfzehn Zentimeter tiefer stieß man auf die Leiche der vermißten Berta Sauerbeck. Der oder die Täter hatten sie nur oberflächlich mit Asche und Müllablagerung verdeckt, vermutlich, um die Tote für immer verschwinden zu lassen, denn täglich wurde von den Werken stammender, zum Teil noch brennender Schutt in die Grube gefüllt. Dadurch wäre die Leiche Tag für Tag immer tiefer vergraben worden, was bald ein Entdecken so gut wie unmöglich gemacht hätte. Nun wurde sie noch rechtzeitig aus dem Schutt geborgen.

Unzweifelhaft war Berta Sauerbeck das Opfer eines Verbrechens geworden. Ihre Unterkleidung war völlig zerrissen, doch etwas anderes entsetzte die Beamten weit mehr: Man hatte ihr den heruntergerissenen Schlüpfer in den Mund gestopft. Vermutlich hatte sie den grausamen Tod durch Ersticken gefunden. Hinter dem linken Ohr fand sich eine Stelle

* Eine Truppengattung des Heeres, die sich hauptsächlich um technische Belange wie Brückenbau, Errichtung von Sperren, Gräben und Minenfeldern kümmerte.

Das Opfer Berta Sauerbeck. Foto: Neue freie Volks-Zeitung

mit verkrustetem Blut, die wie ein Einschuß aussah. Ihre Kamm, Spiegel und eine Geldbörse mit fünf Mark enthaltende Handtasche fehlte, ebenso ihr schwarzer Strohhut und die weißen Handschuhe, die sie am Abend getragen hatte. Allem Anschein nach lag ein Sexualmord vor, auch wenn das Opfer nicht vergewaltigt worden war. Und der Fundort war mit Sicherheit nicht identisch mit dem Tatort. Der Mörder mußte die Leiche nach der Tat hierhergeschleppt und abgelegt haben. Trotz eifriger Nachforschungen aber gelang es nicht, den genauen Tatort festzustellen. Man war aber überzeugt, daß er sich ganz in der Nähe der Schuttgrube befand.

Den ganzen Tag über hielten sich der Oberamtsrichter Dietz, der zuständige Staatsanwalt, Dr. Jungmichl vom Gerichtlich-Medizinischen Institut, der Leiter des Sicherheitsdienstes Regierungsrat Dr. Leibig sowie Beamte des Erkennungsdienstes und die Münchner Mordkommission im Bereich der Schuttgrube auf. Mit Polizeihunden suchte man den gesamten Bereich ab, fertigte fotografische Aufnahmen an, nahm Messungen vor. Die Polizei mußte dabei immer wieder die zahlreichen Neugierigen zurückdrängen, denn wie ein Lauffeuer hatte sich der schreckliche Fund in Milbertshofen und den angrenzenden nördlichen Gemeinden herumgesprochen. Zu Hunderten umstanden die Menschen den Bereich, diskutierten lebhaft das Ereignis. Immer wieder kam es zu lautstarken, gegen den unbekannten Mörder gerichteten Wutausbrüchen.

Die Suche förderte auf einem angrenzenden Kartoffelacker ein blutbeflecktes Herrenhemd zutage. Gehörte es dem Mörder? War er verletzt worden, als Berta Sauerbeck verzweifelt um ihr Leben kämpfte? Der als einer der ersten Zeugen befragte Nachtwächter der Bremsenwerke gab an, er habe in jener Nacht nichts Verdächtiges gehört. Nicht weit vom Fundort befand sich auf dem Oberwiesenfeld Münchens Verkehrsflughafen. Da man es für möglich hielt, der Täter könne die noch fehlenden Gegenstände über die nördliche Einfriedung geworfen haben, wurde auch der Randbezirk des Flugplatzes abgesucht, jedoch ohne Erfolg.

Die am Donnerstag im Gerichtlich-Medizinischen Institut durchgeführte Obduktion ergab Ersticken infolge des in den Mund gestopften Schlüpfers als Todesursache. Außerdem entdeckten die Mediziner eine Schußverletzung direkt hinter dem linken Ohr. Der Steckschuß zwischen dem zweiten und dritten Halswirbel hatte zur fast völligen Durchtrennung des Rückenmarks und zu sofortiger Lähmung geführt. Weitere Kopfverletzungen deuteten darauf hin, daß die junge Frau heftig geschlagen wurde. Es war auch anzunehmen, daß sie sich mit aller Kraft gegen ihren Angreifer zur Wehr gesetzt hatte. Der Zustand der Kleidung ließ auf einen Lustmord schließen. Hartnäckig hielten sich Gerüchte, wonach Frau Sauerbeck noch lebte, als sie in die Schuttgrube geworfen wurde, und erst dort qualvoll erstickte.

In der Tagespresse rief die Mordkommission die Bevölkerung auf, jede Wahrnehmung an der Moosacher Straße in jener Nacht zu melden, vor allem auch Schreie und einen Schuß. Drei Radfahrer, alle im Alter von 26 bis 30 Jahren, die in Höhe der Bremsenwerke gesehen worden waren, wurden gebeten, sich bei der Polizei zu melden. Diese zu ermitteln hatte absoluten Vorrang.

Es sollte sich jedoch in den folgenden Tagen zeigen, daß keiner von ihnen der Aufforderung folgte. Somit war es nicht ausgeschlossen, daß sich unter ihnen der Täter befand. Ein Taxifahrer gab an, er habe zur Mordzeit in Höhe der Bremsenwerke einen etwa dreißig Jahre alten Mann stadtauswärts gehen sehen. Der habe einen braunen Anzug getragen. Die *Münchener Zeitung* wies darauf hin, daß in der Vergangenheit schon mehrmals junge Frauen in der nachts menschenleeren Moosacher Straße belästigt worden seien. Einmal soll ein Mann einem radfahrenden Mädchen sogar nachgelaufen sein. Es konnte jedoch entkommen und den Vorfall am nächsten Tag der Polizei melden.

Die *Münchener Zeitung* drückte ihr Mitgefühl für die Eltern der jungen Frau aus, als sie am 14. September schrieb:

»Allgemeine Teilnahme wendet sich den schwerbetroffenen Eltern zu, denen das Mädchen eine treue Stütze gewesen ist, da es stets seinen ganzen Verdienst abgab. Besonders herzlichen Anteil nimmt dabei die Eggartensiedlung, jene in schöner Gemeinschaft verbundene Wohnkolonie, in der sich jeder der Siedler durch seiner Hände Fleiß ein Heim geschaffen hat. Auch die Eltern der Ermordeten bewohnten dort ein Häuschen inmitten eines blühenden Gartens. Mörderhand hat die schönste Blume geknickt und unsägliches Leid über eine Familie gebracht (...).«

Der Verlobte des Opfers litt ebenfalls sehr unter den Ereignissen. Die besondere Tragik: Er hatte Berta in jener Nacht angeboten, sie nach Hause zu begleiten, da er Sorge trug, es könne ihr auf dem einsamen Weg nach Mitternacht etwas zustoßen. Sie hatte aber lachend abgelehnt, da sie den Weg schon oft allein zurückgelegt und keine Angst habe! Es werde ihr schon nichts passieren ...

Am darauffolgenden Wochenende schwirrten Gerüchte durch die bayerische Metropole, wonach der Täter bereits gefaßt worden sei. Es handele sich um einen Arbeitskollegen des Opfers, so sagte man, und er habe aus Eifersucht gehandelt. Die Mordkommission trat diesen Gerüchten jedoch entschieden entgegen und warnte vor weiteren Falschmeldungen.

Die beiden Männer, die unweit der Bremsenwerke gesehen worden waren und von denen einer der Frau etwas hinterhergerufen hatte, meldeten sich bei der Polizei; sie schieden nach eingehender Überprüfung als Täter aus.

Ganz München trauerte mit, als Berta Sauerbeck am Sonnabend, dem 15. September, im Krematorium des Ostfriedhofs den Flammen übergeben wurde. Auch eine Abordnung der NS-Zelle der Bayerischen Motorenwerke sowie zahlreiche weitere Mitarbeiter hatten sich eingefunden. In der überfüllten Aussegnungshalle spielte der Tonkünstler Ritter auf der Orgel Gounouds »Ave Maria«. Den Abschluß der Trauerfeier schilderte die *Münchener Zeitung* folgendermaßen: »Unter leisen Orgelklängen schloß sich dann der Vorhang vor dem Sarge, während tief erschüttert durch die wehmütige Scheidestunde und über das verabscheuungswürdige Verbrechen Hunderte die Hand zum letzten Gruß erhoben.«

Da die Ermittlungen zu stocken begannen, wurde die zunächst auf dreihundert Mark ausgesetzte Belohnung auf tausend Mark erhöht, doch ohne Erfolg.

Auch dieser schreckliche Mord würde, so schien es, niemals aufgeklärt werden.

Die Jahre gingen ins Land. Das Saarland kam 1935 wieder ans Deutsche Reich, die Hitler-Diktatur gewann 1936 durch geschickte Propaganda an internationalem Ansehen, als sie die Olympischen Sommer- und Winterspiele ausrichtete, das faschistische Italien überfiel Abessinien, in Spanien brach ein verheerender Bürgerkrieg aus. In München und Umgebung dagegen setzte sich die Serie der Überfälle auf junge Frauen fort, doch alle Ermittlungen verliefen im Sande.

Ein weiterer brutaler Mord

Das Jahr 1937 war bereits in seinem neunten Monat, als eine neue Schreckenskunde die bayerische Landeshauptstadt und ihre unmittelbare ländliche Umgebung ereilte. Unweit von Puchheim, im westlich von München gelegenen Landkreis Fürstenfeldbruck gelegen, wurde erneut das Opfer eines Lustmordes gefunden.

Am Morgen des 1. September 1937 gegen halb sieben Uhr befuhr ein Arbeiter, der sich mit dem Fahrrad auf dem Wege zum Dienst befand, die von Puchheim zur südlichen Nachbargemeinde Germering führende Staatsstraße*. Als sein Blick einen halben Kilometer hinter Puchheim zufällig über eine Wiese entlang der Straße schweifte, sah er in etwa 150 Meter Entfernung etwas Helles leuchten. Es sah so aus, als schliefe da jemand mitten auf der Wiese. Neugierig geworden, stieg er ab, legte sein Fahrrad am Straßenrand hin und ging auf den Gegenstand zu. Zuerst sah er ein im Gras liegendes, auf den ersten Blick unbeschädigt scheinendes Damenfahrrad. An der Lenkstange befanden sich ein sogenanntes Berchtesgadener

* So wurden und werden noch heute im Freistaat Bayern die Landesstraßen genannt.

Jäckchen, eine Art Trachtenjacke, sowie eine braune Umhängetasche. Dann aber fiel sein Blick auf die danebenliegende weibliche Leiche. Sie war beinahe völlig entkleidet, ihr Kleid hing in Fetzen herab. Entsetzt wandte sich der Mann ab, zu grauenhaft war der Anblick, der sich ihm im Bereich ihres Unterleibes bot. Er lief zu seinem Fahrrad zurück und radelte so schnell er konnte nach Germering, wo er die Gendarmerie verständigte.

Mehrere Beamte begaben sich an diesem Mittwoch morgen umgehend zum Leichenfundort, auch Angehörige der inzwischen alarmierten Mordabteilung des Münchener Polizeipräsidiums trafen innerhalb kurzer Zeit an der Wiese ein. Diese war bereits von vielen Neugierigen umlagert, die inzwischen möglicherweise wertvolle Spuren im Gras vernichtet hatten. Obermedizinalrat Professor Dr. Merkel vom Institut für gerichtliche Medizin und Kriminalistik wurde gleichfalls verständigt, um an der Leiche erste Untersuchungen vorzunehmen. Auch Vertreter der Staatsanwaltschaft fanden sich ein. Indessen hielten vorbeifahrende Autofahrer neugierig an, behinderten die Ermittlungen, und es kam zu langen Verkehrsstauungen, die erst durch das energische Einschreiten der Polizei aufgelöst wurden.

Der Anblick der Leiche war in der Tat ein schrecklicher: Am Hals befanden sich deutlich sichtbare Würgemale, am Hinterkopf eine

Die Umgebung des ländlichen Puchheim war 1937 Schauplatz eines bestialischen Frauenmordes. Postkarte, um 1930

Schußverletzung, während im Mund des Opfers ein Knebel steckte. Das Kleid war völlig zerrissen, was darauf schließen mochte, daß sich die Frau gegen ihren Mörder heftig zur Wehr gesetzt hatte. Das Schlimmste aber waren die grauenhaften Verstümmelungen im Genitalbereich: der Täter hatte die äußeren Geschlechtsteile herausgeschnitten! Dies schockierte sogar die erfahrenen Kriminalbeamten, war doch solch eine bestialische Tat in der Münchner Kriminalgeschichte der letzten Jahrzehnte noch nicht vorgekommen. Alles deutete darauf hin, daß der Fundort mit dem Tatort übereinstimmte. Die nähere Umgebung wurde genauestens abgesucht, und Briefe in ihrer kleinen Handtasche konnten schnell die Identität der Toten klären: Es handelte sich um die fünfundzwanzig Jahre alte Wäschenäherin Rosa Eigelein.

Mehrere Blutflecken in der vom Straßenrand zur Wiese führenden Schleifspur des Körpers ließen den Schluß zu, daß der Schuß dem Opfer gleich nach dem Überfall beigebracht worden war.

Erst am Nachmittag wurde ihre Leiche in das Gerichtlich-Medizinische Institut nach München verbracht.

Die schwarzhaarige, gutaussehende Frau wohnte in Puchheim, arbeitete aber in einem Geschäft in der Münchner Sedanstraße und legte die beinahe zwanzig Kilometer lange Strecke jeden Morgen und jeden Abend, bei Wind und Wetter, mit dem Fahrrad zurück. Und sie war stolz darauf, daß sie dafür jeweils nur eine Stunde benötigte. Auf dem Heimweg mußte sie ihrem Mörder in die Hände gefallen sein, und dies auf einem auch spät abends noch relativ stark befahrenen Streckenabschnitt. Dies bewies die unglaubliche Kaltblütigkeit des Mörders, denn die Gefahr einer Entdeckung war nicht unbedeutend. Zudem wollte die Frau in der kommenden Woche heiraten, das Aufgebot war bereits bestellt! Dieser Umstand verlieh dem Ereignis natürlich eine besondere Tragik. Wer war zu solch einer furchtbaren Tat fähig? Handelte es sich um einen Racheakt, war es die Triebtat eines pervers Veranlagten?

Die am Mittwoch abend vorgenommene gerichtliche Leichenöffnung ergab Tod durch Ersticken, und zwar durch einen sehr tief in den Mund eingeführten Knebel. Dieser Knebel bestand aus einem abgerissenen Teil des Unterrocks der Toten. Auch die durch einen kleinen Revolver oder eine Flobertpistole verursachte Schußverletzung im linken Nackenbereich wäre, wenn auch nicht unmittelbar, ebenfalls tödlich verlaufen. Der Schußgang verlief schräg durch das Gehirn. Das Opfer konnte danach nur noch stöhnen oder stammeln, nicht aber mehr laut schreien. Außerdem stellten die Mediziner an der linken Halsseite Würgemale fest. Die unbeschreiblichen Verstümmelungen im Genitalbereich dagegen verschwiegen die Zeitungen. Es konnte nicht eindeutig festgestellt werden, ob das Opfer auch vergewaltigt worden war. In bezug auf den Zeitpunkt des Todes einigten sich die Obduzenten auf Mitternacht, was bei den Ermittlern Bedenken hervorrief, mußte die Frau doch schon lange vor Mitternacht überfallen worden sein.

Das Polizeipräsidium wandte sich wie immer in solchen Fällen an die Öffentlichkeit. Auf verdächtige Wahrnehmungen war sie dringend angewiesen. Die Polizei wies zudem darauf hin, daß es in dieser Gegend gerade in den vergangenen Monaten wiederholt zu Sittlichkeitsverbrechen gekommen sei. Junge, allein radelnde Frauen wurden belästigt, einige sogar vergewaltigt. Schon seit Jahren jagte man dieses Phantom, doch schien es sich in Luft aufgelöst zu haben. Möglicherweise stand der jüngste Lustmord im Zusammenhang mit dieser Verbrechensserie, die unter der Bevölkerung seit Jahren große Unruhe hervorrief.

Das Verbrechen war vermutlich in den späten Abendstunden des 31. August, einem Dienstag, verübt worden. Da auf der von Puchheim nach Germering und von dort weiter nach München führenden Straße fast ständig ein reger Verkehr von Fußgängern, Radfahrern, Motorradfahrern und gelegentlich auch Autofahrern herrschte, wurden alle Personen, die die Straße am Dienstag abend oder in der Nacht zum Mittwoch auf welche Art auch immer benutzen, aufgerufen, verdächtige Wahrnehmungen umgehend der nächsten Polizeistelle zu melden. Jemand mußte etwas gesehen oder gehört haben, denn der mit unglaublicher Kaltblütigkeit begangene Mord geschah in Sichtweite der Straße.*

Das Bayerische Staatsministerium des Innern setzte für Hinweise, die zur Aufklärung der Tat und der Überführung des Mörders führten, eine

* Der Mord von Puchheim war der zweite Frauenmord innerhalb weniger Tage, der in der Umgebung Münchens begangen wurde. Erst am vorangegangenen Donnerstag war in Grünwald im Isartal, südlich der Landeshauptstadt gelegen, eine stark verweste Frauenleiche gefunden worden. Zwei Kopfschüsse hatten das Leben der 24jährigen, sich in anderen Umständen befindenden Franziska Preimesser beendet. Schon drei Tage später verhaftete man ihren gleichaltrigen Geliebten, Josef Fottner. Er wurde im Oktober 1938 zum Tode verurteilt und im März 1939 hingerichtet.

München mit dem Rathaus, um 1930.

Belohnung von tausend Reichsmark aus. Und eine der Fragen, die sich alle Beteiligten stellten, war: Würde es diesmal gelingen, den abnormalen Täter zu fassen? Noch waren die Morde an Katharina Schätzl und Berta Sauerbeck ungelöst, und es konnte niemandem entgangen sein, daß zwischen den drei Morden jeweils ein zeitlicher Abstand von drei Jahren lag. Zudem waren alle drei entweder im Spätsommer oder im Frühherbst verübt worden.*

Die Ermittler fanden durch zuverlässige Zeugenaussagen heraus, daß Rosa Eigelein spätestens gegen 20.15 Uhr an jenem verhängnisvollen Abend ihren Arbeitsplatz verlassen und die Heimfahrt angetreten hatte. Ihr Dienst endete zwar bereits um 18 Uhr, doch hatte sie sich danach zunächst zu Besorgungen in das Stadtzentrum begeben, um dann gegen 19 Uhr nochmals ins Geschäft zurückzukehren und an ihrer Aussteuer zu arbeiten. Ihre Arbeitgeberin hatte sie schon mehrmals davor gewarnt, so spät am Abend heimzufahren, ja ihr sogar angeboten, bei ihr zu übernachten. Doch habe Rosa dies immer dankend abgelehnt.

Zwischen 21 und 21.15 Uhr hätte sie demnach Germering erreichen müssen. Am Mordtag trug Rosa ein schwarz-weiß-rot gemustertes Dirndlkleid, beigefarbene Strümpfe und graue Sporthalbschuhe. Außerdem schien nicht nur ein Sexualmord vorzuliegen: Die Tote war zudem auch beraubt worden, denn ihre dunkelbraune ovale Geldbörse, die sie immer in ihrer Umhängetasche trug und die etwa zehn Mark enthielt, hatte der Täter an sich genommen. Dies war auch bei der drei Jahre zuvor ermordeten Kontoristin Sauerbeck der Fall. Allem Anschein nach mußte der Täter die junge Frau auf der Straße überfallen und durch einen Schuß verletzt haben, worauf sie stürzte. Die Beschädigungen an ihrem Fahrrad, wie sie nur durch einen Sturz entstehen konnten, deuteten darauf hin. Spuren im Gras zeugten davon, wie der Mörder sein wohl schon bewußtloses Opfer vom Straßenrand weg tiefer auf die Wiese schleifte und dort schließlich sein scheußliches Verbrechen beging. Vermutlich hatte er das Fahrrad erst später vom Straßenrand auf die Wiese geschafft, um keine Aufmerksamkeit zu erwecken.

Größere Bedeutung maßen die Beamten der Aussage der Haushälterin des Pfarrers von Puchheim bei, die gegen 22.15 Uhr Hilfe- und

---

* Dieses Muster sollte sich fortsetzen, denn auch der nächste Mord wurde im Frühherbst verübt.

Jammerrufe gehört haben wollte. Sie habe gerade ein Fenster geschlossen, das zur Wiese hinausschaute. Die Rufe schienen von einer Frau zu stammen, und auch das Vaterunser habe sie heruntergesagt, was ihr merkwürdig vorkam! Diesen Rufen nachzugehen oder ihren Dienstherrn zu verständigen, war ihr aber nicht in den Sinn gekommen. Dies allerdings widersprach dem Ergebnis der Obduktion, das die Stunde um Mitternacht als Todeszeitpunkt festlegte. Dieser doch erhebliche Zeitunterschied bildete eines der großen Rätsel in diesem Fall.

Ein weiterer Zeuge, der als Kraftfahrer die Strecke befuhr, meldete eine merkwürdige Wahrnehmung. Es soll wenig nach 21 Uhr gewesen sein, als er kurz vor Germering einen Mann bemerkte, der hinter einem Baum stand. Ganz in der Nähe habe ein Fahrrad gelegen. Dieser Mann schien auf jemanden zu warten, der bald darauf die Straße entlangkommen würde. Minuten später sei ihm eine junge Frau auf dem Fahrrad entgegengefahren, und es schien ihm, als wartete der Mann auf diese Radfahrerin. Der Kraftfahrer war sogar in der Lage, eine genaue Personenbeschreibung abzugeben: etwa fünfundzwanzig bis dreißig Jahre alt, 1,65 bis 1,75 Meter groß, bekleidet mit einer dunklen Sportmütze und dunklem Anzug mit langer Hose.

Die Ermittler stutzen, hatte doch auch ein anderer Zeuge angegeben, viel später, gegen 23.30 Uhr, auf der Straße zwischen Germering und Puchheim, und zwar in Höhe des Tatortes, einen Mann gesehen zu haben, auf den genau dieselbe Beschreibung paßte. Am Straßenrand soll er mit seinem Fahrrad gestanden und über die Wiese geschaut haben!

Der grauenvolle Frauenmord erregte ganz München, und die Mordkommission arbeitete mit Hochdruck an der Aufklärung. Das Polizeipräsidium sah sich zu folgender Erklärung an die Öffentlichkeit veranlaßt:

*»Das an dem Mädchen begangene Verbrechen ist derart scheußlich, daß alle Bevölkerungskreise an der Aufklärung und baldigsten Ermittlung des menschenunwürdigen Verbrechers mithelfen müssen. Jede Frau und jedes Mädchen läuft Gefahr, das nächste Opfer zu werden. Rücksichten auf Personen oder falsche Scham dürfen hier nicht Platz greifen. (...)«**

Immer wieder wurde die Öffentlichkeit aufgerufen, jede noch so geringe Wahrnehmung zu melden. Insbesondere: Wer hatte am Dienstag abend an der von Puchheim nach Germering führenden Straße einen

* *Münchner Neueste Nachrichten*, 3. September 1937.

Schuß gehört? Wer hatte Hilferufe oder Stöhnen vernommen? Wer war nach dem Mord durch eine veränderte Verhaltensweise aufgefallen? Wer war plötzlich ohne Begründung spurlos verschwunden? Wer wurde mit blutbefleckten Kleidern oder blutigen Händen gesehen? Hatte jemand blutige Kleidung in die Reinigung gegeben?

Eine Zeugenaussage nach der anderen werteten die Beamten aus, waren in der Lage, die letzten Bewegungen des Opfers und ihren Tod nachzuzeichnen, nur eines fehlte: die Identität des äußerst raffinierten Täters. Eines Täters, dem es immer wieder gelang, geschickt seine Spuren zu verwischen!

Sehr groß war die Anteilnahme der Bevölkerung von Puchheim und der Nachbardörfer, als Rosa Eigelein am 5. September auf dem Puchheimer Pfarrfriedhof zur letzten Ruhe gebettet wurde. Der idyllisch gelegene Friedhof vermochte die große Zahl der Trauergäste nicht zu fassen, so daß viele draußen bleiben mußten.

Wochen, ja Monate vergingen, weitere Morde wurden in München und Umgebung verübt und in den meisten Fällen aufgeklärt, doch noch immer war der Mörder von Rosa Eigelein wie auch der beiden anderen Frauen nicht ermittelt. Es schien, als würde dieses letzte Verbrechen für immer in Dunkel gehüllt bleiben. Auch Anna Geltl, im Mai 1934 als vermißt gemeldet, blieb weiterhin verschwunden. Ebenso konnten auch die zahlreichen Sittlichkeitsverbrechen an jungen Frauen und Mädchen nicht aufgeklärt werden, die sich vornehmlich im Westen Münchens zutrugen. Auch dieser Täter schien sehr raffiniert vorzugehen und alle Spuren zu verwischen. Ja, es kam so weit, daß junge Frauen und Mädchen sich in ländlichen Gegenden um München sowie in den Vorortbereichen der 800.000-Einwohner-Stadt nicht mehr allein außer Rufweite menschlicher Behausungen wagten. Nicht immer ging es dabei um vollendete Vergewaltigung: gelegentlich nahm der Unbekannte erst »unzüchtige Handlungen« an seinen Opfern vor und ihnen dann ihr Geld weg.

Der September 1938 war ein schicksalhafter Monat für München, in der Tat ein schicksalhafter Monat für das Deutsche Reich, ja für ganz Europa, vor allem aber für den östlichen Nachbarstaat Tschechoslowakei. In der viertgrößten Stadt des Reiches nämlich trafen die Regierungschefs mehrerer europäischer Staaten zusammen, um über die Zukunft des in der Tschechoslowakei liegenden, überwiegend von Deutschen bewohnten Sudetengebietes zu verhandeln. Am 29. September stand das Ergebnis fest: die von der sudetendeutschen Minderheit bewohnten Gebiete wurden Deutschland zugesprochen. Und der Friede in Europa war gerettet, so war die landläufige Meinung.

Eine weitere Frau verschwindet spurlos

Wenige Tage später, zu Beginn des Oktobers, kam es zu einer weiteren Vermißtenanzeige in München, eine von vielen in jenem Jahr. Die dreiundzwanzigjährige Hausangestellte Marie Jörg war seit dem 29. September 1938 spurlos verschwunden. Man wußte, daß die aus Unterelleg stammende Frau am 29. September 1938 bei ihrem Onkel in Buching bei Füssen zu Besuch weilte und dann mit dem Fahrrad über Peiting, Weilheim und Starnberg nach München fahren wollte, um dort eine Stellung zu suchen.

Die Vermißte wurde beschrieben als 1,70 Meter groß und mit dunkelblonden, kurzgeschnittenen Haaren sowie braunen Augen. Bei ihrer Abfahrt trug sie einen grünen Gummimantel, ein hellgeblümtes Kleid, fleischfarbene Strümpfe, schwarze Halbschuhe und seidene Unterwäsche. Als Schmuck trug sie ein paar große vergoldete Ohrringe und ein breites, vermutlich aus Bernstein bestehendes Armband.

Ein Zeuge meldete sich mehrere Tage später bei der Vermißtenstelle und gab an, er sei einer Frau begegnet, die der Personenbeschreibung sehr nahe kam. Am 29. September, dem Tag der Unterzeichnung des Münchner Abkommens*, fuhr er von seinem Wohnort Peißenberg, einer kleinen Marktgemeinde im Bezirksamt Schongau, mit dem Fahrrad ins Grüne. Es war beinahe spätsommerlich warm, und der Mann kehrte im benachbarten Hohenpeißenberg bei Bekannten ein. Am Nachmittag machte er sich auf den Heimweg. Da sah er sie, die junge Frau, die auf der Staatsstraße nach Peißenberg am Straßenrand saß. Sie wirkte völlig erschöpft, und ihr Fahrrad lag daneben. Auf dem Gepäckträger sah der Zeuge einen mittelgroßen Karton. Sie erzählte ihm, sie komme aus Füssen, habe an diesem Tag bereits fünfundfünfzig Kilometer zurückgelegt und wolle am

* Das Münchner Abkommen wurde von den Regierungschefs von Großbritannien, Frankreich, Italien und dem Deutschen Reich unterzeichnet, um eine friedliche Lösung der Sudetenkrise herbeizuführen. Das Ergebnis war die Eingliederung des überwiegend deutschsprachigen, bis dahin zur Tschechoslowakei gehörenden Sudetenlandes in das Deutsche Reich.

Abend im immerhin über dreißig Kilometer entfernten Starnberg sein. Der Zeuge wunderte sich noch, daß die Frau, die sich Marie Jörg nannte, trotz ihres Erschöpfungszustandes bald wieder aufbrechen wollte. Daher bot er an, sie bis nach Peißenberg zu begleiten. Sie willigte ein.

Während der gemeinsamen Fahrt erzählte sie, sie wolle sich in München eine Stellung beschaffen. Außerdem habe sie dort zwei Schwestern, die sie besuchen wolle. Einer der Schwestern gehöre das Rad, und sie wolle es ihr zurückbringen. Daher sei sie nicht mit der Bahn gefahren, denn die Transportkosten für das Rad seien ihr zu teuer, sondern habe die Strapaze der langen Radfahrt auf sich genommen.

In Peißenberg trennte sich der Zeuge von der jungen Frau und blickte ihr nach, wie sie in Richtung Weilheim weiterradelte. In München ist sie nicht mehr angekommen.

Ende Januar 1939, das letzte Friedensjahr. München wie auch alle anderen bayerischen Städte befanden sich im Faschingstaumel. Überall, in den Straßen wie auch zu Hause und in den Lokalen, wurde ausgiebig gefeiert. Es war zunächst nur eine kleine Zeitungsmeldung, die darauf hinwies, man habe einen Sittlichkeitsverbrecher gefaßt, der auf frischer Tat dabei ertappt wurde, wie er sich an einem kleinen Mädchen zu vergehen versuchte.

Am frühen Sonntag morgen, dem 29. Januar 1939, schaute in Aubing, einer kleinen Gemeinde westlich von München,* eine Frau zufällig aus dem Fenster. Sie war erst vor kurzem von einem Faschingsball nach Hause gekommen und wollte sich jetzt schlafen legen. Zu ihrer Verwunderung nahm sie trotz der Dunkelheit zwei menschliche Gestalten wahr, die im hohen Schnee vor ihrem Gartenzaun lagen. Fast schien es, als würde sich da ein Liebespaar vergnügen, recht ungewöhnlich angesichts der kalten Wintertemperaturen, wie sie sich dachte. Dann sah sie auch schon, wie sich ein Mann erhob, sich seinen Mantel zuknöpfte, vorsichtig in alle Richtungen spähte und in Richtung Aubing davonging. Kurz darauf erhob sich auch die zweite Person aus dem Schnee.

Zu ihrem Entsetzen erkannte die Zeugin, daß es sich um ein noch sehr junges Mädchen handelte, und zwar um ein Pflegekind aus der Nachbarschaft. Es war erst zwölf Jahre alt. Augenblicklich lief sie nach draußen und nahm sich des Kindes an. Es schien sehr verstört, stammelte, der

---

* Sie wurde 1942 nach München eingemeindet.

Mann habe es am Hals ergriffen, in den Schnee gedrückt und es zu vergewaltigen versucht.

Das Mädchen in der Obhut ihrer Mutter lassend, fuhr die geistesgegenwärtige Zeugin dem Täter sofort auf ihrem Fahrrad hinterher. Eine andere Radfahrerin, die ihr zufällig begegnete, schloß sich ihr an. Zu zweit jagten nun die beiden mutigen Frauen dem Sittlichkeitsverbrecher hinterher, doch war dieser bald aus der Sichtweite geraten. Da sahen sie eine Lücke in einem Zaun, der mehrere Gärten begrenzte. Spuren im Schnee führten in die Gärten hinein. Sie zögerten nicht lange und folgten den Spuren. In der Nähe eines Gartenhauses stießen sie auf den erschöpft wirkenden Mann, der sich gerade den Schnee vom Mantel abklopfte. Sie sprachen ihn an, eine Frau stellte sich ihm in den Weg. Da machte der Unbekannte einen Satz vorwärts, stieß die Verfolgerin in den Schnee und lief erneut davon.

Die andere Frau nahm auf ihrem Fahrrad die Verfolgung auf, holte ihn schon bald ein und forderte ihn auf, sich der Polizei zu stellen. Dann aber wurde die Verfolgerin durch das Erscheinen ihrer Bekannten, die sie indessen auf dem Fahrrad eingeholt hatte, abgelenkt. Der Täter änderte die Richtung und war erneut verschwunden.

Inzwischen hatte sich infolge des lauten Rufens der Frauen ein Bauer eingefunden, der nun die Verfolgung übernahm und dem Mann über die Felder hinterherlief. Der Flüchtende drehte sich mehrmals um und drohte damit, seinen Verfolger zu erschießen. Zufällig fuhr in diesem Augenblick ein Auto vorüber, das bei der Gendarmeriestation in Aubing Werbematerial für den »Tag der Deutschen Polizei« abliefern wollte. Der Landwirt schilderte hastig, was vorgefallen sei. Rasch fuhr der Fahrer zur Gendarmerie und alarmierte die Beamten. In kürzester Zeit saßen zwei Gendarmen im Auto und nahmen die motorisierte Verfolgung auf. In der Freilandkolonie am Rande von Aubing konnten sie den Flüchtenden schon wenig später stellen. Er ließ sich widerstandslos festnehmen.

Der Mann wurde ins Untersuchungsgefängnis in der Münchner Stadelheimer Straße gebracht und dort alsbald durch Kriminalbeamte einem Verhör unterzogen. Er gab seinen Namen mit Johann Eichhorn an, zweiunddreißig Jahre alt, Familienvater aus Aubing und gelernter Schlosser. Als Rangierer bei der Reichsbahn in München sei er beschäftigt. Und er gab zu, das kleine Mädchen in Aubing überfallen zu haben. Er verstehe es selbst nicht, wie es dazu kam. Am Sonnabend abend suchte er, der es zu Hause nicht mehr aushielt und sich vergnügen wollte, mehrere Wirtshäuser in Aubing auf und zechte mit Bekannten bis in den frühen Morgen. Mehrere Glas Bier und Schnaps wollte er getrunken haben. Dennoch sei er nicht völlig betrunken gewesen. Nach Mitternacht gingen die Zechenden zu einem anderen Wirtshaus, in dem ein Tanzvergnügen stattfand. Dort amüsierte man sich ausgiebig bis in die frühen Morgenstunden. Nachdem er einen etwas weiter außerhalb wohnenden Bekannten heimgebracht habe, sei er in den Morgenstunden in Richtung Aubing zurückgegangen.

Die weiteren Geschehnisse schilderte Eichhorn folgendermaßen: Unterwegs lief ihm ein kleines Mädchen über den Weg, das eine Milchkanne trug. Es hatte trotz der frühen Stunde soeben Milch für die Pflegeeltern geholt. Eichhorn sprach die Kleine an und ging mit ihr ein Stück Weges. Mitten in der Ortschaft, allerdings auf einer freien Fläche, nahm er ihr die Kanne aus der Hand, drückte das Mädchen in den Schnee, schob ihm den Rock hoch, zog ihm den Schlüpfer herunter und versuchte es zu vergewaltigen. Dabei wurde er überrascht und trat die Flucht an.

Ob er auch von den vielen Überfällen wisse, die seit vielen Jahren vor allem im Westen Münchens die Bevölkerung in Angst und Schrecken versetzten, fragte man ihn. Eichhorn bejahte dies, schloß aber kategorisch aus, daß er dafür in Frage komme, trotz des Überfalls auf das kleine Mädchen. Er selbst wünsche sich immer, daß der unheimliche Sittlichkeitsverbrecher gefaßt werde! Ein anständiger Familienvater sei er, und es tue ihm leid, daß er das Mädchen mißbrauchen wollte, er wisse nicht, was über ihn gekommen sei!

Die Ermittler wurden das Gefühl nicht los, der Mann habe noch mehr auf dem Kerbholz, als er zugab. Der letzte Überfall ereignete sich in Aubing, die meisten anderen Überfälle wurden ebenfalls im Umkreis von Aubing begangen. Das konnte kein Zufall sein. Immer wieder drangen sie in ihn, zu gestehen, daß er auch für andere Sittlichkeitsverbrechen in Frage komme. Eichhorn schwieg, sagte, er sei nur für die Tat in Aubing verantwortlich. Doch die Kriminalbeamten gaben nicht auf, sagten ihm auf den Kopf zu, sie wüßten, daß er der seit langem gesuchte Vergewaltiger sei, und man habe Beweise dafür.

Und dann hielt Eichhorn den Druck nicht mehr aus. Nach tagelangen intensiven Verhören legte er ein Geständnis ab. Erst gestand er eine zweite Vergewaltigung, dann die nächste und wieder eine. Bis zum 8. Februar

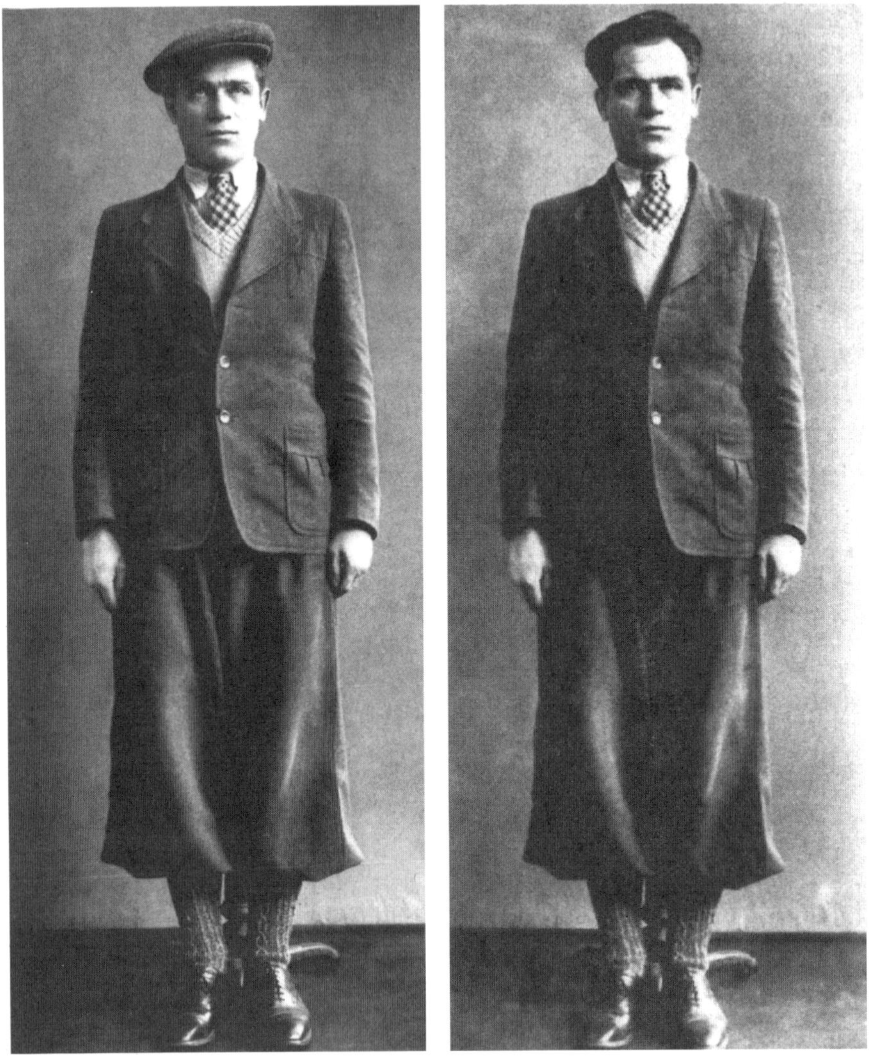

Polizeifotos von Eichhorn.

lieferte er präzise Angaben zu fünfundzwanzig Überfällen, die er in den vorangegangenen Jahren verübt haben wollte, darunter auch zwei, die gar nicht zur Anzeige gekommen waren. Zudem waren bei all diesen Überfällen die Opfer beraubt worden.

Im Polizeipräsidium atmete man auf, saß doch endlich der schlimmste Sittlichkeitsverbrecher der letzten zehn Jahre aus der Münchener Gegend hinter Schloß und Riegel. Der »Frauenschreck von Aubing« erzählte den

Vernehmern, erst zögerlich, dann immer freimütiger, wie er in seiner Freizeit zu jeder Tag- und Nachtzeit mit seinem Fahrrad in der engeren und weiteren Umgebung Aubings umherfuhr und nach geeigneten Opfern Ausschau hielt, ja er machte geradezu Jagd auf sie. Oft suchte er nachts Bahnhöfe auf, paßte allein ausgestiegene Frauen ab, ging ihnen nach und überfiel sie an einsamen Stellen.

Die weiteren Ermittlungen förderten zutage, daß Eichhorn ein regelrechtes Doppelleben führte. In Aubing galt er als rechtschaffener, wenn auch gelegentlich gewalttätiger Mann, der seiner geregelten Arbeit nachging und sich nichts zu Schulden kommen ließ. Man hielt ihn für einen fleißigen Menschen, der vorbildlich für seine Familie sorgte, und konnte nicht ahnen, daß er in seinen dienstfreien Stunden, jeweils in der Dämmerung oder nachts, wie ein Raubtier auf Jagd ging, auf Jagd nach Frauen, um sie sich mit Gewalt gefügig zu machen. Seit Dezember 1937 war er verheiratet, allerdings brachte seine Frau zwei Kinder in die Ehe, sie stammten von Eichhorn selbst! Sie wußte überhaupt nichts von seinem verbrecherischen Treiben, er vermochte es geschickt vor ihr zu verbergen.

Bereits im August 1928 beging er sein erstes Notzuchtverbrechen. Weil aber das Opfer, eine junge Frau, keine Anzeige erstattete, kam er ungeschoren davon. Erst ab dem Jahre 1931 kam es beinahe jeden Monat zu einem Überfall. »Scharf und fähig, ein Mädchen zu überfallen, war ich eigentlich immer. Auch die Tageszeit spielte bei mir keine Rolle«, sollte er später in seinem am 12. September 1939 unterschriebenen Protokoll angeben. »Wenn die Gelegenheit günstig war, habe ich den passenden Augenblick abgewartet und bin dann ohne jede Vorrede an das jeweilige Opfer herangegangen und habe es entweder vom Rad gezogen oder aber wenn es sich um Fußgänger handelte das betreffende Mädchen an einen geeigneten Platz geschleppt um den Geschlechtsverkehr auszuüben. Ich bin häufig überrascht worden und mußte von meinem Opfer ablassen. In den meisten Fällen wurde ich aber nicht gestört.« Eichhorn räumte ein, daß er dabei stets unnötige brutale Gewalt anwandte, denn »ohne Gewalt ging es nun einmal nicht«.

Kam es in den Jahren 1930 und 1933 zu keinerlei Überfällen und in den Jahren 1929 und 1935 nur vereinzelt, häuften sie sich jedoch in den Jahren 1936 und 1937, und zwar zumeist in den Gemeinden Aubing, Olching, Germering, Emmering, Eichenau, Freiham und Feldmoching, vorwiegend in der Dämmerung oder zur Nachtzeit, die Zeit, in der Eichhorn mit dem Fahrrad am liebsten »auf Jagd ging«. Dabei pflegte er die

Opfer anzuleuchten, sie mit der Schußwaffe zu bedrohen und sie dann zu zwingen, ihm zu Willen zu sein. In einigen Fällen fragte er sie auch, ob sie Geld dabeihätten.

Häufig fuhr er mit seinem Fahrrad absichtlich dem Opfer in das Vorderrad, so daß es zu Fall kam, stieß es in den Straßengraben und warf sich auf die durch den Sturz meist benommene Frau. In den meisten Fällen würgte er die Überfallenen zuerst, bevor er sich an ihnen verging. Eine der Frauen blieb danach mehrere Stunden besinnungslos liegen, ehe sie wieder zu sich kam. Ein bevorzugtes »Jagdgebiet« waren die Badeplätze an der Amper, einem Nebenfluß der Isar. Dort tummelten sich vor allem in den warmen Sommermonaten Hunderte von jungen Frauen, unter denen er immer wieder geeignete Opfer fand. Einige konnten sich rechtzeitig in Sicherheit bringen, andere hatten nicht soviel Glück. Im Sommer 1938 kam es in der Umgebung von Dachau an Badeplätzen, vor allem im sogenannten »Himmelreich«, auch verstärkt zu Diebstählen von abgelegten Kleidungsstücken und Schuhen, die Opfer mußten folglich im Badekostüm den Heimweg antreten.

Bei vielen der Überfälle wandte der Täter einen bestimmten Würgegriff an, der die Opfer ihrer Besinnung beraubte, mal für eine kürzere, mal für eine längere Zeit. So konnte er sich ungestört an ihnen vergehen. Eine Frau blieb sogar mehrere Stunden ohne Bewußtsein. Und in den meisten Fällen raubte der Täter ihnen das Handtäschchen.

In einem anderen Fall fiel er auf einem abgelegenen Feld im Münchner Westen ein junges Mädchen an, mißhandelte es und verging sich an ihm über eine Stunde lang. Das Opfer blieb stundenlang liegen, ehe es gefunden wurde. Nach der Tat fuhr Eichhorn seelenruhig nach Hause, wechselte seinen Anzug und setzte sich abends in eine Aubinger Wirtschaft. Da platzte die Schreckensmeldung von dem Überfall herein. Die gesellige Runde kam sofort zum Erliegen, und man diskutierte erregt die scheußliche Tat. Einer der Gäste zeigte sich besonders entrüstet, verlor dann völlig die Kontrolle über sich selbst. An den Beinen von der Decke müsse man den gemeinen Hund aufhängen, rief er erregt. Es war Johann Eichhorn! Das Opfer blieb lange Zeit traumatisiert.

Eine andere Möglichkeit, als daß es sich um ein und denselben Mann handelte, gab es nicht.

Einer der Überfälle, die nicht angezeigt worden waren, ereignete sich auf einem Feld unweit von Olching. Eichhorn, den das Opfer sofort wiedererkannte, riß die Frau zu Boden und versuchte, sich an ihr zu vergehen. Sie trat mit aller Kraft um sich, biß und kratzte, schrie aus Leibeskräften um Hilfe. Eichhorn ließ daraufhin von ihr ab und fuhr auf seinem Fahrrad davon.

Bei einer Hausdurchsuchung stellte die Polizei eine große Anzahl gestohlener Kleidungsstücke sicher, die den Opfern der dreisten Diebstähle zugeordnet werden konnten.

Wochenlang verhörte die Kriminalpolizei den Verdächtigen, während die Tagespresse keinerlei Informationen erhielt. Man hatte festgestellt, daß Eichhorn auf dem Mitgliedsverzeichnis der NSDAP stand! Die Ermittlungen durften auf keinen Fall gefährdet werden. Sie gingen nun in eine andere, weitaus schlimmere Richtung! Man konnte Eichhorn nämlich den Besitz einer Schußwaffe nachweisen. Diese Waffe aber war bei der Hausdurchsuchung nicht gefunden worden. Darüber befragt, gab der Untersuchungsgefangene die widersprüchlichsten Angaben ab, denn mal habe er sie verloren, dann an einem bestimmten Ort vergraben, dann wieder an einen anderen verkauft.

Und da war noch der unaufgeklärte bestialische Mord an Rosa Eigelein am 31. August 1937. Bekanntlich war die junge Frau durch einen Schuß in den Hinterkopf schwer verletzt worden, ehe der Täter sie vergewaltigte, sie durch einen Knebel erstickte und die Tote darüber hinaus in unbeschreiblicher Weise im Genitalbereich verstümmelte. Die Mordkommission konzentrierte sich nunmehr auf diesen schon fast zwei Jahre zurückliegenden Mord. Würde es ihr gelingen, Eichhorn damit in Verbindung zu bringen? Als man ihn danach befragte, stritt er entschieden ab, irgend etwas mit dieser Tat zu tun zu haben. Notzucht ja, Mord nein! Und dennoch wies die »Arbeitsweise« Eichhorns bei den Sittlichkeitsverbrechen eine große Ähnlichkeit zu denen bei dem Mord an der Näherin auf.

Am 25. März 1939 wandten sich die Münchner Zeitungen erneut an die Öffentlichkeit und baten um Informationen darüber, ob Eichhorn jemals mit einer Schußwaffe gesehen worden sei. Auch Angaben über ihren Erwerb und Verbleib wurden erbeten. Hatte sie jemand in Verwahrung genommen?

Unterdessen war die Zahl der von dem Familienvater eingestandenen Sittlichkeitsverbrechen auf sechsunddreißig gestiegen, und man zweifelte nicht daran, daß diese Zahl noch ansteigen würde.

Leichenfund im Forstenrieder Park

Mitten in die Ermittlungen platzte eine Schreckensnachricht: Im Forstenrieder Park, jenem ausgedehnten, dichten Waldgebiet im Südwesten von München, war eine verweste Frauenleiche entdeckt worden! Zwei aus München stammende Straßenbahnbeamte machten den schaurigen Fund, als sie am frühen Abend des 25. April 1939, einem Montag, östlich des Forsthauses Oberdill, etwa achtzig Meter westlich der nach Süden ins Isartal und weiter nach Wolfratshausen führenden Staatsstraße, quer durch das teils fast undurchdringliche Dickicht streiften. Zunächst stießen sie auf dem moosigen, laubbedecken Waldboden auf Stücke weiblicher Kleidung wie Reste eines Kleides, eines Mantels und Unterwäsche, die in einem kleinen Umkreis verstreut lagen. Neugierig geworden, tasteten sie sich weiter voran, den Boden absuchend. Am Fuße einer hochgewachsenen Tanne sahen sie bald darauf einen Damenhalbschuh mit einem Fußknöchel aus dem zerwühlten Waldboden hervorragen. Sie ahnten bereits, was sich unter der Erde befand, ersparten sich jedoch den Anblick. Auf der Stelle machten sie kehrt und fuhren auf ihren Fahrrädern sofort nach München zurück. Dort meldeten sie am Dienstag morgen ihren Fund der Mordkommission im Polizeipräsidium.

Eine Stunde später trafen mehrere Beamte der Mordkommission, unterstützt von Gendarmen des nahe gelegenen Grünwald*, am Fundort ein und riegelten das dichte, undurchdringliche Waldgebiet ab. Die stark in Verwesung übergegangene, bereits an einigen Stellen skelettierte Leiche bot einen schrecklichen Anblick, da der Mörder sie bestialisch zerstückelt hatte. Bei der näheren Untersuchung des größtenteils skelettierten Schädels, nur am Hinterhaupt befanden sich noch Weichteilreste mit kurzen Haaren, konnte den Beamten die etwa neun Millimeter große Schußverletzung im unteren Hinterkopf nicht entgehen, die von einer kleinkalibrigen Waffe stammte und das Großhirn durchschlagen haben mußte.

Die Überreste waren völlig nackt, nur der linke Fuß steckte noch in einem Schuh. Das rechte Bein samt Schuh fehlte vollständig. Es wurde später als Knochen verstreut auf dem Waldboden gefunden. Beide Beine

* Dort war im August 1937 ebenfalls eine verweste Frauenleiche gefunden worden. Es handelte sich um die 24jährige Franziska Preimesser. Ihr Verlobter Josef Fottner hatte sie erschossen, weil sie von ihm ein Kind erwartete. Fottner wurde hingerichtet.

waren aus ihren Gelenksbefestigungen gelöst, das linke befand sich mit dem oberen Gelenkkopf nach dem Schädel zeigend an der rechten Seite der Leiche. Offensichtlich hatte der Täter das Opfer in einer nicht sehr tiefen Grube verscharrt, doch mußten Füchse und anderes Raubwild sie ein Stück freigelegt und angefressen haben. Die Tiere hatten mit Sicherheit auch das rechte Bein abgebissen und davongetragen. Man konnte von Glück sagen, daß sich in all den Monaten, in denen die Leiche dort gelegen hatte, keine Wildschweine gezeigt haben, denn dann wäre von der Toten kaum noch etwas übriggeblieben.

Achtzig Kriminalbeamte, unterstützt von Forstarbeitern, bildeten am späten Nachmittag eine Streifenkette, die das Waldgebiet in einem größeren Umkreis absuchte. Etwa hundert Meter von der Leiche entfernt lag ein Damenfahrrad. Die Ermittler staunten nicht schlecht, war es doch in seine Einzelteile zerlegt: Sattel, Räder, Schläuche, Mantel und die zerschnittenen Reifen lagen verstreut teils unter Moos, teils im Gebüsch versteckt. Hier hatte wohl der Täter seine sinnlose Zerstörungswut ausgetobt. Aber warum? Als sie die Umgebung des Fahrrades untersuchten, stießen die Männer auf einen braunen, noch recht gut erhaltenen Pappkarton. Darin lag ein Gebetbuch. Als man es aufschlug, fiel ein kleiner Totenzettel auf den Namen Alois Jörg heraus, ebenso ein kleiner Zeitungsausschnitt über die Beerdigung jenes Mannes. Darauf stand mit Frauenhand geschrieben: *»Marie, heb' das gut auf«*.

Die Kriminalbeamten stutzten: Eine Marie Jörg galt seit dem September des vergangenen Jahres als abgängig, das Schicksal der dreiundzwanzigjährigen Hausangestellten konnte bislang nicht geklärt werden. Ein schrecklicher Verdacht stieg in ihnen auf: Bei der verwesten Leiche konnte es sich möglicherweise um die verschwundene Frau handeln. Man wußte, daß sie ihre Habseligkeiten in einem Pappkarton mit sich führte, wenn sie mit dem Fahrrad über Land fuhr, um Verwandte zu besuchen.

Ein Anruf bei der Vermißtenstelle der Kriminalpolizei-Leitstelle München und die Beschreibung der gefundenen Gegenstände ergab die traurige Gewißheit: Bei der verwesten Leiche handelte es sich tatsächlich um Marie Jörg. Ohnehin räumte der Totenzettel jeden Zweifel aus.

Wo aber waren die Wertsachen, die sie laut Zeugenaussagen besaß, so unter anderem eine Damenuhr? Die nahe der Leiche gefundene Geldbörse war leer. Und was war das Motiv zu der Tat? Lag Raubmord vor oder handelte es sich erneut um einen Sexualmord?

Auch Marie Jörg überlebte ihre Radfahrt nicht.

Die Tote wurde am frühen Abend in das Gerichtlich-Medizinische Institut nach München übergeführt. Eine gerichtsärztliche Obduktion sollte Aufschluß darüber erbringen, was zum Tode des Opfers führte und ob es vergewaltigt worden war, sofern das noch nachzuweisen war.

Zugleich begann die Mordkommission eine fieberhafte Ermittlung nach dem Täter, was sich gar nicht so einfach gestaltete, lag die Tat doch schon viele Monate zurück. Marie Jörg stammte aus dem kleinen Dorf Unterellegg bei Wertach, im Allgäu gelegen. Man wußte, daß sie am 29. September 1938 bei ihrem Onkel in Buching bei Füssen zu Besuch weilte und dann mit dem Fahrrad über Schongau, Weilheim und Starnberg nach München fahren wollte, um dort eine Stellung zu suchen. Den Pappkarton führte sie immer auf dem Gepäckträger mit. Hatte sie auf dem Wege nach München Anschluß gefunden, ihren Mörder kennengelernt und war ihm zutraulich in den Tod gefolgt? Wurde sie auf dem Wege nach München überfallen oder hatte sie es bereits bis München geschafft und war von dort in den Forstenrieder Park gelockt worden? In München war sie jedenfalls nicht polizeilich gemeldet, auch hatte sie ihre beiden dort wohnenden Schwestern nicht aufgesucht. Das konnte bedeuten, daß sie dort nicht eingetroffen war und bereits auf dem Wege dorthin ihrem Mörder in die Hände gefallen sein mußte.

Der Fundort der Leiche befand sich nur etwa acht Kilometer Luftlinie von dem Altarm der Isar, wo acht Jahre zuvor die sechzehnjährige

Katharina Schätzl ermordet aufgefunden worden war. Auch dieses scheußliche, fast in Vergessenheit geratene Verbrechen konnte bislang nicht aufgeklärt werden. Ja, die Mordkommission hatte bereits jede Hoffnung aufgegeben, den Täter jemals seiner gerechten Strafe zuführen zu können.

Die am Mittwoch abend im Gerichtlich-Medizinischen Institut vorgenommene Leichenöffnung bestätigte den Befund des ersten Augenscheins, nämlich daß die junge Frau durch einen von hinten abgegebenen Kopfsteckschuß getötet wurde. Ob sie aber auch vergewaltigt wurde, konnte nicht mit Sicherheit festgestellt werden, die Verwesung war zu weit fortgeschritten.

Noch am Mittwoch suchten Beamte der Mordkommission den Onkel der Ermordeten in Buching auf, um ihn zu vernehmen. Von der Mutter der Toten erhofften sie sich gleichfalls Aufschluß über die letzte Fahrt von Marie Jörg. Beide wußten lediglich, daß die Frau nach München geradelt war, um dort eine Arbeitsstelle zu suchen. Von dieser Fahrt kam sie nicht mehr zurück. Da Verwandte und Bekannte in München vergeblich auf sie warteten und Marie sich auch nicht mehr bei ihrer Mutter meldete, wurde Vermißtenanzeige erstattet. Das konnte nur bedeuten, daß die junge Frau gar nicht in München angekommen war, sondern bereits auf der Fahrt dorthin ihrem Mörder in die Hände fiel. In Rundfunkdurchsagen wurden wiederholt alle zu ihrem Bekanntenkreis gehörenden Personen aufgerufen, sich umgehend bei der Mordkommission zu melden.

Bald wußten die Ermittler auch, welcher Gegenstand der Toten geraubt worden waren. Es handelte sich um eine vergoldete rechteckige Armbanduhr mit ovalem Zifferblatt, die an einem schwarzen Ripsband befestigt war. Doch trotz intensiver Arbeit und der Befragung von zahlreichen Zeugen, trotz der Aushängung von Plakaten mit dem Foto der Marie Jörg, vor allem trotz der Belohnung von tausend Reichsmark schien auch dieser Mordfall das Schicksal der anderen seit 1931 zu teilen: Vermutlich würde er nie aufgeklärt werden.

Dann richteten die Beamten ihre Aufmerksamkeit wieder dem in Untersuchungshaft sitzenden Eichhorn zu. In mehreren schriftlichen Geständnissen hatte er ja bereits zugegeben, bei den Überfällen auf Frauen ein Messer und eine Schußwaffe mitgeführt und beide auch eingesetzt zu haben, um seine Opfer einzuschüchtern. Drei der aufgefundenen Opfer, Berta Sauerbeck, Rosa Eigelein und Marie Jörg, hatten jeweils eine Schußwunde in den Bereich des Hinterkopfes davongetragen, wenn sie auch nicht die eigentliche Todesursache war. Und immer stärker wurde die Ahnung der Kriminalisten, daß der Mann aus Aubing ein schreckliches Geheimnis hütete. Sie mußten es ihm nur entreißen!

Im Mai 1939 bildete der Leiter der Kriminalpolizei-Leitstelle München, Oberregierungsrat Dr. Albrecht Böhme, eine Sonderkommission innerhalb der Mordinspektion. Dieser wurde die Aufgabe zugewiesen, die vier unaufgeklärten Frauenmorde zu untersuchen wie auch das Schicksal der seit Juni 1934 vermißten Anna Geltl aus München aufzuklären. Mittlerweile war man davon überzeugt, daß auch sie einem Sexualverbrechen zum Opfer gefallen war. Eine mühsame Kleinarbeit unter der Leitung von Kriminalrat Tenholt begann, in der so manche Nacht zum Tag gemacht wurde. Jeder Schritt wurde mit der Staatsanwaltschaft abgestimmt. Wieder und wieder wurden die vier bekannten Frauenmorde miteinander verglichen, Stück für Stück wurde, soweit dies möglich war, Beweismaterial gegen Eichhorn zusammengetragen.

Die Vernehmungen des Gefangenen hielten den gesamten Mai, Juni und Juli 1939 an. Mit Mitteilungen an die Öffentlichkeit hielt sich die Kriminalpolizei-Leitstelle sehr zurück, ja die Presse erfuhr nichts, vielleicht auch, weil es nichts zu berichten gab. Und die Münchner, die genossen den letzten Friedenssommer, sie konnten nicht ahnen, wie das Jahr ausklingen würde. Zwar wußte man von den Spannungen mit dem benachbarten Polen, aber das lag weit weg, man war hier in Bayern.

Eichborn gesteht zwei Morde

Am 23. August 1939, der Friedenszustand würde noch genau eine Woche anhalten, überraschten sämtliche Tageszeitungen in Süddeutschland, die in München sogar in großer Aufmachung, die Öffentlichkeit: Die beiden bestialischen Morde an Rosa Eigelein und Maria Jörg waren aufgeklärt.

Am Tage zuvor hatte die Kriminalpolizei-Leitstelle im Einvernehmen mit dem Oberstaatsanwalt München I im Gebäude des Polizeipräsidiums eine Pressebesprechung abgehalten, bei der sie bekanntgab, daß die Ermittlungen der Kriminalpolizei von Erfolg gekrönt seien: Der seit Ende Januar in Untersuchungshaft befindliche Johann

Eichhorn habe nicht nur über neunzig Sittlichkeitsverbrechen gestanden, von denen ihm siebenunddreißig einwandfrei nachgewiesen werden konnten, sondern auch den am 31. August 1937 an Rosa Eigelein und den am 29. September 1938 an Marie Jörg begangenen Mord. Überhaupt gelte Eichhorn als einer der übelsten Sittlichkeitsverbrecher aller Zeiten.

Die Taktik der Mordkommission, den Verdächtigen in monatelangen, auch nächtlichen Verhören zu zermürben, war also erfolgreich. Immer mehr hatten sich die Anzeichen, Eichhorn müsse für die beiden bislang unaufgeklärten Morde verantwortlich sein, verdichtet, denn die Vorgehensweisen ähnelten einander stark.

Schließlich gab Eichhorn, mit dem schweren Beweismaterial konfrontiert, zu, beide Frauen in der Absicht vom Fahrrad gerissen zu haben, sich an ihnen geschlechtlich zu befriedigen. Allerdings beteuerte er auch, es habe ihm »die freie Willensbestimmung gefehlt«, in seinem Geschlechtstrieb wußte er nicht mehr, was er da anrichte. Dies galt sowohl für die vielen Überfälle als auch für die beiden Morde, die er nun zugab.

Den Mord an Rosa Eigelein im August 1937 schilderte der Triebtäter folgendermaßen: Die Näherin aus Puchheim, das nur wenige Kilometer von Aubing entfernt lag, war ihm schon länger bekannt. Er wußte daher, daß sie jeden Abend um beinahe dieselbe Zeit von München kommend mit ihrem Fahrrad die Landstraße zwischen Germering und Puchheim befuhr. Eine ideale Gelegenheit, sie zu überfallen.

An jenem Abend kam er von seiner Arbeitsstelle auf dem Bahnhof München-Laim und hielt auf dem Heimweg nach Aubing an der Landstraße zwischen Germering und Puchheim an. Vergeblich hielt er Ausschau nach ihr, Rosa schien sich verspätet zu haben. Nun wartete er über eine Stunde hinter einem Baum stehend auf sein Opfer. Sein Fahrrad lag neben ihm am Straßenrand. Da sah er sie plötzlich, im Lichtschein eines gerade in Richtung Germering vorüberfahrenden Milchwagens, wie sie in flottem Tempo an ihm vorbeiradelte. Der Anblick ihres wehenden Rockes, ihrer nackten Oberschenkel versetzte ihn in ungeheure Erregung. Schnell nahm er sein Fahrrad auf, schwang sich auf den Sattel und fuhr der jungen Frau hinterher. Er hatte anfangs große Mühe, sie einzuholen, denn sie trat mächtig in die Pedale, doch an der starken Kurve zwischen Germering und Puchheim holte er sie ein.

Kaum befand er sich auf gleicher Höhe mit ihr, stieß er sein Opfer vom Fahrrad, so daß es im Straßengraben zu Fall kam.* Glücklicherweise war weit und breit kein Lichtschein zu sehen, weder von einem Radfahrer noch von einem Auto. Rasch stieg Eichhorn vom Sattel, eilte zu der ganz benommen daliegenden Frau, packte sie am Hals und zog sie gewaltsam die Straßenböschung hinunter. Sobald aber Rosa Eigelein begriff, was mit ihr geschah, kämpfte sie mit wilder Verzweiflung gegen ihren Angreifer, schrie aus Leibeskräften um Hilfe, trat immer wieder gegen den Mann.

Eichhorn sah keinen anderen Ausweg mehr, mußte ihren Widerstand brechen: Er holte seinen Trommelrevolver aus der Jackentasche, hielt ihn ihr an den oberen Nackenbereich auf der linken Seite und drückte ab. Die Frau verstummte sofort, Blut rann ihr aus dem Nacken. Eichhorn schleifte sie nun an den Beinen etwa hundert Meter ins Feld hinein. Als er sich sicher fühlte, daß er hier nicht gesehen werden könne, riß er seinem Opfer die Kleider vom Leibe, steckte ihm den aus ihrer Unterwäsche gefertigten Knebel in den Mund und öffnete seine Hose. Doch in diesem Augenblick schon kam er zum Höhepunkt.

Aus Wut über sein »Versagen« begann er sein Opfer zu verstümmeln, schnitt ihm mit einem Stilett, das er mit sich führte, das Geschlechtsteil heraus und legte es der Toten aufs Gesicht. Weitere Verstümmelungen vorzunehmen wagte er nicht mehr: immer wieder fuhren Autos vorbei, und er befürchtete, doch noch entdeckt zu werden, zumal noch beide Fahrräder am Straßenrand lagen. Er holte nun das durch den Sturz leicht beschädigte Damenfahrrad vom Straßengraben und legte es in der Nähe der Leiche ab. Als er bemerkte, daß seine Hände mit Blut befleckt waren, rieb er sie sich im feuchten Gras ab. Rasch durchsuchte er die Handtasche und entnahm ihr einen geringfügigen Geldbetrag.

Nach dieser Bluttat schwang sich der Mörder wieder aufs Fahrrad und fuhr zunächst nach Lochhausen. Dort kehrte er in einer Wirtschaft ein, trank ein Bier und wusch sich ausgiebig die Hände. Darauf radelte er die wenigen Kilometer nach Hause, wo er Blutflecken aus der Kleidung

---

* Diese Vorgehensweise erinnert stark an den Frauenserienmörder Robert Körnig aus Cuxhaven, der am 9. Juli 1936 eines seiner Opfer auf der Landstraße vom Fahrrad stieß, es dann einige Meter in den Wald hinein schleppte, mißbrauchte und schließlich erdrosselte. Die schrecklichen Verbrechen dieses Sexualmörders sind beschrieben in: Wolfgang Krüger: Kriminalchronik des Dritten Reiches Band 1, Arnstadt 2008, S. 159–190.

entfernte. Seine Frau lag bereits im Bett und schlief. Als am nächsten Tag an seiner Arbeitsstelle über den Mord gesprochen wurde, erinnerte er sich mit Schrecken, daß er dafür verantwortlich war. Und er gestand, daß er darüber sehr entsetzt gewesen sei.

Marie Jörg sollte im Forstenrieder Park ihr gewaltsames Ende finden. In den späten Nachmittagstunden des 29. September 1938 war Eichhorn wieder einmal mit dem Fahrrad unterwegs, um nach einem geeigneten Opfer Ausschau zu halten. Es hatte ihn wieder gepackt, er mußte »jagen«. Auf dem Radfahrweg an der nach Starnberg führenden Staatsstraße, unterhalb des Forsthauses Oberdill, erblickte er eine junge Radfahrerin, die aus Richtung Starnberg kam. Sie führte einen braunen Karton auf dem Gepäckhalter mit sich und hatte ein enormes Tempo drauf.

Eichhorn sah sich um. Es war niemand zu sehen, kein Auto, keine weiteren Radfahrer. Es dunkelte bereits, die Gelegenheit war günstig. Kaum war die Frau an ihm vorübergefahren, folgte er ihr, wie er es bereits im Fall Eigelein getan hatte, holte sie ein, griff ihr nach dem Hals und stieß mit aller Kraft die ahnungslose Frau vom Rad. Sie stürzte in den Straßengraben, blieb benommen liegen. Eichhorn eilte zu ihr, ergriff sie in hochgradiger Erregung an der Kehle, zerrte sie ins Gebüsch neben dem Radweg und würgte sie, doch auch sie leistete erbitterten Widerstand. Er brach ihn, indem er ihr mit dem Revolver in den Hinterkopf schoß. Darauf schleppte er sein Opfer, von dem er nicht wußte, ob es noch lebte oder schon tot war, wie im Rausch in das Tannendickicht hinein, zerriß der jungen Frau die Kleider und machte sich daran, sie zu vergewaltigen. Doch wie im Fall der Rosa Eigelein kam er bereits durch die Berührung des Körpers zur vorzeitigen Ejakulation.

Außer sich vor Wut, ergriff er sein Stilett und stach wahllos auf den Körper ein. In seinem Blutrausch machte er sich auch an ihrem Geschlechtsteil zu schaffen, schnitt es heraus, doch konnte er sich später nicht mehr erinnern, wo er es ablegte. Da die Leiche versteckt werden mußte, wühlte er zunächst mit den Händen ein Loch in den Waldboden, nahm dann sein Messer und vergrößerte es. Dann entkleidete er die Tote vollständig und versuchte, sie in das recht flache Grab zu zwängen, doch sie paßte nicht hinein. Kurzerhand ging er dazu über, ihr mit dem Tranchiermesser die Beine abzutrennen. Dies bereitete ihm einige Schwierigkeiten, da sich die Oberschenkel zuerst nicht vom Rumpf lösen ließen. Unter allerlei Drehungen der Glieder gelang es ihm schließlich.

Er schob zunächst den Körper ins Erdloch, dann legte er die Beine dazu und bedeckte die Grube wieder mit Erde, legte Zweige und Moos darüber. Er untersuchte die Geldbörse der Toten, entnahm ihr einen kleinen Geldbetrag und warf sie dann weg. Auch den Schmuck, den Marie Jörg bei sich führte, nahm er an sich. Das Fahrrad holte er vom Straßenrand, schob es durch das Dickicht in die Nähe des Tatortes und zerlegte es. Dann zerstreute er die Teile auf dem Waldboden. Er wollte sichergehen, daß es nicht als das Fahrrad seines Opfers erkannt werden konnte. Den Karton auf dem Gepäckhalter warf er weg.

Bereitwillig führte Eichhorn die Beamten der Sonderkommission zu den Orten, an denen er die beiden Frauen umgebracht hatte. Er vermochte sich noch genau an die Stelle zu erinnern, an der er Marie Jörg vom Fahrrad riß und ins Dickicht schleppte. Es bestand kein Zweifel, Eichhorn war der Täter! Auch zu der Wiese, auf der er Rosa Eigelein erschoß und verstümmelte, führte er die Beamten und schilderte die bestialische Tat in allen Einzelheiten. Auf seinen Wunsch hin führte man Eichhorn an das Grab der Rosa Eigelein. Er hatte die junge Frau wie auch ihre Brüder gekannt, mit ihnen war er öfter im Aubinger Turnverein zusammengetroffen. Als er aber nun an ihrem Grab stand, verlor er für eine kurze Zeit die Fassung. Er betete laut und deutlich ein Vaterunser, dann legte er einen kleinen Blumenstrauß aufs Grab und besprengte es mit Weihwasser. Danach verfiel er in eine dumpfe Verschlossenheit, so daß er vom Gefängnisarzt für den Rest des Tages als vernehmungsunfähig erklärt wurde.

Mit diesen beiden Mordgeständnissen hatten nunmehr zwei furchtbare Verbrechen ihre Aufklärung gefunden. Aber noch war das Schicksal von Anna Geltl nicht geklärt, war der Mörder von Katharina Schätzl und Berta Sauerbeck nicht überführt. Die Ermittlungen gingen mit Hochdruck weiter, trotz des am 1. September 1939 wegen des Einmarsches der Wehrmacht in Polen ausgebrochenen Weltkrieges. Nunmehr beherrschten Kriegsmeldungen die Zeitungsspalten, während der Bevölkerung immer mehr Einschränkungen auferlegt wurden. Begreiflich, daß das Interesse an Eichhorn und den beiden von ihm gestandenen Frauenmorden zurückging.

Die Sonderkommission Eichhorn jedoch gab nicht auf, im Gegenteil, sie verstärkte ihre Bemühungen, den Zweifachmörder weiterer Morde zu überführen, auch wenn der inzwischen vergangene lange Zeitraum dies sehr erschwerte. Die Verbrechen an Katharina Schätzl und Berta Sauerbeck trugen eine ähnliche Handschrift wie die bereits eingestandenen

Luftaufnahme der Münchner Innenstadt mit der Frauenkirche, um 1930.

Morde. Warum aber gab Eichhorn sie nicht zu? Warum schwieg er zu dem noch ungeklärten Schicksal von Anna Geltl? Auch sie war am Tage, an dem sie verschwand, mit dem Fahrrad unterwegs.

Immer wieder nahmen sich die Beamten der Mordkommission den Mann vor, konfrontierten ihn wieder und wieder mit dem Schicksal der übrigen drei Frauen, sagten ihm auf den Kopf zu, man habe Beweise, daß er deren Mörder sei. Man bediente sich einer nicht ungewöhnlichen Methode, um den Untersuchungshäftling zum Sprechen zu bewegen: man verlegte einfach einen anderen Kriminellen in Eichhorns Zelle, ohne ihm zu sagen, daß es sich um den Mörder aus Aubing handele. Er sollte sich nur anhören, was der Mörder zu sagen habe, und dies den Ermittlern melden. Dieser Häftling war später einer der wichtigsten Zeugen in der Gerichtsverhandlung.

Eichborn gesteht alle fünf Morde

Diese Taktik erwies sich jedenfalls als äußerst erfolgreich, denn Eichhorn zog den Mann bald ins Vertrauen und gestand ihm nach und nach nicht nur die Morde an der Eigelein und der Jörg ein, sondern auch an den anderen drei Frauen! Darauf ließ man ihn wieder vorführen und sagte ihm auf den Kopf zu, er habe auch die übrigen, bislang unaufgeklärten Morde zu verantworten. Eichhorn wußte, daß jedes weitere Leugnen zwecklos war, und gestand schließlich, er sei auch der Mörder der übrigen drei Frauen: Katharina Schätzl im Jahre 1931, Anna Geltl im Jahre 1934 und Berta Sauerbeck, ebenfalls 1934.

»Eichhorn gesteht fünf Lustmorde« titelte die Münchener Zeitung in ihrer Ausgabe vom 4. Oktober 1939 im Lokalteil. Der Alpdruck, der jahrelang über München und Umgebung lastete, war gewichen, das Scheusal, das *»Ungeheuer in Menschengestalt«** das für eine Reihe unvollstellbarer Morde verantwortlich war, befand sich in sicherer Haft und sah nun seiner Aburteilung entgegen.

Soweit es seine Erinnerung beinahe acht Jahre später zuließ, schilderte Eichhorn seinen ersten Mord. Er begegnete der sechzehnjährigen Katharina Schätzl am 11. Oktober 1931 auf dem Oktoberfest. Die gutentwickelte »Unschuld vom Lande« gefiel ihm auf Anhieb, er schätzte ihr Alter auf

* *Neue freie Volks-Zeitung,* 27. November 1939.

mindestens achtzehn. Katharina dagegen ließ sich von seinem sicheren Auftreten beeindrucken. Von Anfang an konnte er seinen Blick nicht von ihr lassen. Schnell kam man ins Gespräch, besuchte gemeinsam Schaubuden, wobei sich Eichhorn sehr spendabel zeigte.

Dann schlug Eichhorn einen gemeinsamen Fahrradausflug vor. Also fuhren beide hinunter ins Isartal. Ebenhausen unweit der Gemeinde Schäftlarn war das Ziel. Unterwegs legte er sich seinen Plan zurecht, wie er sein Opfer mißbrauchen könne. An einem Altarm der Isar legten sie eine Rast ein. Eichhorn setzte sich mit dem Mädchen, das ihm völlig vertraute, ins Gras. Da kam es über ihn. Wie ein Tier fiel er über die Schätzl her, packte sie am Hals und drückte immer wieder zu. Er schob ihr das Kleid hoch, drang in sie ein und vergewaltigte sie. In seiner Erregung drückte er ihr so stark die Kehle zu, daß sie keine Luft mehr bekam und unter seinen Händen starb!

Als er bemerkte, was er angerichtet hatte, war sein erster Gedanke, die Leiche verschwinden zu lassen. Er schleppte sie zur steilen Uferböschung, band sie mit Draht, das er mitführte, zusammen, tarnte sie mit Tannenzweigen und beschwerte sie mit Steinen, stieß sie dann ins Wasser.

Auch Anna Geltl, die frisch vermählte Frau eines Münchner Frisörladeninhabers, sollte von ihrem allein unternommenen Fahrradausflug nicht mehr zurückkehren.

Am 30. Mai 1934 hatte Eichhorn wieder arbeitsfrei, und er verspürte erneut diese tiefe innere Unruhe. Er mußte heraus aus Aubing, mußte wieder Jagd auf ein weibliches Wesen machen, die letzte Vergewaltigung lag immerhin mehrere Wochen zurück.

Er setzte sich auf sein Fahrrad und fuhr zunächst ziellos in den südwestlichen Vororten Münchens umher, ehe er sich in den Forstenrieder Park begab. Dort würde er bestimmt auf eine Radfahrerin stoßen, die allein unterwegs war. Während er unweit der Gemeinde Baierbrunn die von dichtem Wald gesäumte Staatsstraße auf und ab fuhr, kam ihm am frühen Abend aus Richtung Starnberg eine junge Frau in einem blauweißen Dirndlkleid auf ihrem Fahrrad entgegen. Ihr Anblick erregte ihn. Langsam fuhr er an ihr vorbei, um sie in Sicherheit zu wiegen, kehrte aber eine Minute später wieder um und fuhr rasch hinter ihr her.

Als er sie eingeholt hatte und sich mit ihr auf gleicher Höhe befand, gab er der ahnungslosen Frau einen kräftigen Stoß, so daß sie vom Fahrrad stürzte und auf den Straßenasphalt fiel. Wie benommen blieb sie einige

Sekunden liegen. Da zog Eichhorn sie auch schon von der Straße weg ein paar Meter in das Dickicht des Waldes hinein, riß ihr das Dirndl hoch und legte sich auf sie, versuchte sie zu vergewaltigen. Zugleich umklammerte er ihr mit beiden Händen den Hals und drückte ihn fest zu.

Anna Geltl aber setzte sich kräftig zur Wehr, begann laut zu schreien und nach ihm zu treten. Ihre erbitterte Gegenwehr erregte Eichhorn immer mehr, doch dann wurde es ihm zu viel. Er sah ein, daß er wegen des so nicht erwarteten Widerstandes nicht zum Ziel kommen würde, griff in seine Hosentasche und holte seinen Trommelrevolver heraus. Er preßte die Waffe gegen ihren linken Hinterkopf und drückte ab. Innerhalb weniger Sekunden lag die Frau regungslos da, offensichtlich war sie tot.

Eichhorn schleifte den leblosen Körper an den Beinen etwa fünfzig Meter tiefer in den fast undurchdringlichen Wald, entkleidete ihn vollständig und legte sich auf ihn, um ihn zu mißbrauchen. Doch bereits die Berührung des weiblichen Körpers verschaffte ihm einen vorzeitigen Samenerguß. Dies machte ihn dermaßen wütend, daß er sich nun an der Leiche austobte. Mit seinem feststehenden Tranchiermesser begann er, sie zu zerschneiden. Immer wieder stach und schnitt er ins tote Fleisch, tobte einen wahren Blutrausch aus. Zuletzt schnitt er ihr die Genitalien heraus und stellte mit ihnen unbeschreibliche Dinge an. Die sicherlich an einiges gewöhnten Ermittler waren entsetzt. Hier war wohl kein menschliches Wesen mehr am Werk gewesen, vielmehr ein wildes Tier, das seine Beute zerriß! Seine bestialische Tat gipfelte darin, daß er nach seinen eigenen Angaben das herausgetrennte Geschlechtsteil der Toten aufs Gesicht legte!

Der Mörder holte nun das Fahrrad des Opfers und sein eigenes von der Straße, legte beide unweit der Mordstelle ab und verbrachte eine längere Zeit neben der verstümmelten Leiche, sie immer wieder betrachtend. Er durchsuchte sie nach Wertgegenständen, fand aber nur eine Geldbörse, die lediglich ein paar Mark enthielt. Er nahm diese an sich und warf die Börse ins Dickicht.

Als die Dunkelheit nahte, grub er mit seinem Messer eine kleine Grube, bemühte sich, den toten Körper hineinzuzwängen. Doch die Grube war zu klein, nur der Oberkörper paßte hinein. Eichhorn zögerte nicht lange, trennte der Toten zuerst den Kopf, dann die Beine ab, schob den Rumpf in den Aushub und legte die abgetrennten Gliedmaßen obendrauf. Dann schob er mit den Füßen die ausgeworfene Erde darüber und bedeckte diese zusätzlich mit toten Ästen und Laub. Es begann bereits zu dunkeln, während er sich im Gras das Blut an seinen Händen abzuwischen versuchte.

Als er sich wieder auf sein Fahrrad setzte, dasjenige seines Opfers auf seinem Rücken befestigt, und nach Hause fuhr, brach die Nacht herein. Die Staatsstraße war um diese Zeit nur schwach befahren, und Eichhorn fühlte sich sicher. An einem Seitenarm der Isar im südlichen Vorortbereich von München hielt er an und wusch sich seine blutigen Hände im Wasser. Dann begann er damit, im Schutze der Dunkelheit das Fahrrad der Toten zu zerlegen, und als dies ihm nicht gelang, es zu demolieren. Aber auch dies erwies sich als äußerst schwierig, so daß er das Fahrrad einfach ins Wasser warf. Er hoffte, es würde nicht gefunden werden, so daß man nie darauf kommen würde, der Geltl sei etwas zugestoßen. Er konnte sich nicht vorstellen, daß sein so gut im Waldboden verborgenes Opfer jemals gefunden würde.

Als er kurz vor Mitternacht endlich wieder Aubing erreichte und nach Hause kam, bemerkte er, daß seine Kleidung blutverschmiert war. Er verbrannte sie am nächsten Tag. Seine Frau hatte von alldem nichts mitbekommen. Einige Tage später erblickte er an den Litfaßsäulen das Foto der vermißten Frau. Wie gebannt starrte er darauf, war er doch ihr Mörder, und niemals würde man ihr Verschwinden aufdecken können.

Wo aber lag die Leiche vergraben? Der Mörder bot sich an, die Mordkommission zum Verbringungsort zu führen. Trotz intensiver Suche und mehrerer Grabungen gelang es aber nicht, die Überreste der Frau zu finden. Auch Eichhorn war sich wohl nicht mehr ganz sicher, wo er die Tat verübt hatte, denn immerhin waren bereits fünf Jahre vergangen.

Die BMW-Kontoristin Berta Sauerbeck wurde sein zweites Opfer, das den Angriff nicht überlebte. Am Sonntag früh, dem 9. September 1934, es war gegen ein Uhr, hielt er sich in der Moosbacher Straße auf. Er befand sich auf seinem Fahrrad wieder auf der »Jagd«, hielt Ausschau nach einem geeigneten Opfer, das seinen Vorstellungen entsprach. Da sah er sie, die junge, hübsch herausgeputzte Frau in ihrem hellroten Kleid und hellroten Mantel, wie sie raschen Schrittes die Straße stadtauswärts entlangging. Er wartete, bis zwei Radfahrer seinem Blick entschwunden waren. Dann waren er und seine »Beute« allein! *»Es schoß mir sofort der Trieb in meinen Geschlechtsteil«*, gab er später zu Protokoll. Als die Frau an einem Getränkekiosk vorbeiging, stellte er sein Fahrrad ab und versperrte ihr breitbeinig den Weg. Sie konnte ihm nicht mehr entkommen!

Nichts Gutes ahnend, versuchte sie, ihm auszuweichen. Doch er sprang auf sie zu, hielt sie fest und verlangte Geschlechtsverkehr, und zwar gleich auf der Stelle, hinter dem Kiosk. Als sie sich weigerte und ihn mit Schimpfworten belegte, ergriff er sie trotz ihrer heftigen Gegenwehr am Hals und hielt ihr seinen Trommelrevolver hinter das linke Ohr. Dann drückte er ab. Der Schmerz raubte der Frau für kurze Zeit die Sinne, doch dann kam sie wieder zu sich und stöhnte mit schwacher Stimme, wohl in der Hoffnung, die sich in weiter Ferne befindlichen Radfahrer mögen sie hören. Auch Eichhorn lauschte, ob jemand den Schuß gehört hatte. Aber es blieb alles still.

Da zerrte Eichhorn die sich verzweifelt zur Wehr setzende Frau hinter den Kiosk, drückte sie zu Boden und zerriß ihr die Kleidung, dann streifte er ihr den Schlüpfer herunter und stopfte ihn ihr in den Mund, um sie zum Schweigen zu bringen. Bevor er sich an ihr vergehen konnte, kam er, allein durch die Berührung des weiblichen Körpers, bereits zur Ejakulation. Als er von ihr abließ, bemerkte er, daß sie sich nicht mehr rührte. Obwohl er sich nicht sicher war, ob es noch lebte, schleppte er sein Opfer zu der etwas weiter von der Straße ab gelegenen Müllgrube und legte es dort ab, in der Hoffnung, Müll und Schutt würden sie nach und nach für immer begraben. Vorher aber hatte er ihr noch fünf Mark aus der Geldbörse genommen.

Er las später die Meldungen in der Zeitung, nahm die ausgesetzte Belohnung zur Kenntnis, fühlte sich aber völlig sicher. Nach den ersten beiden Morden war man ihm nicht auf die Spur gekommen, warum sollte es nach dem dritten anders sein? Und er sollte recht behalten! Zumindest für einige Jahre. Jahre, in denen er ungestört sein schreckliches Unwesen treiben und sich immer neue Opfer suchen konnte.

Kurz nachdem er den Mord an der Kontoristin gestanden hatte, fuhren die Beamten Eichhorn im Auto wie zufällig die Moosacher Straße entlang, ohne anzuhalten. Als man die Schuttgrube der Bremsenwerke passierte, zeigte der Mörder ganz aufgeregt auf die Stelle und rief: *»Hier sind wir, halt!«* Er führte die Beamten zu der Müllgrube, die inzwischen bis zum Rand gefüllt und von einem Sicherheitszaun umgeben war, und beschrieb, wie er die Leiche dort ablegte, in der Hoffnung, Müll und Schutt würden sie für immer begraben. Dies wäre unweigerlich geschehen, hätte man nicht schon bald nach der Tat die tote Berta Sauerbeck entdeckt.

Die Münchner Bevölkerung, insbesondere aber die Polizei, war erleichtert, daß nun diese bislang ungelösten Frauenmorde seit 1931 aufgeklärt waren.

Am 16. Oktober 1939 verlegte man Eichhorn auf die psychiatrische Abteilung des Strafgefängnisses Stadelheim, um ihn auf seinen Geisteszustand untersuchen zu lassen, denn die furchtbaren Verbrechen hatten selbst erfahrene Mediziner schockiert. War er für die Morde strafrechtlich verantwortlich? Die wochenlangen Untersuchungen zogen sich bis zum 8. November hin, doch fand Obermedizinalrat Dr. Vogler keinerlei Anzeichen von krankhaften Vorstellungen, Wahnbildungen, Sinnestäuschungen oder ähnlichem. Vielmehr schien Eichhorn stets *»örtlich, zeitlich und persönlich orientiert«*, so daß er für seine Verbrechen voll verantwortlich war. Lediglich der starke Sexualtrieb machte ihm immer wieder zu schaffen. Der Gefangene entschuldigte seine Taten mit einem gewissen psychischen Ausnahmezustand. Doch dieser lag nach Ansicht des untersuchenden Mediziners nicht vor, weil Eichhorn nachgewiesenermaßen seinen Opfern planmäßig auflauerte, die einzelnen Straftaten planmäßig durchführte und danach die Spuren so zu verwischen vermochte, daß er sein Treiben jahrelang unentdeckt fortsetzen konnte. Auch sein sehr raffiniert durchgehaltenes Doppelleben stand einer Annahme entgegen, er habe seine Morde in einem Zustand zeitweiliger geistiger Störung begangen. Vielmehr handele es sich bei Eichhorn um einen sadistischen Lustmörder, der sehr wohl wußte, was er tat, als er seinen perversen fetischistischen, masochistischen und sadistischen Trieben freien Lauf ließ.

Dr. Vogler kam zu dem Schluß: *»Nach der Vorgeschichte, dem Untersuchungsergebnis und dem Ergebnis der Beobachtung handelt es sich bei Rubr. um einen intellektuell nicht unterdurchschnittlich beanlagten, ethisch und moralisch tiefstehenden, haltlosen, willensschwachen, sexuall aussergewöhnlich triebhaften Psychopathen, der seiner sexuellen Phantasie die Zügel schiessen liess, dadurch zunächst auf fetischistische Handlungen (Tragen gestohlener Frauenunterwäsche), masochistische Handlungen (Beriechen und Beschlecken der Ausleerungen weiblicher Partnerinnen) und endlich zu den sadistischen Handlungen bis zum scheusslichen Lustmord, der Verstümmelung und der Leichenschändung bei Getöteten und dem Kauen an den ausgeschnittenen Genitalien kam.«**

---

* Aus: Michael Farin (Hg.): Polizeireport München (Katalog zur gleichnamigen Ausstellung im Münchner Stadtmuseum 1999).

Am 20. November wurden die Ermittlungen gegen den Serienmörder, die umfangreichsten der Münchner Kriminalgeschichte, abgeschlossen, so daß die Staatsanwaltschaft Anklage wegen Mordes in fünf Fällen erheben konnte. Wegen der für die fünf Morde zu erwartenden Strafe, nämlich die Todesstrafe, ließ man die neunzig Sittlichkeitsverbrechen außer acht, denn sie hätten das geplante Sondergerichtsverfahren unnötig verlängert. Deutschland befand sich im Kriegszustand, da konnte man sich langwierige Prozeßverfahren nicht mehr leisten. Aus diesem Grunde waren mit Ausbruch des Krieges auch Schwurgerichte abgeschafft worden. Aburteilungen von Gewaltverbrechen hatten von nun an in der Regel vor einem Sondergericht zu erfolgen.

Als man dem Untersuchungshäftling die Anklageschrift zustellte und er sie sich durchlas, brach er zum Erstaunen des Staatsanwalts in Gelächter aus und meinte: *»Dös hob i noch gar nicht g'wußt, daß die Schätzl erst 16 Jahr' alt g'wes'n sein soll.«*

Staatsanwaltschaft und Sondergericht waren übereingekommen, die Verhandlung unter Ausschluß der Öffentlichkeit zu führen. Zu grauenvoll waren die Einzelheiten der Morde. Die Berichterstattung der anwesenden Pressevertreter war ohnehin der seit Kriegsbeginn verschärften Zensur unterworfen.

Der Prozeß vor dem Sondergericht

Mittwoch, der 29. November 1939, ein kalter, trüber Tag brach an. Der Seitenflügel des Münchner Justizpalastes an der Prielmayerstraße*, in dem der Verhandlungssaal lag, war schon im ersten Morgengrauen von der Polizei abgesperrt worden, um Schaulustige abzuhalten. Der unheimliche Serienmörder übte bereits seit längerem eine besondere Faszination auf die Münchner Bevölkerung aus. Obwohl die Öffentlichkeit nicht zugelassen war, konnte man nicht verhindern, daß sich mehrere Dutzend Münchner im Gerichtsgebäude einfanden, um dem Ort des Geschehens so nahe wie möglich zu sein. Die beiden Flügelgänge jedoch, die zum Verhandlungssaal führten, waren vorsorglich von Polizei und Justizbeamten

* Mehr als drei Jahre später war der Justizpalast Schauplatz der Prozesse gegen die Mitglieder der Münchner Widerstandsbewegung »Weiße Rose«, die vor dem in der bayerischen Hauptstadt tagenden Volksgerichtshof stattfanden.

Der Schwurgerichtssaal im Münchner Justizpalast, in dem auch die großen Mordprozesse vor dem Sondergericht stattfanden.

abgesperrt worden. Alles war bereit für den Mordprozeß des Jahrzehnts, wenn nicht gar des Jahrhunderts.

Auf dem Richtertisch lagen mehrere Aktenstöße, einen für jeden Mord, sowie ein kleines Stilett und ein großes Küchenmesser. Den Anwesenden blieb auch das zertrümmerte Fahrrad des Mordopfers Jörg nicht verborgen, das an einer Wand des Saales lehnte. Daneben standen mehrere Pappschachteln mit den Kleidern des Mordopfers.

Als der Angeklagte um 9.30 Uhr in den Verhandlungsraum geführt wurde, richteten sich alle Augen auf ihn. Sein Bild war bereits aus der Presse und von Plakaten bekannt, dennoch wirkte er für sein Alter recht jung, ja beinahe burschikos. Er schien keinerlei Regung zu zeigen. Nur als er mit seinem Namen aufgerufen wurde, erkannten viele in seinen Gesichtszügen ein nervöses Muskelzucken. Er schien zu wissen: es ging um seinen Kopf.

Gleich zwei Anwälte waren mit seiner Verteidigung befaßt und hatten als Zeugen Eichhorns Eltern, zwei Schwestern und den Bruder sowie seine mittlerweile von ihm geschiedene Ehefrau mitgebracht, während die Staatsanwaltschaft nur vier Zeugen und drei Sachverständige aufgeboten hatte.

Der Vorsitzende eröffnete die Verhandlung mit den Worten: *»Ich erwarte, daß Sie Angaben machen, Sie haben selbst den Wunsch ausgesprochen, daß die Verhandlung möglichst schnell zu Ende gehe. Nach Ihrem früheren Leugnen haben Sie inzwischen umfassende Geständnisse abgelegt.«**

Da erhob sich der Angeklagte und sagte laut: *»Ich halte meine Geständnisse nicht aufrecht! Ich habe nur 37 Sittlichkeitsverbrechen begangen, die halte ich aufrecht!«*

Darauf hielt der Vorsitzende ihm vor, noch vor wenigen Tagen habe er seinen Eltern einen Abschiedsbrief geschrieben, in dem er sich als der Mörder der fünf Frauen bezeichnete und sie schonend darauf vorbereitete, daß er gewiß zum Tode verurteilt werden würde.

Eichhorn schwieg.

Zunächst wurde sein Werdegang erörtert. Eichhorn wurde am 8. Oktober 1906 in Aubing als ältester Sohn eines Tagelöhnerehepaares geboren. Von den acht Geschwistern starben fünf bereits in früher Jugend. Nach erfolgreichem Besuch der Volksschule und einer kurzen Stellung in einer

---

* *Völkischer Beobachter*, südddeutsche Ausgabe, 30. November 1939.

Ziegelei stellte ihn im September 1920 die Reichsbahn als Schlosserlehrling ein. Er legte erst nach dem zweiten Anlauf die Gesellenprüfung ab. Von 1932 bis 1934 war er arbeitslos. Im September 1934 jedoch stellte ihn die Reichsbahn wieder ein, und zwar als Rangierer. Diese Stellung hatte er bis zu seiner Verhaftung inne.

Über seine Jugend und seine ersten Jahre als Erwachsener befragt, räumte Eichhorn ein, er habe bis zum Alter von 22 Jahren keinerlei Interesse am weiblichen Geschlecht gehabt. Das änderte sich aber schlagartig. Seitdem konnte er nicht mehr von Frauen und Mädchen lassen. Immer wenn ihn der Trieb überkam, befand er sich in einer Art Rausch, in dem er nichts mehr hörte und sah. *»Je mehr ich mich dagegen wehrte, desto mehr hat es mich gereizt. Bei meinen Überfällen wußte ich nicht, wo ich war und wer ich war.«**

Dennoch stellte der Angeklagte nun vor Gericht die Morde wieder in Abrede. Daher sah sich der Vorsitzende genötigt, die Schreiben zu verlesen, die Eichborn in der Untersuchungshaft verfaßt hatte. Die meisten richteten sich an den Staatsanwalt und hatten detaillierte Angaben zu den fünf Morden zum Inhalt. In einem dieser Briefe schilderte er, wie er Rosa Eigelein und Maria Jörg vom Rad gerissen und umgebracht hatte. Der Vorsitzende hielt ihm genau diese Schreiben vor, worauf Eichhorn frech erwiderte: *»Ich kenne die beiden gar nicht, ich habe sie nie gesehen.«*

Warum er denn diese Schreiben abgefaßt habe, wollte der Vorsitzende wissen. Nun, antwortete Eichhorn, sein Mitgefangener in der Zelle habe ihn »ganz blöd« gemacht und ihn, der sich im Schreiben schwertat, dazu überredet, weil er dann bestimmt den § 51 wegen Unzurechnungsfähigkeit bekommen würde. Das würde allenfalls sechs Jahre in einer Heilanstalt bedeuten, dann würde er wieder freigelassen werden. Immer wieder habe er seinem Zellengenossen erklärt, er, Eichhorn, sei nicht richtig im Kopf. Alle weiteren Vorhaltungen beantworte Eichhorn mit einem einzigen Satz: *»Das hat mir mein Zellengenosse eingespie'n, der hat mich ganz blöd g'macht.«*** In einem dieser Briefe hieß es unter anderem: *»Ich habe für die armen Mädel gebetet, in den nächsten Tagen darf ich beichten und ich bin froh, wenn ich dann aus den Krallen des Teufels komme.«*

Ein als Zeuge aufgerufener Gefängnisbeamter erklärte, der Angeklagte

---

* *Neue freie Volks-Zeitung*, 30. November 1939.

** Ebenda.

habe ihm wenige Tage vor der Verhandlung anvertraut, er werde die bereits gestandenen Morde widerrufen, wenn man ihm nicht Unzurechnungsfähigkeit zubillige.

Im weiteren Verlauf der Verhandlung wies Eichhorn die Beschuldigung, er sei ein fünffacher Mörder, empört von sich. Darauf fragte ihn der Vorsitzende: *»Sie haben bei Ihren Geständnissen Einzelheiten angegeben, die nur der angeben kann, der wirklich dabei war. Sie haben sogar die Kriminalpolizei an die Tatorte geführt. Ich muß Sie schon fragen, ob Sie auf diesem wahnwitzigen Standpunkt beharren wollen.«*

Eichhorn: *»Mein Zellengenosse hat mir ja genaue Skizzen gezeichnet.«*

Vorsitzender: *»Jetzt brauchen Sie nur noch behaupten, daß der Zellengenosse die Morde begangen hat.«**

Es schloß sich die Verlesung des sehr ausführlichen Vernehmungsprotokolls an, in dem der Angeklagte vor dem Staatsanwalt alle fünf Morde bis ins letzte Detail schilderte. Als das Gericht dann die vielen Sittlichkeitsverbrechen erörterte, stellte sich heraus, daß Eichhorn sogar eine seiner beiden Schwestern vergewaltigt hatte, als sie vierzehn Jahre alt war. Mit der älteren Schwester aber unterhielt er längere Zeit ein blutschänderisches Verhältnis. Eine von Eichhorn überfallene Zeugin schilderte, wie er sie so lange würgte, bis sie das Bewußtsein verlor. Erst vier Stunden später kam sie wieder zu sich und konnte von Glück sagen, daß sie nicht dasselbe Schicksal erlitt wie die junge Katharina Schätzl. Einmal überfiel er eine Frau, hielt ihr ein Messer an die Kehle und raunte ihr zu: *»Hin werden mußt du wie eine Katz', such dir nur ein Fleckchen aus, wo du sterben willst.«* Sogar vor Ordensschwestern und jungen, durchtrainierten Sportlehrerinnen schreckte er nicht zurück.

Als einer der wichtigsten Zeugen trat der aus dem Rheinland stammende Kriminalrat Tenholt auf, der die Sonderkommission Eichhorn leitete. Er schilderte in aller Ausführlichkeit, wie die Überführung des Angeklagten gelungen sei. Bereits in seiner Heimat habe er, Tenholt, bei der Aufklärung vieler brutaler Morde mitgewirkt, unter anderem bei der Überführung des Serienmörders Peter Kürten**, doch ein derart verschla-

* *Neue freie Volks-Zeitung,* 30. November 1939.

** Peter Kürten gilt als einer der übelsten deutschen Serienmörder. Im Jahre 1913 verübte er seinen ersten Mord, im Jahre 1929 dann weitere acht. Es handelte sich fast ausschließlich um Sexualmorde an jungen Mädchen. Kürten wurde 1931 in Düsseldorf zum Tode verurteilt und in Köln hingerichtet.

gener, gefühlskalter und hemmungsloser Mörder wie Eichhorn sei ihm in seiner Laufbahn noch nicht vorgekommen! Ein Mörder, der immer wieder Geständnisse ablegte, sie dann aber rasch widerrief, der den Beamten vortäuschte, als breche er jeden Augenblick zusammen, um im nächsten Augenblick schmutzige Witze über Frauen zu reißen. Doch die Erfahrung lehre, daß Lustmörder häufig ihre Geständnisse widerriefen. Auch den Überfall auf das zwölfjährige Mädchen in Aubing im Januar leugnete er anfänglich, obwohl er dabei ertappt worden war. Auf jeden Fall aber hörte die Serie der Sittlichkeitsverbrechen mit Eichhorns Verhaftung schlagartig auf. Wenn der Angeklagte jetzt weismachen wolle, er habe die Einzelheiten über die Morde von seinem Zellengenossen, dann sei das eine infame Lüge, denn dieser habe nachweislich in Haft gesessen, während einige der Morde begangen wurden.

Weitere Zeugenbefragungen ergaben, daß der Angeklagte nach Dienstschluß abends häufig nicht nach Hause kam. Statt dessen streifte er bei jedem Wetter, sogar bei Schnee und Regen, auf seinem Fahrrad durch die Gegend und hielt nach geeigneten Opfern Ausschau. Jung mußten sie sein, hübsch obendrein, mit anderen wollte er sich gar nicht erst abgeben.

Seine geschiedene Frau war ebenfalls als Zeugin geladen. Als er am Abend des 30. September 1938 nach Hause zurückkehrte, sagte sie aus, habe sie Kratzer in seinem Gesicht bemerkt. Diese hatte er sich vermutlich zugezogen, als er die tote Maria Jörg tiefer ins undurchdringlich scheinende Dickicht zog, um sie dort zu verscharren. Eine weitere Aussage belastete den Angeklagten schwer: Während eines häufig vorkommenden Streits habe er seine Frau geschlagen und damit gedroht, er werde sie verstümmeln, wie es mit der Eigelein geschehen sei!

Am späten Nachmittag wurde die Verhandlung unterbrochen. In der Regel dauerten Mordprozesse vor den Sondergerichten meist nur einen Tag, in diesem Falle aber handelte es sich um fünf Morde, die erörtert werden mußten.

Am Donnerstag morgen, dem 30. November*, wurde der Prozeß fortgeführt. Gleich zu Beginn fragte der Vorsitzende den Mörder, ob er sich endlich zu einem Geständnis entschlossen habe. Eichhorn antwortete laut und trotzig: *»Nein!«* Und dabei blieb er.

* Nur wenige Stunden zuvor hatte in München der Maurer Josef Zellner den Mord an seiner Ehefrau unter dem Fallbeil gesühnt.

Das Gericht setzte die Vernehmung der Kriminalbeamten fort, die mit den Ermittlungen in den vier Mordfällen und des Verschwindens der Anna Geltl befaßt waren. Der erste Zeuge hatte sich ausschließlich mit den Arbeitsschichten Eichhorns befaßt. Dabei stellte er fest, daß er in vier Fällen am Tag des Mordes dienstfrei hatte. Nur bei Berta Sauerbeck war es anders, denn in der Nacht, als sie umgebracht wurde, da war er in den Dienstplan eingetragen. Da es aber bekannt war, daß er gelegentlich mit einem Arbeitskollegen die Schicht tauschte, geriet dies Alibi ins Wanken.

Alle Schußverletzungen an den Ermordeten stammten aus einer Waffe desselben Kalibers, nämlich sechs. Dies hatte man Eichhorn immer wieder vorgehalten, doch war die Suche nach seinem Trommelrevolver bislang ergebnislos geblieben. Diese Kenntnis machte sich Eichhorn zunutze. Er schrieb einen, natürlich rechtzeitig entdeckten, Kassiber an seinen Onkel und bat ihn, eine Waffe mit sieben bis acht Millimeter Kaliber zu beschaffen und sie in den Abort zu werfen, so daß sie bei einer Hausdurchsuchung bei dem Onkel gefunden würde. Dann nämlich wäre der Beweis erbracht, daß Eichhorn die tödlichen Schüsse nicht abgefeuert habe.

Ein weiterer Kriminalbeamter schilderte die Tatortbesichtigungen, zu denen nicht nur der Angeklagte, sondern auch sein Zellengenosse Schneider mitgenommen wurde. Dabei wurde Schneider genau beobachtet, ob er dem Mörder Eichhorn etwaige geheime Zeichen hinsichtlich des genauen Lageortes der Leichen gab. Dies geschah nicht. Eichhorn hatte nämlich immer wieder behauptet, Schneider habe genaue Skizzen der Tatorte gezeichnet, anhand derer er sie beschreiben und wiederfinden könne. Vielmehr war es nun Eichhorn, der die Ermittler mit der Feststellung verblüffte, daß sich insbesondere die Tatorte im Forstenrieder Park mit der Zeit verändert hatten.

Die Spannung im Gerichtssaal stieg, als der Untersuchungshäftling Schneider selbst als Zeuge aufgerufen wurde. Der vierzig Jahre alte, recht intelligente, aber bereits zehnmal vorbestrafte Mann verbüßte wegen schweren Betruges eine viereinhalbjährige Strafe und hatte noch einen großen Teil abzusitzen. Er wurde im Gefängnis zu Schreibarbeiten herangezogen, seine Deutschkenntnisse waren nämlich überdurchschnittlich. Anfang Juni teilte man ihm mit, er bekäme einen Mann als Zellengenossen zugewiesen, der unter Mordverdacht stünde. Dabei verschwieg man bewußt, daß es sich um den Mann handele, der nicht nur eines einzigen

Mordes verdächtigt wurde, sondern gleich fünf. Nun sollte er genau aufpassen, was dieser Häftling alles sage, und es der Mordkommission mitteilen. Dann könne man auch über einen Strafnachlaß als Belohnung nachdenken.

Am 9. Juni zur Essenzeit betrat Eichhorn Schneiders Zelle, stellte seine soeben gefüllte Schüssel auf den Tisch und stellte sich vor: »*Servus, do wor i jetzt, sauber, woaßt, wer i bin, i bin der Sittlichkeitsverbrecher von Aubing. 37 Sittlichkeitsverbrechen hob i schon zugeb'n, über 70 hob i g'macht, außerdem steh i unter Mordverdacht. Dösweg'n brauchst di aber net fürchten.*« Schneider beschlich ein ungutes Gefühl, und er meinte zu wissen, um wen es sich da handelte. Weil er aber keinerlei Berührungsängste mit dem »Neuzugang« zeigte, konnte er sehr schnell Eichhorns volles Vertrauen gewinnen. Schneider, der sogleich seine geistige Überlegenheit über seinen neuen Zellengenossen erkannte, spielte ihm vor, er sei ein straffällig gewordener Arzt und sein Bruder ein bekannter Münchner Psychiater, Eichhorn könne ihm ruhig alles anvertrauen. Er wolle ihm dabei helfen, wegen Schuldminderung eine geringere Strafe zu erhalten, denn da gebe es ja auch noch den Paragraphen 51, doch er müsse alles, was er getan habe, ihm anvertrauen.

Anfangs erzählte Eichhorn nur von den Überfällen und Vergewaltigungen, bezeichnete sich als »*blöder Hund*«, weil »*i überhaupt etwas gestanden hob*«. Doch wenige Wochen später kam er auf die Morde zu sprechen. Er erwähnte ein Dickicht im Forstenrieder Park und daß man dort mit einer Frau alles tun könne, was man tun möchte, wenn man sie dahin lockt.

Nun hatte Schneider ja in der Zeitung von den Morden an Rosa Eigelein und Maria Jörg gelesen. Letztere war im vergangenen April ermordet im Park aufgefunden worden. Sollte etwa Eichhorn ihr Mörder sein? Er sagte es ihm auf den Kopf zu, worauf Eichhorn ihn beschwor: »*Hilf mir, sonst kostet es mir meinen Belli**.« Er gestand nun, er habe nicht nur die Jörg und die Eigelein umgebracht, sondern auch die Sauerbeck und die Geltl. Auch die schrecklichen Einzelheiten ersparte er ihm nicht. Schneider hatte Schwierigkeiten, seine Anspannung zu unterdrücken, so fürchterlich war das, was er da vernahm. Darauf bat Eichhorn ihn, mit ihm für jede der vier Ermordeten ein Vaterunser zu beten.

---

* Im volkstümlichen Bayerisch die Bezeichnung für Kopf.

Kaum waren sie damit fertig, setzte der Mörder noch ein Vaterunser hinzu. Warum er das tue, fragte er ihn, worauf Eichhorn antwortete: *»Für die armen Seelen.«* Schneider kam dies verdächtig vor, und er hakte nach: *»Du Bazi, du schlechter, hast vielleicht noch eine umg'bracht? War es vielleicht die Frau Schießl?*«* Darauf gestand Eichhorn: *»Nein, aber die Schätzl.«* Und er fügte hinzu: *»I bin froh, daß sie mich verhaftet haben, jede, die ich überfallen hätte, hätte ich noch umg'bracht.«* Warum habe er denn solange gezögert zu gestehen, daß er auch die Katharina Schätzl auf dem Gewissen habe, wollte Schneider wissen. Da antwortete ihm der Mörder, das sei aus Scham geschehen, denn die Schätzl sei noch so jung gewesen!

Schneider beruhigte ihn, sagte ihm auf den Kopf zu, er sei ein sehr kranker Mensch, der Hilfe brauche. Er riet ihm dringend, alles einzugestehen, alles niederzuschreiben, was er über die Morde sagen wolle. Darauf schrieb Eichhorn einen Brief an den Staatsanwalt und verlangte den Pararaphen 51 für sich. Wenn er den nicht bekäme, dann würde er sich aufhängen, dann sei nämlich sein Kopf verloren! Er beendete seinen Brief mit *»Herr Staatsanwalt, Sie handeln voreilig, wenn Sie mich zum Tode verurteilen* (sic), *ich bin nur ein Totschläger«*. Zugleich begann er nun, seinen Zellengenossen Schneider zu bedrohen: *»Wenn i herauskrieg', daß du mich ausspielst, dann erdrossele ich dich bei der Nacht.«*

Was der Angeklagte vom weiblichen Geschlecht hielt, bezeugte Schneider ebenfalls. Eichhorn habe ihm nämlich anvertraut: *»Ein Weib ist ein Vieh und gehört auch erschlagen wie ein Vieh.«*

Als Eichhorn gefragt wurde, was er zu der Aussage Schneiders zu sagen habe, schüttelte er den Kopf und sagte nur: *»Der dreht alles um!«*

Ein medizinischer Sachverständiger hatte den Serienmörder auf seinen Geisteszustand untersucht. Sein Ergebnis: keinerlei geistige Störung oder Erkrankung. Eichhorn stehe nicht unter dem intellektuellen Durchschnitt, er sei aber ein *»moralisch tiefstehender, triebhafter und sadistischer Psychopath«*.

Zum Erstaunen der beiden Anwälte lehnte der Vorsitzende die Beweisanträge und die Vernehmung der von ihnen aufgebotenen Zeugen ab.

Nach der Mittagspause meldete sich einer der Verteidiger nochmals zu Wort und erklärte, man habe erneut auf den Angeklagten eingewirkt und

---

* Eine Frau aus der Gegend von Puchheim, die vor mehreren Jahren spurlos verschwand.

ihm gesagt, er möge endlich gestehen. Darauf erhob sich Eichhorn, trat an den Richtertisch und erklärte mit lauter Stimme: *»I hob mit Ihnen noch einige Worte zu sprechen. Bisher hob i mich immer g'schämt; i hob doch a Herz in mir, i will a volles G'ständnis ableg'n. Diese fünf Morde hob i g'macht.«*

Er teilte dem Gericht mit, es sei alles so gewesen, wie er es dem Staatsanwalt, der Mordkommission und dem Zellengenossen Schneider gesagt habe. Nur im Falle der Schätzl wollte er nicht gemerkt haben, daß das arme Mädchen unter seinem Würgegriff gestorben war. Mit Absicht habe er alle fünf nicht ermordet, er sei kein vorsätzlicher Mörder. Und er bitte, falls im Saal Angehörige der Toten anwesend seien, diese um Verzeihung.

Der Staatsanwalt begann sein Plädoyer mit der Erwähnung der beiden Serienmörder Haarmann* aus Hannover und Kürten aus Düsseldorf. Eichhorn sei nun der dritte »Massenmörder«, der in den letzten zehn Jahren abgeurteilt werde. Nur der aufopferungsvollen Tätigkeit der Kriminalpolizei, die in mühsamer Kleinarbeit einwandfreies Beweismaterial zusammentrug, sei es gelungen, München und die umgebenden Orte von einem wahren Scheusal zu befreien. Nicht nur habe Eichhorn fünf seiner vielen Opfer vergewaltigt und ausgeraubt, sondern darüber hinaus auch erschossen oder erwürgt. Ein solcher Unmensch müsse aus der menschlichen Gesellschaft entfernt werden. Und dann wurde er deutlicher: Er forderte für Eichhorn die Todesstrafe, ein Strafmaß, das wohl von vornherein feststand.

Am Nachmittag kehrte das dreiköpfige Richterkollegium nach kurzer Beratung in den Verhandlungssaal zurück. Die Anwesenden erhoben sich und vernahmen das Urteil:

»Der Angeklagte wird wegen vier Verbrechen des Mordes zum Tode und zum dauernden Ehrverlust verurteilt.«

In der Urteilsbegründung hob der Vorsitzende hervor, daß in den vier Fällen, in denen die Schußwaffe gebraucht wurde, eine Tötungsabsicht und eine Überlegung klar nachgewiesen seien. Im Falle der

* Haarmann gilt als einer der schlimmsten Serienmörder des 20. Jahrhunderts. Er gestand, zwischen 1918 und 1924 in Hannover 24 Jungen und junge Männer im Lustrausch ermordet zu haben. Doch kommt er auch als der Mörder von drei anderen Jungen in Betracht. Haarmann wurde am 15. April 1925 in Hannover hingerichtet.

Schneller Strafvollzug

Frauenmörder Eichhorn hingerichtet

Die Justizpressestelle teilt mit: Am 1. Dezember ist der 33 Jahre alte Johann Eichhorn aus Aubing hingerichtet worden, der durch Urteil des Sondergerichts München am 30. November wegen Mordes in vier Fällen zum Tode und zum dauernden Verlust der bürgerlichen Ehrenrechte verurteilt worden ist. Eichhorn hat in den letzten Jahren in der Umgebung Münchens zahlreiche Frauen und Mädchen überfallen und an ihnen Sittlichkeitsverbrechen verübt. In vier Fällen hat er dabei seine Opfer in bestialischer Weise ermordet.

Münchener Neueste Nachrichten, *2. Dezember 1939.*

jungen 16jährigen Schätzl aber müsse man Totschlag annehmen, und eine wegen dieses Verbrechens auszusprechende Strafe falle da nicht mehr ins Gewicht.

Ob er das Urteil verstanden habe, wurde Eichhorn gefragt. Dieser antwortete mit einem lauten Ja. Falls Angehörige der Opfer im Saal säßen, bitte er sie erneut um Verzeihung.

Niemand hatte mit einem anderen Ergebnis gerechnet, und der Todesspruch wurde von allen mit Genugtuung aufgenommen.

Nach der Urteilsverkündigung führte man ihn in die Todeszelle im Münchner Strafgefängnis an der Stadelheimer Straße*, wo er einen Abschiedsbrief an seine Kinder und seine Eltern verfaßte. Er hatte nur noch wenige Stunden zu leben.

---

* Es wurde zwischen 1894 und 1901 errichtet und diente zunächst als Vollstreckungsort für die vom Schwurgericht München gefällten Todesurteile, ehe es 1937 zu einer der zentralen Hinrichtungsstätten des Reiches bestimmt wurde. Bis 1945 wurden fast eintausendvierhundert Menschen mit dem Fallbeil enthauptet. Insbesondere in den Kriegsjahren fanden hier auch unzählige Widerstandskämpfer den Tod.

Der Morgen des 1. Dezember 1939 brach heran, der letzte Tag im Leben des Serienmörders Johann Eichhorn. Kurz vor sieben Uhr holten sie ihn, führten ihn raschen Schrittes in den durch einen schwarzen Vorhang zweigeteilten Richtraum. Nach Verlesung des Todesurteils und dessen telegraphisch übermittelter Bestätigung durch das Reichsjustizministerium ergriffen die zwei Gehilfen des überwiegend für den süddeutschen Raum zuständigen Scharfrichters Johann Reichhart den Verurteilten an den Schultern, der schwarze Vorhang teilte sich, gab den Blick frei auf das Fallbeilgerät. Sie warfen ihn auf die waagerechte Bank und schoben ihn unter das Beil. Reichhart betätigte den Hebel, krachend fuhr die messerscharfe Klinge herunter und trennte einem der schlimmsten Mörder der deutschen Kriminalgeschichte den Kopf vom Rumpf. Von der Vorführung vor den Vollstreckungsbeamten bis zum Fallen des Beiles waren siebzehn Sekunden vergangen.

Der Frauenmörder von München hatte seine fünf bestialischen Verbrechen gesühnt.

Die Berliner Straße, in der Frau Schur wohnte, um 1935.

AUGUST SCHEER UND AUGUST SCHULTE – DIE DORTMUNDER »RAUBMORD-GMBH«

PREUSSEN, PROVINZ WESTFALEN (1932–1934)

Die einundfünfzigjährige alleinstehende Martha Schur verschloß kurz nach zwölf Uhr an diesem 4. April 1932 die Tür zu ihrer schmucken Eigentumswohnung und verließ das aus der Zeit der Jahrhundertwende stammende mehrstöckige Wohnhaus in der Berliner Straße 97, einer wohlhabenden Gegend des Hagener Stadtteils Haspe*. Wenige Minuten später an diesem Montag sah sie ein in derselben Straße wohnender Klempner; da befand sie sich in Begleitung eines ihm unbekannten Mannes. Eine genaue Beschreibung vermochte er nicht abzugeben. Wohl aber konnte er mitteilen, daß Frau Schur einen dunkelblauen Mantel und einen schwarzen Hut getragen habe. Seit jener Mittagszeit fehlte von der Frau jede Spur. Ihre Nachbarn wurden jedoch erst unruhig, als sie auch am Abend des 5. April den vom Milchmann gefüllten Milchtopf noch nicht hereingeholt hatte. Auf Klingeln und Klopfen wurde nicht geöffnet. Aufs höchste beunruhigt, ging ihr Vermieter am nächsten Tag zur Polizei und erstattete eine Vermißtenanzeige.**

Kriminalassistent Bader von der Hagener Kriminalinspektion und ein Mitarbeiter verschafften sich kurz darauf gewaltsam Zutritt zu der Wohnung und durchsuchten sie gründlich. Was sie vorfanden, war besorgniserregend: Das Bett war durchwühlt, Schubladen aufgerissen und der Inhalt achtlos zu Boden geworfen, eine recht wertvolle Kommode war aufgebrochen worden. Auf dem Fußboden lagen ein Feuerhaken und ein Messer, beides mochte zur Aufbrechung benutzt worden sein. Vermutlich war außer Frau Schur noch jemand in der Wohnung gewesen, denn die

* Das Städtchen Haspe war erst drei Jahre zuvor in die westfälische Industriestadt Hagen eingemeindet worden.

** Ausgewertete Tageszeitungen: *Dortmunder Volksblatt*, *Dortmunder Zeitung*, *General-Anzeiger* (Dortmund), *General-Anzeiger für Dortmund*, *Hagener Volkszeitung*, *Hagener Zeitung*, *Münsterischer Anzeiger*, *Stadt-Anzeiger für Hagen und Umgebung/Hasper Zeitung*, *Tremonia* (Dortmund), *Westdeutsche Volkszeitung* (Ausgabe Hagen), *Westfälische Landeszeitung/Rote Erde* (Dortmund), *Westfälischer Anzeiger* (Hamm).

Wohnungsinhaberin hätte nicht gewaltsam ihre eigene Schublade geöffnet. Zudem vermittelten die Räumlichkeiten den Eindruck, als kehre die Wohnungsinhaberin bald wieder. Jemand mußte es auf ihre Wertsachen, ihr Geld abgesehen haben. Hatte der Unbekannte etwa den Wohnungsschlüssel der Vermißten benutzt, um in die Zimmer zu gelangen? In der Speisekammer fand man lediglich vierzig Mark Bargeld. Die Wohnung war ordnungsgemäß abgeschlossen. Allerdings stießen die Beamten bei einer späteren Durchsuchung auf einen größeren Barbetrag von 660 Mark sowie auf Sparkassenbücher mit einem Gesamtguthaben von 7000 Mark. Hatte der Täter diese übersehen, weil sie so gut versteckt waren? Und welche Gegenstände hatte er aus der Wohnung gestohlen?

Die Ermittler zogen Erkundigungen über die Lebensverhältnisse der seit November 1927 verwitweten Frau ein, insbesondere bei ihren Verwandten, einer Schwester und einem Bruder. Auch ihre wenigen Bekannten versuchten, so gut sie konnten, bei der Aufklärung mitzuwirken. Frau Schurs verstorbener Ehemann war Teilhaber eines gutgehenden Marmor- und Grabsteingeschäftes in Hagen. Auch deswegen verfügte die Vermißte über ein nicht unbeträchtliches Vermögen, lebte somit in überaus geordneten Verhältnissen.

Den meisten Menschen gegenüber jedoch war sie recht zurückhaltend: Epileptische Anfälle machten ihr zu schaffen, natürlich schämte sie sich ihrer. Häufig unternahm sie, immer ganz allein, ausgedehnte Spaziergänge zum Kaiser-Friedrich-Aussichtsturm und zum Eugen-Richter-Turm. Fast nie sah man sie in Begleitung eines anderen Menschen. Die Beamten vermuteten, sie könne vielleicht auf einer dieser Wanderungen einen Anfall erlitten haben und gestorben sein und liege jetzt an einem noch unbekannten Ort.

Ihr Leben sollte sich im März ändern. Anfang 1932 nämlich, wie die Verwandten den Ermittlern mitteilten, faßte sie sich ein Herz und trat mit Heiratsvermittlern in Verbindung. Sie war des Alleinseins überdrüssig geworden, sie suchte nun die dauernde Gesellschaft eines verständnisvollen Mannes. Die Wohnungsdurchsuchung ergab Hinweise auf einen regen Briefwechsel mit einem Heiratsvermittlungsbüro in Dortmund, ebenso mit einem im schlesischen Hirschberg. Martha Schur war am 27. Februar 1881 in jener Stadt geboren und dachte gelegentlich daran, in ihre Heimat zurückzukehren. Die Beamten fanden heraus, daß Frau Schur am 13. Februar unter der Überschrift *»Wer braucht ein Hausmütterchen?«*

ein Inserat in der *Hagener Zeitung* aufgegeben hatte. Ein als »Osterwunsch« überschriebenes Inserat erschien am 13. März im Dortmunder *General-Anzeiger.* Offensichtlich war es aufgrund dieser Annoncen auch zu Männerbekanntschaften gekommen. Briefe von einigen Herren, die namentlich unterzeichnet waren, ließen darauf schließen.

Mit einem der Männer stand sie vermutlich längere Zeit in Beziehung, denn einige Hasper Bekannte hatten sie über einen längeren Zeitraum in seiner Begleitung gesehen. Einer Bekannten vertraute sie sogar an, wie sehr ihr dieser Mann gefalle, denn er sei groß und stark, habe dunkles Haar und einen Spitzbart. Die Zigaretten und Zigarren, die sie regelmäßig in einem Kiosk in der Berliner Straße kaufte, waren offensichtlich für diesen Herrn bestimmt. Nun mußte dieser Unbekannte nicht unbedingt etwas mit ihrem Verschwinden zu tun haben, aber trotz mehrmaliger Aufrufe der Mordkommission meldete er sich nicht.

Die Hagener Kriminalpolizei äußerte bereits zu Beginn den Verdacht, die vermögende Witwe könne einem Heiratsschwindler in die Hände gefallen sein, der es auf ihr Barvermögen abgesehen hatte. Schlimmer noch: möglicherweise war sie sogar einem Verbrechen zum Opfer gefallen. Schon am 8. April – Deutschland fieberte den Wahlen zum Reichspräsidenten entgegen – meldeten die drei Hagener Tageszeitungen das mysteriöse Verschwinden der Witwe. Ein großes Aufgebot an Landjägern, Freiwilligen und Forstarbeitern durchkämmte tagelang die Waldgebiete um Hagen, insbesondere den Stadtwald am Kaiser-Friedrich-Turm, in dem sie sich besonders gern aufhielt. Doch die Hoffnung, die Frau aufzufinden, erfüllte sich nicht. Die Vermutung, sie könne sich das Leben genommen haben, wurde schon bald fallengelassen, denn sie lebte in recht geordneten Verhältnissen und hatte nach der Aufgabe ihrer Annoncen wieder frischen Lebensmut gefaßt, ja sie war in den Wochen vor ihrem Verschwinden überaus lebenslustig und sehr mitteilsam. Eine Schneiderin teilte der Polizei mit, Frau Schur habe sich erst kürzlich neue Kleider anfertigen lassen, auch von Heirat habe sie dabei gesprochen.

Die Ermittler veröffentlichten eine Personenbeschreibung: Martha Schur sei 1,65 Meter groß, von untersetzter Gestalt und habe als besonderes Kennzeichen zwei große Warzen auf der rechten Wange. Auffallend sei außerdem ihr starker schlesischer Dialekt.

Anfang Mai wandte sich die Hagener Kriminalpolizei erneut an die Öffentlichkeit und wies in allen Tageszeitungen in Westfalen und im

Rheinland wiederum auf das ungeklärte Schicksal der Frau hin. So fragte der *Stadtanzeiger für Hagen und Umgebung/Hasper Zeitung* auf ihrer ersten Lokalseite: *»Verbrechen oder was sonst!«*, betonte, daß das »Dunkel um das Verschwinden der Witwe Schur immer rätselhafter« werde. Auch ein neues Medium, der Rundfunk, wandte sich an die Öffentlichkeit und bat um Mithilfe. Doch der ersehnte Durchbruch stellte sich nicht ein.

Man war immer mehr davon überzeugt, Frau Schur sei einem Verbrechen zum Opfer gefallen. Eine ihrer Herrenbekanntschaften könne ihr zum Verhängnis geworden sein. Es blieb nur noch die Hoffnung, der Zufall möge die Ermittler auf die richtige Spur bringen. Und dieser Zufall sollte nicht lange auf sich warten lassen.

Leichenfund im Wald

Im Dortmunder Stadtteil Höchsten, im Südosten der westfälischen Metropole gelegen, erstreckten sich zu Beginn der 30er Jahre die einst in Privatbesitz, 1927 aber in das Eigentum der Stadt überführten sogenannten Rombergschen Waldungen*.

Am Nachmittag des 26. Mai 1932, einem Donnerstag, durchstreiften zwei Männer das dichte Waldgebiet, um Holz für die häusliche Nutzung zu sammeln. Als sie unweit des alten Gutes Reichsmark, den Waldboden nach Zweigen und Ästen absuchend, sich durch ein fast undurchdringliches Dickicht bewegten, stießen sie gegen 17.15 Uhr auf eine Stelle, die ihnen merkwürdig vorkam. Hier stimmte etwas nicht! Dann sahen sie auch schon etwas aus dem mit Laub und Tannennadeln bedeckten Erdreich hervorragen, das zunächst wie ein Paar Damenschuhe aussah. Die vermeintlichen Schuhe entpuppten sich als ein Handschuh. Neugierig bückte sich einer der Männer, faßte ihn an ... und fuhr vor Schreck wieder hoch! Er war nicht leer, vielmehr steckte eine Hand in ihm! Vorsichtig beseitigten die Männer, sich ein Herz fassend, Tannennadeln und Erdreich – und standen Sekunden später über einer bereits in Verwesung übergegangenen weiblichen Leiche. Sie war mit dem Gesicht nach unten notdürftig im Erdreich verscharrt worden, den Rock und den Mantel hatte man ihr über den Kopf gezogen.

---

* Gegenwärtig als Rombergpark bekannt. Dort befindet sich heute unter anderem der Botanische Garten.

Die beiden Holzsammler verständigten das nächste Landjägereirevier. In kürzester Zeit traf ein Auto mit Beamten der von den Landjägern angerufenen Dortmunder Mordkommission ein und sicherte den Fundort der Leiche ab. Als man diese vorsichtig aus ihrem flachen Grab heraushob und sie umdrehte, starrten die Beamten auf ein völlig entstelltes, halb verfaultes Gesicht. Die ebenfalls verfaulten Füße hatten sich bereits von den Unterschenkeln gelöst, die Tote mußte also schon eine beträchtliche Weile an dieser Stelle gelegen haben.

Es bestand kein Zweifel, daß hier ein scheußliches Verbrechen vorlag, denn die linke Schädelseite der Frau war vollständig zertrümmert. Ihr Alter schätzte man auf etwa vierzig Jahre. Nur dem Zufall war es zu verdanken, daß die Tote in diesem abgelegenen, tiefen Walddickicht gefunden werden konnte. Ohne die beiden neugierigen Holzsammler wäre sie erst viel später, wenn überhaupt aufgespürt worden. Ihre Handtasche mit dem Haus- und dem Wohnungsschlüssel sowie jegliche Ausweispapiere fehlten. Nach der ersten Untersuchung durch einen hinzugezogenen Arzt wurden die sterblichen Überreste noch am frühen Abend in die Leichenhalle auf dem Dortmunder Hauptfriedhof übergeführt.

Wer aber war die Tote? Wo wurde sie ermordet und was war das Motiv? Tötungsdelikte waren zu Beginn der 1930er Jahre in der Industriestadt Dortmund mit ihrer hohen Arbeitslosigkeit sehr häufig, doch die Entdeckung der Frauenleiche erregte ein gewisses Aufsehen. *»Frauenleiche im Wald verscharrt gefunden«*, unter dieser Überschrift meldete der in Dortmund erscheinende *General-Anzeiger* den Fund, während die *Dortmunder Zeitung* ihre Leser mit der Überschrift *»Grausiger Leichenfund im Waldesdickicht«* überraschte. Auch andere westfälische Tageszeitungen widmeten dem Leichenfund große Aufmerksamkeit.

Noch konnte niemand ahnen, daß der Tod dieser unbekannten Frau nur der Auftakt zu einer im westfälisch-rheinischen Industriegebiet bislang fast ohne Beispiel dastehenden Serie von scheußlichen Morden war.

Die Identität des Opfers sollte bereits an jenem Freitag vormittag geklärt werden. In der Redaktion des *Stadt-Anzeigers für Hagen und Umgebung/Hasper Zeitung* lief am Morgen eine offizielle Meldung der Dortmunder Kriminalpolizei über den Leichenfund ein. Sogleich äußerte die Zeitung den Verdacht, es könne sich hier womöglich um die verschwundene Martha Schur aus Haspe handeln. Die Redaktion benachrichtigte die Hagener Kriminalpolizei von dem Fund; sie war seltsamerweise auf dienstlichem Wege noch nicht unterrichtet worden. Diese setzte sich nun telefonisch mit der Dortmunder Fahndungsstelle in Verbindung und gab die Erkennungsmerkmale der Vermißten durch.

Als am Vormittag gegen elf Uhr in der Leichenhalle des Hauptfriedhofs die Obduktion der Ermordeten begann, gelang es dem Gerichtsmediziner sofort, das Opfer als die seit April gesuchte Martha Schur zu identifizieren, nicht zuletzt aufgrund ihres Trauringes und ihrer Uhr. Wuchtige Schläge auf den Kopf hatten sie getötet, vor allem die linke Schädelhälfte war vollständig zertrümmert. Zudem fanden sich am Gesicht und am Hinterkopf Spuren von Schlagverletzungen. Als Tatwerkzeug kam ein Hammer oder auch ein schwerer Stein in Betracht.

Wann genau die Tat ausgeführt wurde, vermochte der Gerichtsmediziner nicht zu klären, doch ging die Dortmunder Mordkommission davon aus, daß sie kurz nach dem Verschwinden des Opfers aus Haspe erfolgte. Der Mörder mußte die Witwe zu einem Ausflug in die Waldungen überredet haben. Frau Schur hatte früher in Hohensyburg gelebt und liebte die waldreiche Umgebung, die sich bis zum südlichen Außenbereich Dortmunds erstreckte, also nicht weit vom Fundort der Leiche.

Am selben Vormittag durchkämmten Landjägerbeamte gemeinsam mit Waldarbeitern und Forstbeamten nochmals das Waldgelände, und zwar in einem größeren Umkreis rings um den Fundort. Die Mordkommission hatte die Durchsuchung angeordnet, sie erhoffte sich, brauchbare Spuren zu entdecken, die nähere Aufschlüsse über das Schicksal der Toten geben konnten. Sie fanden nichts, was die Aufklärung voranbringen konnte. Ein Waldarbeiter jedoch entdeckte einen achtlos ins Gebüsch geworfenen, recht gut erhaltenen Seidenschirm, den man später als das Eigentum der Ermordeten wiedererkannte.

Die Mordkommission rief die Öffentlichkeit auf, an der Aufklärung dieses als »scheußlich« bezeichneten Verbrechens mitzuwirken. Sie setzte ihre Hoffnungen insbesondere auf mögliche Spaziergänger, die Martha Schur und ihren Mörder auf dem Wege von Haspe zu den Waldungen in Dortmund-Höchsten gesehen haben konnten. Auch richtete die Polizei einen Appell an alle Heiratslustigen aus dem Raum Dortmund – Hagen, die aufgrund von Heiratsannoncen mit Männern in Verbindung getreten waren, ebenso an alle Heiratsvermittler, die mit Frau Schur in Kontakt getreten sein konnten. Um den Anreiz zu erhöhen, setzte der Regierungspräsident in Arnsberg eine Belohnung von tausend Mark aus.

Die Witwe Martha Schur fiel einem brutalen Mord zum Opfer.
Foto: General-Anzeiger für Dortmund, *29. Mai 1932*

Die Ermittlungen liefen nun auf Hochtouren, wobei die Mordkommission Hand in Hand mit der Hagener Kriminalpolizei vorging. Der Mord hatte das westfälische Industriegebiet aufgeschreckt, und aus allen Richtungen liefen Hinweise ein; sie alle waren jedoch unbrauchbar. Bereits am Freitag war die Mordkommission um den sehr erfahrenen Kriminalkommissar Fehl vom Zentralmordkommissariat Ruhrgebiet in Essen verstärkt worden. Dieser veranlaßte, daß in Hagen und Dortmund Plakate angebracht wurden, die auf die Einzelheiten der Tat hinwiesen und zur Mitarbeit aufforderten. Auch in den Kinos, die sich zu Beginn der dreißiger Jahre großer Beliebtheit erfreuten, hingen Plakate aus. Ebenso war es äußerst wichtig, nicht nur die braunlederne Handtasche der Frau zu finden, sondern auch ihren Mantel. Als sie sich aus der Berliner Straße in Haspe entfernte, war sie mit einem dunkelblauen Mantel bekleidet, wie der Klempner als bislang einziger Zeuge ausgesagt hatte. Diesen Mantel aber trug sie nicht mehr, als sie tot aufgefunden wurde.

In der Wohnung des Opfers hatte man zwei für die Ermittlungen bedeutsame Schreiben gefunden. Das eine war ein noch nicht abgeschickter Brief an den Dortmunder *General-Anzeiger* als Antwort auf ein in der Tageszeitung erschienenes Heiratsinserat. Das andere Schreiben war die absenderlose Antwort eines Unbekannten auf ihre eigene Anzeige vom 13. März im *General-Anzeiger*. Darin bat er um etwaige Antworten postlagernd nach

Dortmund unter der Chiffre »S.O. 76«. Die Tageszeitung veröffentlichte Fotos beider Schreiben in ihrer Ausgabe vom 1. Juni und bat den Absender des zweiten Schreibens, sich zu melden. Alle Heiratsinteressenten wurden dringend gebeten, die Schrift ihrer von Unbekannten empfangenen Briefe mit den in der Zeitung abgebildeten zu vergleichen.

Der unbekannte Absender meldete sich nicht. Die Ermittler hatten nun den Verdacht, daß er als Täter in Betracht kommen könne. Der Mord an der Witwe Schur konnte nur mit den Heiratsinseraten zusammenhängen, auch davon war man überzeugt.

Groß war die Anteilnahme der Bevölkerung, als die Überreste der Witwe am 31. Mai auf dem Friedhof in Hagen-Haspe bestattet wurden.

Am Mittwoch, dem 1. Juni kam der ersehnte Durchbruch in den Ermittlungen. Es meldeten sich zwei Zeugen, die Martha Schur in Begleitung eines unbekannten Mannes gesehen haben wollten, und zwar im Dortmunder Stadtteil Höchsten. Dem ersten kam das Paar unweit des Gasthofes »Zum Lindenhof« entgegen, ja, er habe sogar mit der Frau gesprochen. Demnach schienen sich die beiden darüber gestritten zu haben, welches der kürzeste Weg nach Hagen sei, der über Syburg oder über Herdecke, und Frau Schur bat ihn um seine Meinung. Während er ihr verdeutlichte, daß beide Strecken gleichlang seien, entfernte sich der unbekannte Begleiter, dem die Begegnung unangenehm zu sein schien, und bog in den zum Gut Reichsmark führenden Weg ein. Frau Schur eilte ihm dann schnellen Schritts nach. Aufgrund der Lichtbildveröffentlichungen war sich der Zeuge absolut sicher, daß es die kurz darauf Ermordete war.

Wenig später sah der zweite Zeuge die beiden einige hundert Meter nördlich des Lokals, und sie schienen in den Waldweg einzubiegen, der ganz dicht am späteren Fundort der Leiche vorbeiführte. Dem Zeugen kam das Verhalten des Mannes recht merkwürdig vor: Er setzte alles daran, nicht erkannt zu werden, denn er wandte sich ab, solange er sich von dem Zeugen beobachtet fühlte! Die Frau dagegen sei recht unbekümmert gewesen.

Beide Zeugen waren trotz des Umstandes, daß mittlerweile beinahe zwei Monate vergangen waren, in der Lage, eine genaue Beschreibung des Begleiters zu geben. Demnach handelte es sich um einen etwa 1,80 Meter großen Mann von kräftiger Gestalt mit länglichem, glatt rasierten Gesicht und einem sehr kurz gestutzten Schnurrbart. Doch hielt es die Hagener Kriminalpolizei für unwahrscheinlich, daß der von dem Klempner in Haspe gesehene Mann der Mörder war. Eher ging sie davon aus, daß Martha Schur am Tag ihres Verschwindens Hagen kurz nach 13 Uhr mit dem Zug verlassen und sich erst später mit dem Unbekannten getroffen hatte, entweder am Bahnhof in Herdecke, in Wittbräucke oder in Löttringhausen. Möglicherweise war der Mann auch in Hagen gesehen worden, hatte entweder sein späteres Opfer in deren Wohnung aufgesucht oder aber mit ihr Spaziergänge in die nähere Umgebung von Hagen unternommen. Da er vermutlich nach dem Mord mit dem geraubten Schlüssel auch in die Wohnung eingedrungen war, mußte es in Haspe weitere Zeugen geben.

Es meldete sich auch eine Frau aus Dortmund. Sie gab an, sie sei die gesuchte Person mit der Chiffre S.O. 76. Schriftprobenvergleiche bestätigten dies. Damit wurde das Schreiben, auf das die Mordkommission soviel Hoffnung gesetzt hatte, für die weiteren Ermittlungen bedeutungslos. Ein älterer Damenschirm, den man in einem Durchflußrohr an einem Waldweg etwa dreihundert Meter vom Fundort der Leiche gefunden hatte, wurde von in Hagen wohnenden Bekannten der Toten als der ihre identifiziert. Doch fehlte von ihrer Handtasche noch immer jede Spur.

Am 9. Juni erschien eine Zeugin bei der Hagener Mordkommission und erklärte, sie habe Frau Schur einmal wöchentlich mit Eiern und Butter beliefert. Etwa drei Wochen vor ihrem Verschwinden sei sie eine längere Zeit in Frau Schurs Wohnung gewesen. Als sie sich verabschiedete und die Etagentür öffnete, sei plötzlich ein Mann eingetreten und geradewegs ins Wohnzimmer gegangen, so als kenne er sich dort gut aus. Der Witwe sei dieser plötzliche Besuch sehr unangenehm gewesen, wie ihr Gesichtsausdruck vermittelt habe.

Mit größtem Interesse nahmen die Beamten die Personenbeschreibung jenes Unbekannten entgegen: Sie deckte sich fast haargenau mit der jener beiden Zeugen, die die beiden am 4. April in der Reichsmark gesehen hatten! Eine verblüffend ähnliche Beschreibung gab wenige Tage später auch eine Nachbarin der Ermordeten ab: Sie hatte zwei Wochen vor dem Verbrechen einen Mann rauchend auf dem Balkon der Frau Schur stehen sehen. Wieder wurde er als 1,80 Meter und von kräftiger Gestalt mit gestutztem Schnurrbart beschrieben. Dieser Mann sei übrigens mindestens drei Wochen lang in ihrer Wohnung ein- und ausgegangen.

Monate vergingen, und noch immer hatte man keine Spur von dem unbekannten Begleiter der Martha Schur. Die Ermittler gaben jedoch die Hoffnung nicht auf, eines Tages doch noch diesen mysteriösen Fall lösen zu können.

Eine weitere Frau wird vermißt

Bevor sich das Jahr seinem Ende zuneigte, verschwand wieder eine Frau aus Westfalen spurlos. Seit Ende November 1932 wurde die neunundvierzigjährige Kontoristin Emma Schneider aus Herford in Westfalen vermißt. Sie war seit längerem erwerbslos und bemühte sich intensiv um eine neue Stellung. In der Zwischenzeit verdiente sie sich etwas durch Hausschneiderei. In der örtlichen Zeitung hatte sie ein Inserat gelesen, in dem eine Haushaltshilfe gesucht wurde. Daraufhin schickte sie ihre Bewerbung ab. Am 27. November erhielt sie aus Dortmund eine zusagende Antwort, und zwar von »Schulze-Ahlen, Dortmund-Rahn, Harley 157, Hedwigshof«. Das fehlerhafte Schreiben enthielt genaue Angaben, welchen Zug die Bewerberin nach Dortmund benutzen solle. Dort angekommen, solle sie als letzte am Zug stehenbleiben, so könne man sie erkennen! Auch hieß es darin, sie brauche sich in Herford nicht polizeilich abzumelden, da dies ebenso schriftlich aus Dortmund geschehen könne. Der Brief schloß mit der Erwartung: *»Wir rechnen bestimmt damit, daß Sie kommen.«*

Am 28. November verabschiedete sich Emma Schneider, überglücklich, endlich wieder eine Stellung gefunden zu haben, im Herforder Bahnhof von ihren Verwandten und fuhr trotz immer wieder geäußerter Bedenken ihrer Freundinnen mit dem 16.10-Uhr-Zug nach Dortmund, wo sie um 18.44 Uhr eintraf. Seitdem hatte man nicht mehr von ihr gehört, sie schien wie vom Erdboden verschluckt. Ihren großen schweren, mit starkem Bindfaden verschnürten Lederkoffer und ihre Aktentasche jedoch, die sie beide in Herford aufgegeben hatte, holte am 29. November eine unbekannte männliche Person von der Gepäckabfertigung des Dortmunder Hauptbahnhofs ab, wie der Schalterbeamte angab. Beide Gepäckstücke enthielten nach den Aussagen ihrer Verwandten nicht nur zahlreiche Kleidungsstücke, sondern auch Bargeld in Höhe von etwa hundert Mark, die sie sich eisern erspart hatte, und verschiedene Schmuckstücke. Weiteren Schmuck, darunter eine Goldkette mit Medaillon, trug sie bei ihrer Abreise am Leibe.

Die vermißte Emma Schneider.
Dortmunder Zeitung, *11. Februar 1933.*

Emma Schneiders Verwandten erstatteten bei der Herforder Polizei Vermißtenanzeige. Die Verschwundene wurde als 1,78 Meter groß und vollschlank beschrieben. Sie spreche hessischen Dialekt, trage ein künstliches Gebiß und falle durch einen etwas schleppenden Gang auf. Am Tage ihrer Abfahrt habe sie einen schwarzen Mantel getragen. Die Überprüfung der Absenderadresse ergab, daß sie nicht existierte.

Die Ermittlungen der Kriminalpolizei in Herford wie auch der Mordkommission in Dortmund, die seit Dezember des Jahres von Kriminalkommissar Rehfeld geleitet wurde, führten zumindest zu der Erkenntnis, daß mehrere dieser Inserate, in denen eine Hausgehilfin gesucht wurde, in verschiedenen westfälischen Tageszeitungen erschienen und daß auf diese Weise auch andere Frauen und junge Mädchen nach Dortmund bestellt wurden. Wochen vergingen, ohne daß die Ermittler auf eine heiße Spur stießen. Es traten immer mehr Frauen hervor, die über Zeitungsinserate Kontakt mit einem Mann aufgenommen und daraufhin zum Hauptbahnhof in Dortmund oder anderen Bahnhöfen in der näheren Umgebung gelockt worden waren. Briefe des Unbekannten trafen nicht nur in Dortmund und in Hagen ein, sondern auch in Herzogenrath, Herringen, Essen und Herford. Es war durchaus möglich, daß auch der Mord an Martha Schur damit in Zusammenhang stand. Sollte der Emma Schneider ein gleiches Schicksal widerfahren sein? Die Kriminalpolizei setzte zwar die Dortmunder Tageszeitungen in Kenntnis, bat jedoch um höchste Diskretion. Die Öffentlichkeit sollte erst

Der Dortmunder Hauptbahnhof in den 1920 Jahren.

informiert werden, wenn genauere Erkenntnisse vorlagen, zudem wollte man den Mörder nicht vorzeitig warnen. Doch hielt sich eine Zeitung nicht an die Abmachung und druckte einen recht ausführlichen Artikel über die Vermißte und den Stand der Ermittlungen.

Ein weiteres mysteriöses Verschwinden

Mittwoch, der 8. Februar 1933. Eine Woche zuvor waren die Nationalsozialisten an die Macht gekommen, ihr Führer war nun Kanzler des Deutschen Reiches. Auch in Westfalen stellte man sich auf die neuen Machthaber ein.

Gegen 17 Uhr an diesem Tag ging in der Firma Narowski und Grosch, einem Holzgroßhandel und Sägewerk im Stadtteil Annen des im westlichen Vorortbereich Dortmunds gelegenen Witten, ein Anruf ein. Der Unbekannte gab sich als Ingenieur der Bauabteilung Unna der Vereinigten Stahlwerke aus und sagte, er rufe aus einem öffentlichen Fernsprecher in Unna an, einer Stadt östlich der westfälischen Metropole. Er verlangte den Mitinhaber Franz Narowski persönlich zu sprechen, denn er wolle mit ihm einen größeren Holzverkauf abschließen. In etwa einer Stunde wolle er ihn abholen. Der Kontoristin, die das Gespräch als erste entgegennahm, fiel auf, daß dem Anrufer die Fachausdrücke der Holzindustrie nicht geläufig waren. Doch das schien sie nicht weiter zu beunruhigen. Narowski sprach nicht lange mit dem Anrufer, nach wenigen Minuten legte er auf. Auf das Verkaufsangebot des Unbekannten war er eingegangen. Der siebenundvierzigjährige Holzgroßhändler hielt am Fenster seines Büros Ausschau nach dem zukünftigen Geschäftskunden. Der aber war auch kurz nach der verabredeten Zeit, um 18 Uhr, noch immer nicht erschienen. Narowski griff nach Mantel und Hut, verließ sein Büro und ging die zum Bahnhof führende Straße hinunter, wohl in der Hoffnung, dort würde ihm der Wagen schon entgegenkommen. Seitdem fehlte von ihm jede Spur.

Als am nächsten Morgen die Arbeiter und Angestellten im Holz- und Sägewerk erschienen, bemerkten sie zu ihrem Schrecken, daß sowohl das Tor zum Lager als auch die Tür zum Kontor weit offen standen. Noch größer war ihr Entsetzen, als sie einen der Büroräume betraten und in dunkler Ahnung den Geldschrank öffneten. Sie mußten nicht nur feststellen, daß er nach Feierabend auf- und dann wieder zugeschlossen worden war, nein, es fehlten daraus auch fünf Scheckhefte verschiedener Banken und Sparkassen sowie fünf Geschäftsstempel. Es lag der Verdacht nahe, daß der Schrank mit den Schlüsseln des Firmenmitinhabers Narowski aufgeschlossen worden war. An diesem Morgen erschien der Mitinhaber nicht wie gewohnt in seinem Büro. Ein Anruf in seinem Haus in der Harkortstraße im Dortmunder Stadtteil Hombruch ergab, daß er dort nach Feierabend nicht eingetroffen war. Man mache sich schon große Sorgen um ihn und beabsichtige, zur Polizei zu gehen.

Die Firma verständigte zunächst die Gendarmerie in Witten, die sich ihrerseits mit der Kriminalpolizei in Dortmund in Verbindung setzte. Das geheimnisvolle Verschwinden Narowskis und die gestohlenen Scheckhefte waren zwei ernstzunehmende Vorgänge. Sollte an dem Mann ein Verbrechen begangen worden sein, an dem die beiden Insassen des mysteriösen Autos beteiligt waren? Die Polizei veröffentlichte eine Beschreibung des Vermißten: geboren am 15. April 1885, etwa 1,75 Meter groß, schlank, blondes Haar und blonder Schnurrbart, in allem ein gesundes Aussehen. Seine Haltung sei leicht gebeugt. Als er mutmaßlich in das Fahrzeug stieg, trug er einen dunkelbraunen Paletot*, einen dunkel-

* Eine noch in den dreißiger Jahren gern verwendete Art Sakkomantel, ein eleganter Überwurf aus Anzugstoff, der über dem Jackett getragen wurde.

grauen Haarfilzhut, eine dunkelgrüne Lodenjoppe, eine schwarze Weste und eine schwarze Hose sowie schwarze Schnürschuhe.

Die Kontoristin der Firma hatte das von einem Münzfernsprecher geführte Gespräch mit angehört. Sie erinnerte sich deutlich, daß sich der Unbekannte als Chef der Bauabteilung der Vereinigten Stahlwerke ausgab und den Ankauf einiger Waggons Holz in Aussicht stellte. Sie meinte, es habe sich noch ein zweiter Mann in der Telefonzelle befunden, der dem Anrufer immer wieder geflüsterte Instruktionen gab.

Eine erste Spur führte nach Holzwickede, einer kleinen, zwischen den Städten Unna und Schwerte gelegenen Gemeinde im Kreis Unna, also im Einzugsbereich der Großstadt Dortmund.

Der am Rande des Dorfes wohnende Gärtnereibesitzer Bockelt saß am Donnerstag früh gegen 4.30 Uhr an seinem Schreibtisch. Weil er nicht mehr schlafen konnte, war er sehr früh aufgestanden. Plötzlich erregte der Lichtschein eines langsam an seinem Haus vorbeifahrenden Autos seine Aufmerksamkeit. Die Opel-Limousine mit sechs Sitzen entfernte sich in Richtung Dorfzentrum. Neugierig geworden, begab sich Bockelt nach draußen und stellte sich an eine Straßenkurve. Da kehrte das Auto auch schon wieder zurück, fuhr diesmal in höherer Geschwindigkeit an seinem Haus vorbei und zu einem »Schöne Flöte« genannten Wäldchen, das sich am Holzwickeder Bach entlangzog. Mit wachsender Neugierde beobachtete der Gärtner das weitere Geschehen: Das Fahrzeug hielt kurz an, fuhr dann ein Stück weiter, wendete erneut und kam nochmals an seinem Haus vorbei, diesmal wieder sehr langsam fahrend. Da ihm die seltsamen Fahrmanöver sehr verdächtig vorkamen, leuchtete der Mann mit seiner Taschenlampe dem Fahrzeug hinterher und notierte sich das Kennzeichen. Die genaue Anzahl der Insassen vermochte er jedoch nicht zu erkennen.

Am Freitag berichteten alle westfälischen Tageszeitungen über das merkwürdige Verschwinden des Holzgroßhändlers und veröffentlichten eine Beschreibung des Vermißten. Auch der Gärtnereibesitzer las die Meldung mit Interesse. Das als Fragment wiedergegebene Autokennzeichen jedoch ließ ihn hellhörig werden. Es stimmte beinahe mit dem Kennzeichen überein, das er sich in jener Nacht aufgeschrieben hatte: IX 39 326! Er teilte seine nächtlichen Beobachtungen sowie das Kennzeichen der örtlichen Landjägerstelle* mit.

---

* Landjäger waren bis in die 1930er Jahre hinein besondere, vor allem in ländlichen Gebieten mit Ordnungsaufgaben betraute Polizeikräfte.

Es dauerte nicht lange, und die Dortmunder Kriminalpolizei stieß auf den Namen des Autobesitzers. Die Opel-Limousine war auf den »Kraftwagenführer« Eberhard Pieper aus Dortmund, Bischofsgasse 6, zugelassen. Der vierundzwanzigjährige Pieper war aus Holzwickede gebürtig, und die Beamten waren sich sicher, daß er der Fahrer des Autos war, das der Zeuge in der Nacht zum Donnerstag beobachtet hatte. Ermittlungen ergaben, daß der junge Mann am frühen Donnerstag morgen unweit des Holzwickeder Bahnhofs von einem Bekannten gesehen worden war, wie er sich am Motor zu schaffen machte. Als Pieper den ihm von Jugend auf bekannten Mann bemerkte, fuhr er schleunigst davon, als habe er etwas zu verbergen. Und, davon war die Mordkommission überzeugt, Pieper mußte Komplizen haben.

Aus der Garage des Pieper wurde das Auto beschlagnahmt. Im Innern fand man zwar Zigarren- und Zigarettenüberreste wie auch Lehmspuren, doch Blutspuren zeigten sich nicht.

Ein Invalide, der am späten Mittwoch abend auf dem Rückweg nach Holzwickede war und die Kreisstraße durch die »Schöne Flöte« entlangging, teilte der Polizei eine merkwürdige Wahrnehmung mit. Am Waldesrand habe sich eine Gestalt befunden, die ihm verdächtig vorkam. Kurz darauf sei ein Auto ganz langsam an den Waldweg herangefahren, habe den Mann einsteigen lassen und sei dann schnell davongefahren.

Den Polizeibeamten kam eine dunkle Ahnung auf: Sollte das kleine Holzwickeder Wäldchen etwas mit dem Verschwinden des Holzgroßhändlers zu tun haben? Hatte man ihn dort etwa, nachdem er ermordet worden war, beseitigt? Noch am Freitag mittag begannen die Ortspolizisten und eine kleine Schar von Freiwilligen mit einer genauen Durchsuchung des Geländes. Zunächst wurde ein kleiner Teich leergepumpt, weil man darin die Leiche des Händlers vermutete. Doch er enthielt nur Unrat. Dann durchforstete man das Wäldchen, mußte aber die Suche wegen der einbrechenden Dunkelheit abbrechen.

Am nächsten Morgen, es war Sonnabend, der 11. Februar, wurde die Suche fortgesetzt, an der sich viele Einwohner von Holzwickede beteiligten. Zwei von ihnen, der Bergmann Beckmann und sein Bekannter Wiebecke, suchten in den Nachmittagsstunden die Uferzone des Holzwickeder Baches ab. Dabei stießen sie auf den kleinen zugeschütteten, weil stillgelegten Schacht der Zeche »Karoline«, der eine etwa eineinhalb Meter tiefe Mulde bildete und von Erdwällen umgeben war. Sein Eingang

Eberhard Pieper und die Limousine, in der Narowski entführt wurde. Foto: Dortmunder Zeitung, *13. Februar 1933*

war mit einer Eisenplatte verschlossen. Kaum hatten sie diese entfernt und waren einige Schritte hineingegangen, bemerkten sie im Halbdunkel eine Schuhspitze, die aus dem mit einem Baumast beschwerten, offenbar absichtlich aufgehäuften Laub herausragte. Vorsichtig beseitigten sie das Laub ... und starrten plötzlich auf eine männliche Leiche zu ihren Füßen, deren Anblick etwas Groteskes besaß.

Die Mordkommission des Polizeipräsidiums in Dortmund war bald zur Stelle, ebenso kommunale Polizeibeamte, Kriminalpolizeibeamte aus Witten und ein Vertreter des Oberstaatsanwalts aus Bochum. Erste Vermutungen bestätigten sich rasch: Narowski war einem brutalen Verbrechen zum Opfer gefallen, nach aller Wahrscheinlichkeit lag ein Raubmord vor. Die Mörder, denn daß es sich um mehr als einen handelte, davon waren die Beamten überzeugt, hatten den Holzgroßhändler im Zechenschacht kaltblütig erdrosselt und dort abgelegt, wie der vorläufige Tatbefund ergab. Hals, Mund und Nase waren viermal mit einem dünnen Strick umschnürt, und zwar so stark, daß die Nase völlig zur Seite gedruckt und das Nasenbein gebrochen war. Zudem hatten die Täter seinen Kopf zusätzlich mit einem Tuch umwickelt, dessen Knoten fest angezogen war. Ein zusammengeballtes Taschentuch war als Knebel tief in den Mund getrieben und hatte sicherlich die Qualen des Opfers verstärkt. Am Zweigwerk eines in der Nähe stehenden Baumes hing eine Würgeschlinge, als habe man sie nach vollbrachter Tat achtlos fortgeworfen.

Die Vermutung lag nahe, daß der Tote an anderer Stelle ermordet und später hier abgelegt wurde.

Als einer von mehreren Tatbeteiligten konnte nur der Kraftwagenführer Pieper in Frage kommen. Die Ermittlungen der Mordkommission konzentrierten sich nun auf diesen als 1,66 Meter groß mit hellblondem Haar, hellbraunen Augen, hoher Stirn, gerader Nase und breitem Kinn beschriebenen Mann. Der Rundfunk berichtete von dem Leichenfund und gab eine genaue Beschreibung Piepers durch. Augenzeugen wollten beobachtet haben, wie er am Mittwoch nachmittag sein Auto aus der Garage geholt und erst am Donnerstag vormittag wieder zurückgebracht hatte. Noch am Freitag mittag war Pieper in Dortmund gesehen worden. Seitdem aber schien er abgetaucht zu sein. Und er war möglicherweise der Täter, der am Sonnabend mittag im Dortmunder Zentrum eine Opel-Limousine gestohlen hatte, die einen Tag später in einer Straße in Essen verlassen aufgefunden wurde.

Der Metzgerlehrling Hobusch gab an, Narowski habe ihm an jenem Mittwoch abend in Annen mitgeteilt, er erwarte noch Kundschaft aus Unna. Da die Herren aber nicht erschienen seien, wolle er jetzt nach Hause gehen. In diesem Augenblick habe sich eine Opel-Limousine genähert und sei in die zum Sägewerk führende Seitenstraße eingebogen. Narowski sei dem Fahrzeug nachgelaufen, worauf das Auto sofort angehalten habe. Der Lehrling konnte nur den Anfang des Kennzeichens erkennen: IX 39. Zwei Männer seien ausgestiegen und hätten mit dem

Raubmördern zum Opfer gefallen

Holzgroßhändler Franz Narowski erdrosselt aufgefunden

Der unter eigenartigen Umständen seit Mittwochabend verschwundene Holzgroßhändler Franz Narowski aus Dortmund-Hombruch, Harkortstraße 25, wurde Samstag gegen 15 Uhr in einem Wäldchen bei Holzwickede, Kreis Unna, erdrosselt unter Laub verscharrt aufgefunden. Es liegt Raubmord vor.

Hierzu erfahren wir noch folgende Einzelheiten: Wir meldeten bereits ausführlich das geheimnisvolle Verschwinden des Franz Narowski, der Mitinhaber der Firma Narowski & Grosch, Holzgroßhandel und Sägewerk in Witten-Annen ist. In der Nacht zum Donnerstag gegen 5 Uhr beobachtete ein Gärtnereibesitzer B. in Holzwickede ein Auto, das plötzlich an seinem Hause vorbeifuhr. Das Auto fuhr zunächst in Richtung nach Holzwickede, kehrte aber plötzlich wieder um, Narowski in einen Teich geworfen sei. Diese Absuchungen wurden am Samstag fortgesetzt, wobei sich auch die Anwohner des alten Dorfes Holzwickede beteiligten. Samstag nachmittag fanden dann zwei dieser Anwohner, ein Franz W. und ein Fritz B., in einem ehemaligen kleinen Schacht der Zeche Karoline am Holzwickeder Bach die Leiche des vermißten Narowski. Eine Schuhspitze war zwischen dem Laub zu sehen. Die Mordkommission der Dortmunder Kriminalpolizei wurde sofort zum Fundort der Leiche alarmiert. Außerdem waren dort die kommunalen Polizeibeamten, Kriminalpolizeibeamte aus Witten und ein Vertreter des Oberstaatsanwalts aus Bochum zugegen. Der Tatbefund ergab, daß

Narowski dort erdrosselt niedergelegt worden ist.

Dortmunder Zeitung, *16. Februar 1933.*

Händler kurz gesprochen. Narowski sei darauf hinten eingestiegen und das Auto kurz vor 19 Uhr mit hoher Geschwindigkeit davongefahren.

Ein weiterer Zeuge wollte kurz nach 19 Uhr am Bahnübergang in Annen das Auto vorbeifahren gesehen haben. Auf dem Rücksitz habe der überall bekannte Holzhändler Narowski gesessen.

Ein Angestellter der Sparkasse in Witten gab zu Protokoll, am Donnerstag vormittag habe ihm ein junger Mann zwei Schecks über 200 beziehungsweise 250 Mark vorgelegt. Er mußte aber die Einlösung verweigern, da auf dem Konto nur fünfzig Mark zur Verfügung standen. Beide Schecks hätten die Unterschrift Narowskis getragen. Was ihm aber merkwürdig erschien: Die Unterschriften seien offensichtlich in großer Aufregung und mit zitternder Hand geleistet worden, ja beinahe unleserlich gewesen! In einer Sechssitzer-Opel-Limousine soll dann der Unbekannte davongefahren sein.

Drei ungeklärte Fälle

Doch noch hatte die Dortmunder Mordkommission ein weiteres Verbrechen aufzuklären, nämlich das an der ein Dreivierteljahr zuvor im Romberger Wald verscharrt aufgefundenen Martha Schur aus Hagen-Haspe. Auch die Kontoristin aus Herford blieb verschwunden. Da kam den Beamten der Mord an dem Holzgroßhändler nicht gelegen. Oder sollte zwischen diesen Fällen etwa ein Zusammenhang bestehen?

Zumindest im Fall der verschwundenen Emma Schneider aus Herford war einige Tage zuvor Bewegung in die Ermittlungen gekommen. Am 11. Februar berichteten die westfälischen Tageszeitungen über die hohe Wahrscheinlichkeit, Martha Schneider nicht mehr lebend aufzufinden, vielmehr bestünde die Möglichkeit, sie sei ebenfalls einem Verbrechen zum Opfer gefallen. In der Zwischenzeit hatten sich mehrere Frauen gemeldet, die auf ein Inserat hin nach Dortmund bestellt worden waren. In einigen Fällen wurde eine Filialleiterin für die Lebensmittelbranche gesucht, in anderen eine Haushälterin für eine vermögende Herrschaft. Dabei wurde auch um eine Kaution von fünfhundert Mark ersucht.

Eine junge beschäftigungslose Frau aus Herringen ging auf eine dieser Anzeigen ein und fand sich am 10. November 1932, wie es von ihr verlangt war, am Bahnhof in Dortmund-Sölde ein. Doch niemand nahm sie dort in Empfang. Wohl deshalb, weil sie sicherheitshalber ihren Ehemann mitgebracht hatte, wie die Kriminalpolizei nun vermutete.

Eine Hausangestellte aus Essen hatte sich aufgrund eines Inserats um eine Stellung als Wirtschafterin beworben. Im Schreiben, das eine Absenderadresse in Lünen-Lippoltshausen enthielt, wurde ihr mitgeteilt, sie möge sich am nächsten Tag zu einer festgelegten Zeit auf dem Bahnhof in Lünen einfinden und dort warten, bis man sie abhole. Zehn Minuten lang habe sie an diesem 6. Dezember 1932 auf dem Bahnsteig gewartet. Da sei plötzlich ein Mann auf sie zugegangen, habe sich als Heinrich Meier vorgestellt und ihr den Koffer abgenommen. Zusammen hätten sie sich auf den Weg nach dem wenige Kilometer entfernten Derne begeben, doch sei sie unterwegs mißtrauisch geworden, weil der Unbekannte auf sie einen schlechten Eindruck machte. Und als er vorschlug, man wolle Seitenwege einschlagen, habe sie empört abgelehnt. Der angebliche Herr Meier soll immer wieder gefragt haben, was sich in ihrem Koffer befinde.

In Derne betraten beide eine Gastwirtschaft und stärkten sich. Anschließend schlugen sie den Weg nach Brechten ein. Sie solle vorangehen, sagte Herr Meier zu ihr. Doch das lehnte sie entschieden ab: ihr schien all dies nicht geheuer! Beide gingen dann bis zum Gehöft eines Landwirts, wo der Weg in einen Feldweg mündete. Nun ging der ihr zunehmend unheimlich werdende Mann voraus, immer noch ihren Koffer tragend und sich dabei verstohlen nach ihr umdrehend. Da war bereits die Abenddämmerung hereingebrochen. Nun reichte es der Essener Hausangestellten. Sie rief dem Mann zu, er solle ihr sofort den Koffer wiedergeben. Um ihrer Forderung Nachdruck zu verleihen, schrie sie laut um Hilfe. Völlig verdutzt ob dieses unerwarteten Widerstands drehte sich »Herr Meier« um, händigte ihr den Koffer aus und lief in Richtung Derne davon.

Die Ermittler fanden heraus, daß der Feldweg zwischen Derne und Brechten eine Mulde durchquerte, eine recht einsame Gegend weitab jeglicher Bebauung. Offenbar hatte es der Mann auf die Habseligkeiten der Frau abgesehen und den abgelegenen Weg mit der Absicht eingeschlagen, an ihr ein Verbrechen zu begehen. Ihre beherzte Haltung hatte ihr vermutlich das Leben gerettet! Und wie bei den anderen potentiellen Opfern war die Absenderadresse natürlich falsch.

Eine andere Frau aus Herzogenrath fand sich, wie im Brief aufgefordert, am 10. Dezember 1932 pünktlich auf dem Bahnhof in Westhofen ein. Ein ungepflegt wirkender Mann in abgetragener Kleidung holte sie ab. Als die Frau ihm mitteilte, sie freue sich auf die neue Stellung, denn sie sei völlig mittellos und das Wohlfahrtsamt habe ihr die Fahrkarte bezahlt, wurde der Unbekannte sehr mißmutig. Auf dem Wege zu der angeblichen Herrschaft kehrte man in einer Wirtschaft ein. Dort sagte der Mann, er müsse mal auf die Toilette ... und wurde nicht wieder gesehen. Wieder war die angegebene Adresse eine falsche.

Doch nicht nur das war allen Fällen gemeinsam: Der Unbekannte bestellte seine Opfer immer am späten Nachmittag zu den angegebenen Bahnhöfen, kurz bevor die Dunkelheit hereinbrach. Analysen der an die Frauen gerichteten Schreiben ergaben, daß es sich um ein und dieselbe Handschrift und dasselbe Briefpapier handelte. Als man die Schriftzüge mit dem im Brief verglich, der an Martha Schur gerichtet war, waren sich die Ermittler sicher, daß es sich um ein und denselben Mann handelte.

Alle Vorfälle wiesen gleiche Merkmale auf, die auf denselben Täter deuteten: Der Unbekannte bestellte nach der schriftlichen Kontaktaufnahme seine auswärts wohnenden Opfer zu verschiedenen Bahnhöfen in und um Dortmund, ihnen dabei sogar die Züge vorschreibend, und nahm sie dort in Empfang. Sein Ziel waren dunkle, abgelegene Stellen, offensichtlich hatte er es auf das Hab und Gut der Frauen abgesehen. Da keine unsittlichen Anträge erfolgten, schied ein Sexualmotiv nach Ansicht der Ermittler aus. Und möglicherweise kam dieser Mann auch als der Mörder der immer noch vermißten Emma Schneider in Frage, und man vermutete, daß er ihre Leiche an einer entlegenen, schwer zugänglichen Stelle verscharrt hatte. Immerhin waren die Schriftzüge der an die anderen Frauen gerichteten Schreiben dieselben wie die auf dem Manuskript der Anzeige, aufgrund der sich Frau Schur gemeldet hatte!

Beide Frauen gaben eine fast übereinstimmende Beschreibung des Mannes, der sie vom Bahnhof abgeholt hatte. Sein äußerliches Erscheinungsbild war ungepflegt, seine Kleidung zerschlissen, sein Alter wurde auf etwa fünfundvierzig Jahre geschätzt, seine Größe auf etwa 1,70 Meter. Dunkelblond sei er, bartlos, mit langem, schmalem Gesicht. Meist trug er eine Hornbrille. Auch die Beschreibung der Kleidung, die er jeweils bei den Treffen trug, stimmte beinahe vollständig überein.

Ein Bergmann aus dem Dortmunder Stadtteil Dorstfeld teilte mit, er habe eines Abends Ende November 1932, als das Verschwinden der Kontoristin noch nicht bekannt war, auf dem Heimweg von der unweit des Dorstfelder Sportplatzes gelegenen Zeche ein Auto mit abgeblendeten

Die Dortmunder Innenstadt mit dem Hansaplatz, um 1930.

Scheinwerfern stehen sehen. Ein Mann habe sich an dem Wagen zu schaffen gemacht. Das sei ihm schon etwas merkwürdig vorgekommen, doch da ihm sonst nichts Verdächtiges aufgefallen sei, habe er dem Vorfall keine Bedeutung beigemessen.

Die Mordkommission Schur-Schneider rief nun die Bevölkerung über die Tagespresse auf, ob sie den beschriebenen Mann kenne und ob die im Detail aufgelisteten Habseligkeiten der Frau Schneider zum Kauf angeboten, in Pfand gegeben oder sonstwo gesehen worden seien. Auch alle anderen Frauen, die auf ähnliche Inserate eingegangen waren und brieflich nach Bahnhöfen in Dortmund und Umgebung bestellt wurden, sich aber bislang nicht bei der Polizei gemeldet hatten, wurden nunmehr gebeten, dringend mit der Mordkommission in Verbindung zu treten.

Die Ermittler stießen schon bald auf einen Hauptverdächtigen. Sie hielten ihn für den Mann, der durch Zeitungsinserate die Bekanntschaft von Frauen aus der Dortmunder Umgebung suchte. Es handelte sich um den einundvierzigjährigen Arbeiter August Scheer aus Dortmund. Einzelheiten gaben sie zunächst nicht. Doch sollte die Öffentlichkeit später erfahren, daß ein vorläufig festgenommener Vorbestrafter den entscheidenden Hinweis gab, wonach nur der ihm bekannte Scheer sowie ein Komplize, dessen Vorname ebenfalls August lautete, als Täter in Frage kämen.

Montag, 13. Februar 1933: Die für den Raubmord an dem Kaufmann zuständige Dortmunder Mordkommission erhielt weitere wichtige Erkenntnisse. Zum einen war nun klar, daß dem ermordeten Holzhändler Narowski neben den üblichen Utensilien wie Lederbrieftasche, die etwa zweihundert Mark enthaltende Geldbörse, Schlüssel und Brille auch eine goldene Sprungdeckeluhr mit einer goldenen Panzerkette geraubt worden war. Außerdem erfuhren die Ermittler, daß Narowski als spendabel galt. In Lokalen zwischen Witten und Unna war er wegen seiner Freigiebigkeit bestens bekannt, so daß sich bei vielen der Eindruck aufdrängte, der Holzgroßhändler besäße viel Geld. Weitere Nachforschungen ergaben, daß der Anruf bei der Holzfirma nicht von einem Münzfernsprecher in Unna einging, sondern von einem am Republikplatz in Dortmund.

Des weiteren meldete sich ein Tankstellenbesitzer aus Holzwickede bei der Mordkommission. Er gab an, am vergangenen Donnerstag ganz in der Frühe, also an dem Tag, als der Holzgroßhändler verschwand, sei ein Mann mit einer Benzinkanne zu ihm gekommen und habe so getan, als stünde sein Auto nicht weit entfernt. Als er seinen Geldbeutel öffnete, habe er darin etwa dreißig bis vierzig Mark gesehen. Den Fotos in der Presse nach könne es sich um den gesuchten Pieper handeln.

Die am Montag nachmittag im Sanitätsdepot in Holzwickede durchgeführte Obduktion ergab, daß Narowski, wie schon anfangs befürchtet, einen grausamen Erstickungstod gestorben war: Man hatte ihm zuerst den Mund abgebunden und dann mit mehreren Taschentüchern den Hals zugeschnürt. In diesem Zustand wurde er vermutlich an den Fundort im toten Schacht verbracht.

Der Regierungspräsident in Arnsberg setzte für die Aufklärung des Raubmordes und für die Ermittlung der Täter eine Belohnung von fünfhundert Mark aus. Schon längst waren die Beamten auf zwei weitere Namen gestoßen: August Schulte und August Scheer, die immer häufiger als Tatverdächtige genannt wurden. Beide waren vorbestraft.

Mittwoch, 15. Februar: Am frühen Morgen wurden zwei Männer festgenommen, die zum Bekanntenkreis des gesuchten Pieper gehörten. Bei dem einen ließ sich der Tatverdacht nicht aufrechterhalten, so daß er wieder auf freien Fuß gesetzt wurde. Der andere verstrickte sich in widersprüchlichen Angaben und wurde weiterhin in Haft gehalten. Sein Name wurde mit Rücksicht auf die Ermittlungen vorläufig zurückgehalten. Die Ermittler waren davon überzeugt, daß sich Pieper immer noch in Dortmund verborgen halte. Sie schlossen es auch nicht mehr aus, es sogar mit einer Bande zu tun zu haben.

Zwei Briefe mit Piepers Unterschrift gingen bei der Mordkommission ein. Darin betonte der Gesuchte, er sei unschuldig und wolle sich bald stellen, doch hindere eine Krankheit ihn daran. Indessen gab die Staatsanwaltschaft Bochum die Leiche des ermordeten Narowski frei.

Donnerstag, 16. Februar: Am Nachmittag trug man den ermordeten Kaufmann in Dortmund-Hombruch zu Grabe. Eine große Menschenmenge gab ihm das letzte Geleit, handelte es sich doch bei Narowski um eine geachtete und sehr beliebte Persönlichkeit, die vor allem ein Herz für die vielen Arbeitslosen besaß und ihnen durch kleinere finanzielle Zuwendungen das Leben zu erleichtern versuchte. Eine Autobusfirma in Witten hatte sogar in einem Zeitungsinserat Trauernden aus Witten und Annen freie Fahrt nach Hombruch angeboten. Zweimal mußte der mit einem Anhänger versehene Bus nach Hombruch fahren, um die vielen Menschen befördern zu können.

Mittlerweile wurde das Netz um den oder die Täter immer enger zugezogen.

Zwei Täter werden gestellt

In der Nacht zum Freitag, dem 17. Februar bemerkte in der kleinen, nördlich von Dortmund gelegenen Gemeinde Selm-Beifang die Besitzerin einer kleinen Gaststätte, wie zwei ihr unbekannte Männer um ihr Haus herumstrichen. Die beiden beunruhigten sie, vermutete sie doch in ihnen Einbrecher. Die Frau mit Namen Albers öffnete das Fenster und sprach sie an. Darauf entfernten sich die Männer rasch, ohne ein Wort zu sagen.

Am Freitag nachmittag betraten zwei Männer ihre Wirtschaft, die den beiden von der vergangenen Nacht sehr ähnelten. Sie verlangten nach Zigaretten. Die Inhaberin sah sie sich genauer an und stutzte ... Sah der eine nicht wie der in den Zeitungen abgebildete, als Raubmörder gesuchte Eberhard Pieper aus? Sie flüsterte ihrem Mann zu, er solle den beiden nachgehen. Dieser scharte andere Männer aus der Gaststätte um sich und folgte mit ihnen den beiden Verdächtigen. Auf der Straße kam ihnen der Polizeihauptwachtmeister Neuhaus aus dem nahe gelegenen Altlünen entgegen, der sich mit seinem Auto auf einer Dienstfahrt befand. Sie hielten den Polizisten an und schilderten ihm ihren Verdacht. Neuhaus zögerte keinen Augenblick und fuhr auf der Stelle den Verdächtigen nach, hielt sie an, zog seine Dienstwaffe und nahm die beiden fest. Sie wurden in die Arrestzelle der Landjägerei in Selm gebracht. Neuhaus zögerte nicht lange und verständigte die für den Fall Narowski zuständige Dortmunder Mordkommission.

Groß war die Überraschung der noch am selben Abend eintreffenden Beamten, als sie sahen, wen sie vor sich hatten: Es handelte sich tatsächlich um den in der Mordsache Narowski gesuchten Pieper und den in der Mordsache Schur und Schneider gesuchten August Scheer, einundvierzig Jahre alt und in Dortmund wohnhaft, der sich als Handlungsgehilfe bezeichnete. Scheer war aus dem ostpreußischen Bischofsburg gebürtig und schon seit längerem als der Mörder der Witwe Schur und der vermißten Herforder Kontoristin verdächtig.

Die beiden wurden ins Polizeipräsidium nach Dortmund gebracht. Es schien, als sei den Ermittlern ein entscheidender Schritt in der Aufklärung aller drei Mordfälle gelungen. Die Verhöre dauerten mehrere Stunden und erstreckten sich in die Nacht hinein. Doch war den beiden nichts zu entlocken. Am Sonntag ließ man sich die beiden wieder getrennt vorführen. Im Verlauf des Nachmittags konnten die beiden Verdächtigen dem Druck nicht mehr widerstehen. Scheer sagte den verhörenden Beamten: *»Na ja, es bricht ja doch alles zusammen. Geben Sie mir eine Zigarette, dann will ich alles sagen.«* Und er legte ein Geständnis ab. Ja, beide seien an den Morden an der Witwe Schur, der Kontoristin Schneider und des Kaufmannes Narowski beteiligt. Scheer sei der geheimnisvolle Briefschreiber, der die Opfer an sich lockte, während Pieper nur das für die Taten benutzte Auto gefahren habe, also nicht direkt an den Verbrechen beteiligt gewesen sei. Als den eigentlichen Mörder jedoch bezeichnete er seinen Komplizen August Schulte. Dieser Schulte befand sich immer noch auf der Flucht. Die Mordkommission atmete trotzdem erleichtert auf, war sie doch nach tagelanger mühsamer Arbeit endlich am Ziel!

Eine polizeiliche Durchsuchung der Wohnung Scheers förderte Briefe zutage, deren Handschrift ihn stark belastete.

In der fernen Reichshauptstadt Berlin interessierte sich der Leiter der Mordinspektion, Kriminalrat Ernst Gennat, aufgrund von Berichten in den Berliner Zeitungen schon seit geraumer Zeit für die mysteriöse Mordserie in der Umgebung von Dortmund. Er hielt es keineswegs für

August Scheer, einer der Mörder.
Foto: Dortmunder Zeitung, *20. Februar 1933*

ausgeschlossen, daß zwischen den Mordfällen Schur und Schneider und einigen unaufgeklärten Frauenmorden in Berlin ein Zusammenhang bestand. Möglicherweise kam der Arbeiter Scheer auch als Mörder der Hausangestellten Frieda Thomas und der Angestellten Mathilde Rolland in Frage. Erstere wurde im Juni 1929 in der Barnimer Heide bei Eberswalde ermordet und beraubt, die andere Anfang 1932 in Berlin.

Insbesondere der Fall Thomas wies verblüffende Ähnlichkeit mit dem der beiden westfälischen Frauen auf. Frieda Thomas war Hausangestellte bei einer Berliner Familie. Auf ein Heiratsinserat hin traf sie sich mit einem Mann, der sich Anton Geritzen nannte und sich als Postassistent bezeichnete. Seitdem wurde sie vermißt. Erst später wurde ihre Leiche in der Barnimer Heide gefunden. Der Reichspost war übrigens ein Anton Geritzen völlig unbekannt. Zwei weitere Berlinerinnen entgingen diesem Schicksal nur, weil sie wohl die Gefahr witterten und die bereits getroffene Verabredung ignorierten.

Die Akten über diese beiden Mordsachen wurden nun dem Dortmunder Polizeipräsidium zur Verfügung gestellt. Die Dortmunder Mordkommission wie auch das nunmehr hinzugezogene Zentrale Mordkommissariat Ruhrgebiet unter Leitung von Kriminalkommissar Fehl aus Essen erhofften sich darin wertvolle Hinweise darauf, ob Scheer und Pieper tatsächlich für die Berliner Morde in Frage kämen. Doch sollte sich später herausstellen, daß dies wenig wahrscheinlich war: Zu den angegebenen Zeitpunkten hielten sie sich nicht in Berlin auf.

Das letzte Opfer wird gefunden

Nun überschlugen sich die Ereignisse. Am Montag, dem 20. Februar gab die Dortmunder Mordkommission bekannt:

*»Nachdem bereits gestern die Aufklärung der Raubmordsache Narowski mitgeteilt werden konnte, ist es durch die weiteren Ermittlungen der Mordkommission gelungen, auch den Mordfall der Witwe Schur und das Verschwinden der Kontoristin Schneider aus Herford aufzuklären. Die Leiche der Witwe Schur wurde bekanntlich s. Zt. in einem Wäldchen in der Nähe des Gutes Reichsmark verscharrt aufgefunden. Es handelte sich offensichtlich um eine Mordtat. Der Täter war bisher unbekannt. Weiter berichteten wir vor kurzem über das Verschwinden der Kontoristin Schneider aus Herford. Auch diese Frau ist das Opfer eines Mörders geworden. Ihre Leiche wurde am Montag vormittag in einem Acker hinter dem Sportplatz in Dorstfeld, 1 Meter tief vergraben, aufgefunden. Wahrscheinlich ist auch die Kontoristin Schneider, ebenso wie der Holzgroßhändler Narowski, mit einem Strick erdrosselt worden. Die Leiche wurde dem Hauptfriedhof zugeführt, wo Dienstag eine Obduktion stattfinden wird.«**

Am späten Nachmittag fuhren zwei Wagen der Mordkommission unter Begleitung mehrerer Polizeibeamter nach Dorstfeld, einem westlichen Stadtteil Dortmunds. August Scheer hatte früh morgens eine Stelle bezeichnet, an der die Beamten die Kontoristin Schneider finden würden. Die Lokalität stimmte merkwürdigerweise mit der überein, an der Ende November ein Bergmann abends auf dem Heimweg von der Arbeit ein Auto mit abgeblendeten Scheinwerfern gesehen hatte. Damals habe sich ein Mann am Wagen zu schaffen gemacht, er sei ihm aber nicht weiter verdächtig vorgekommen. Das feldartige Gelände, in dem Scheer die Tote verscharrt haben wollte, lag außerhalb des umzäunten Dorstfelder Sportplatzes, unweit des von Dorstfeld nach Huckarde führenden Weges.

Die Beamten suchten zunächst den Acker ab, der noch wenige Jahre zuvor vor der Regulierung der Emscher ein Sumpfgelände war und nun

* *General-Anzeiger für Dortmund*, 21. Februar 1933.

der Zeche Dorstfeld gehörte. Dann begannen sie an mehreren von Scheer bezeichneten Stellen mit den Grabungen, die erst nach längerer Zeit von Erfolg gekrönt waren: Kaum hatten sie an einer neuen Stelle, es handelte sich um eine flache Mulde nur wenige Meter von der Sportplatzumzäunung entfernt, Erdreich abgetragen, stießen sie auf einen Koffer und einen Regenschirm. Beide Gegenstände wurden vorsichtig geborgen. Dann kam in etwa einem Meter Tiefe eine in Verwesung übergegangene Leiche zum Vorschein. Sie trug einen starken Bindfaden um den Hals, die Augen waren verbunden.

Das Gelände wurde sofort abgesperrt und die Beamten suchten die nähere Umgebung nach Spuren ab. Unweit des Fundortes sahen von dem erhöht gelegenen Bahndamm Hunderte von neugierigen Anwohnern mit größtem Interesse der Polizeiarbeit zu. Die Tote wurde von einem hinzugezogenen Arzt untersucht, der als vorläufige Todesursache Erdrosselung angab, und anschließend fotografiert, ehe sie in einem Leichenwagen zum Dortmunder Hauptfriedhof gefahren wurde. Ein Umstand verblüffte die Ermittler: An der Leiche waren sämtliche Schmuckstücke gefunden worden, wie sie erst Tage zuvor in der Presse beschrieben wurden. Das Opfer war also nicht beraubt worden. Vermutlich wußte der dafür als Täter in Frage kommende Scheer als Zuchthäusler, daß sich diese Schmuckstücke nicht gefahrlos versetzen ließen.

Schulte und Scheer waren für die Polizei keine unbeschriebenen Blätter. Schon im Jahre 1919 hatten sie auf der Zeche Königsborn bei Unna einen Lohngeldraub verübt und waren dafür zu sechs Jahren Zuchthaus verurteilt worden. Scheer verbüßte seine Strafe bis 1925, während Schulte während der Haft einmal ausbrach und drei Jahre lang in Freiheit blieb, bis er wieder gefaßt wurde. Daher wurde er erst 1929 entlassen.

Große Aufregung herrschte unter der Bevölkerung Dortmunds, ja des gesamten rheinisch-westfälischen Industriegebietes. Eine Serie solch schrecklicher Verbrechen hatte es schon lange nicht mehr gegeben. Sämtliche Tageszeitungen versuchten, einander in der Berichterstattung zu übertreffen, teils seriös, teils in überaus reißerischer Form. Ja, der weitverbreitete *General-Anzeiger für Dortmund** sprach in seiner Berichtserstattung nun häufig von der »Raubmord-G.m.b.H.«

---

* Er wurde im Januar 1934 in *Westfälische Landeszeitung – Rote Erde* umbenannt.

Der Dortmunder Kriminaldirektor Dornseiff führte Dienstag vormittag im Polizeipräsidium eine Pressebesprechung durch, und zwar unter etwas makabren Begleitumständen: Auf einem Tisch lag, säuberlich auf Watte ruhend, die zertrümmerte Schädeldecke der Frau Schur. Der Kriminaldirektor rühmte voller Stolz die Ermittlungsarbeiten seiner Beamten: *»Fieberhaft haben meine Beamten Tag und Nacht gearbeitet.«** Zugleich gab er die Namen der beiden in Gewahrsam befindlichen Täter preis. Er überraschte mit der Information, daß sie auch noch einen Komplizen hätten, nämlich den vorbestraften August Schulte. Dieser befinde sich zwar noch auf freiem Fuß, doch sei man sicher, ihn bald zu fassen. Dornseiff sparte zudem nicht mit einem Lob für die Tagespresse. Sie habe über die Morde schnell und in allen Einzelheiten berichtet, unterstützt von Lichtbildern der Opfer und der Täter samt genauer Personenbeschreibung. All dies habe letztendlich zur Aufklärung der Mordserie geführt.

Der Dortmunder Kriminalrat Buhl schilderte, wie die Ermittler vorgegangen seien: Zunächst einmal mußte der Personenkreis ausgeschlossen werden, der für die Morde nicht in Frage kam. Das waren nach Meinung der Beamten Heiratsschwindler und Sittlichkeitsverbrecher. Eher waren die Täter in Kreisen von Dieben und Einbrechern zu finden. Der typische Werdegang, so Kriminalrat Buhl, sei folgender: Zuerst Dieb, dann Einbrecher, dann Räuber, schließlich Raubmörder.

Die Kriminalkommissare Rehfeld aus Dortmund und Fehl aus Essen teilten darauf Einzelheiten zu den drei sogenannten »Dortmunder Verlockungsmorden« mit, wie man sie teils aus den Geständnissen Piepers und Scheers, teils aus der eigenen Ermittlungsarbeit gewonnen hatte.

Als erster brach der junge Pieper sein Schweigen. Er schilderte, wie er Ende Januar über einen Freund Schulte und Scheer kennengelernt hatte. Da er sich in höchster Geldnot befand, vertraute er sich ihnen an, ob sie nicht einen Weg wüßten, wie man leicht an Geld herankommen könne. Zunächst stand ihnen der Sinn nach Einbruch. Zu diesem Zweck fuhren sie am 7. Februar nach Lüdinghausen, um dort eine Gelegenheit auszukundschaften. Auf dem Rückweg kamen sie in Annen an dem Sägewerk vorbei. Als sie sich das Werk mit dem dazugehörigen Kontorgebäude aus

* *General-Anzeiger für Dortmund*, 22. Februar 1933. Das Blatt fügte hinzu: *»Mordtaten in einer Großstadt aufzuklären, ist natürlich nie leicht. Man kann sie nicht mit der Aufdeckung eines Förstermordes in einem ländlichen Kreise vergleichen.«*

einiger Entfernung ansahen, reifte in ihnen ein Plan. Pieper hatte eine Zeitlang als Chauffeur für das Dortmunder Restaurant »Biedermeier« gearbeitet und dabei die Bekanntschaft Narowskis gemacht, den er öfter nach Hause fuhr. Dabei fiel ihm auf, wie spendabel der Händler war. Demnach mußte er recht wohlhabend sein. Diesen könne man doch entführen und anschließend berauben!

Am 8. Februar rief Scheer den Holzgroßhändler in seiner Firma an, gab sich als Vertreter der Bauabteilung Unna der Vereinigten Stahlwerke aus und täuschte vor, er wolle ein großes Geschäft abschließen. Er würde ihn zu diesem Zweck abholen. Kaum war Narowski in das Auto gestiegen, fuhr es in hoher Geschwindigkeit davon. An der Stadtgrenze zwischen Witten-Annen und Dortmund, wo an einer vereinbarten Stelle bereits Schulte auf die drei wartete, täuschte Pieper, wie verabredet, einen Defekt an der Lichtmaschine vor und hielt an. Sofort sprang Schulte mit vorgehaltenem Revolver aus dem Gebüsch, und beide, er und Scheer, raubten dem Holzgroßhändler die 250 Mark, die er bei sich führte, sowie verschiedene Wertsachen. Während Pieper Narowskis Beine fesselte, band Scheer ihm die Füße zusammen. Das Opfer mußte sich darauf auf den Wagenboden legen.

Über Dortmund, Lünen und Bork fuhr man weiter nach Waltrop. Dort ging ihnen das Benzin aus. Während Pieper mit einem Kanister in der Hand zur nächsten Tankstelle ging, warteten die beiden anderen mit dem entführten Holzgroßhändler. Dieser wagte nicht, um Hilfe zu rufen, als mehrere Fußgänger an dem Fahrzeug vorübergingen, so groß war die Angst vor dem Revolver, den Scheer unentwegt auf ihn richtete.

Gegen 22 Uhr an diesem Abend fuhr man schließlich in das »Schöne Flöte« genannte kleine Waldstück unweit von Holzwickede und ging einen Hügel hinauf. Dort band man Narowski mit dem Gesicht zum Stamm und mit einem Knebel im Mund an einen Baum und ließ ihn von Scheer mit einem Revolver in der Hand bewachen. In der Zwischenzeit fuhren Pieper und Schulte in die Firma und öffneten mittels der geraubten Schlüssel den Kassenschrank. Sie entnahmen ihm Scheckhefte und Stempel und kehrten gegen fünf Uhr morgens zu den beiden anderen zurück. Sie lösten Narowski, der bereits seit sieben Stunden am Baum gestanden hatte, die Fesseln und zwangen ihn, zwei Schecks zu unterschreiben, einen über zweihundert Mark, den anderen über 250 Mark. Dann fesselten sie ihn wieder an den Baum.

Nun überlegten sich die Entführer, was mit dem Entführten geschehen solle. Der ursprüngliche Plan bestand darin, ihn allein im Wald zurückzulassen. Doch dann besann sich Schulte eines anderen: Er wollte »ganze Arbeit leisten«. Narowski war nun doch zu einem gefährlichen Zeugen geworden! Schulte und Scheer schlangen ihm einen Strick um den Hals und erdrosselten ihn ganz langsam und mit aller Kraft. Beide schleiften nun den Toten den Hügel hinunter, zunächst zu einer kleinen Mulde. Da diese ihnen aber nicht geeignet schien, schafften sie die Leiche zu einem ganz in der Nähe gelegenen alten Schacht, wo sie Narowski ablegten und mit Laub zudeckten. Pieper hatte indessen die ganze Zeit im Auto verbracht. Er habe sich geweigert, bei der Ermordung des Holzgroßhändlers zugegen zu sein, wie er immer wieder beteuerte.

Scheer suchte am Morgen die Sparkasse in Annen auf, um die Schecks einzulösen. Man sagte ihm dort aber, daß sie ohne Deckung seien. Und wie Pieper später vor Gericht aussagen sollte, hatte sich Scheer sogar vorgenommen, an der Beerdigung des Mordopfers teilzunehmen, um herausfinden, was die Leute so sagten und ob es schon einen bestimmten Verdacht gebe, wer die Täter seien. Noch am selben Tag fuhren Scheer und Schulte mit dem Zug nach Holzwickede zurück, einen neuerworbenen Spaten mit sich führend. Sie wollten das nur notdürftig versteckte Opfer nun im Wald begraben. Als sie aber im Ort bereits ein Auto mit Wittener Kennzeichen und mit einem großen Koffer bemerkten, nahmen sie an, die Kriminalpolizei sei schon da, ihnen also bereits auf die Spur gekommen. Daher warfen sie den Spaten in die Büsche und fuhren unverrichteterdinge nach Dortmund zurück.

Auch die Ermordung der Witwe Schur aus Hagen-Haspe lief nach einem wohldurchdachten Plan ab. Scheer nahm über Heiratsinserate Kontakt zu der einsamen Frau auf und besuchte sie mehrmals in ihrer Wohnung in Haspe. Am 4. April holte er sie von dort ab und fuhr mit ihr mit dem Zug bis zum Bahnhof Wittbräucke bei Herdecke. Sie wanderten nun bis zum Höchsten, einer die südlichen Vororte Dortmunds überblickenden Anhöhe*. Von dort lockte er sie unter dem Vorwand, den Spaziergang noch ausweiten zu wollen, in das wenige Kilometer entfernte Rombergholz.

Dort trat ihnen plötzlich Schulte mit einem Revolver in der Hand und einen Raubüberfall auf beide vortäuschend in den Weg, zwang die

* Heute eine bevorzugte Wohngegend Dortmunds.

Die Verhaftung Schultes

Die Fahndung nach Schulte war bald von Erfolg gekrönt.

Gronau, eine westfälische Kleinstadt an der niederländischen Grenze; auf der anderen Seite liegt bereits die holländische Stadt Enschede. Am Dienstag, dem 21. Februar, betrat am späten Nachmittag ein Mann ein Fahrradgeschäft. Seine Laterne am Fahrrad leuchte nicht, sagte er. Während der Händler sie reparierte, entwickelte sich zwischen beiden ein Gespräch. Der Unbekannte wollte wissen, wie man Verbindung zu Schmugglern aufnehmen könne, er sei nämlich Großabnehmer für Schmuggelkaffee, Absatzgebiete habe er schon. Der Händler schöpfte sogleich Verdacht, er könne einen Beamten der Zollbehörde vor sich haben, der ihn nur ausfragen wolle. Doch beruhigte ihn der Unbekannte: das sei er nun wirklich nicht. Allerdings müsse er unbedingt über die Grenze nach Holland, ja er bot ihm einen hohen Geldbetrag, damit er ihm erstens andere Kleidung beschaffen und zweitens zur Grenze bringen würde.

Der Fahrradmechaniker willigte ein, ihn zur Grenze zu führen. Beide machten sich auf den Weg. Der Unbekannte beschwerte sich aber schon bald darüber, daß sie einen Hauptweg benutzten, sie sollten doch lieber Feldwege einschlagen, er wünsche, über die »grüne Grenze« gebracht zu werden, weil er wegen Fahrraddiebstählen gesucht werde. Außerdem wolle er in Enschede in eine Fabrik einbrechen und Blankoschecks stehlen. Seinem Wegführer wurde nun mulmig zumute, entschieden lehnte er ab, man begann zu streiten. Schließlich vertraute der Fahrradhändler den ihm nun unheimlich gewordenen Mann zwei Bekannten an, die möglicherweise bereit wären, eine Schleichroute zu benutzen. Der Unbekannte suchte nun mit den beiden ein unweit von Gronau am Wegesrand liegendes Wirtshaus auf, um dort die weiteren Schritte zu besprechen Dort konsumierte der Mann mehrere Glas Wein und begann schon bald einen heftigen Streit mit seinen Begleitern. Er drohte damit, ihnen mit der Weinflasche die Schädel einzuschlagen, sollten sie ihn an die Polizei verraten, er habe nämlich etwas ausgefressen ...

Es war stockfinster, als die drei Männer zur Grenze aufbrachen. Immer wieder sagte der Unbekannte, er müsse noch in dieser Nacht unbedingt in die Niederlande. Doch inzwischen war es so dunkel, daß auch die ortskundigen Wegbegleiter zur Umkehr rieten. Der Mann willigte ein und fragte, wo er absteigen könne. Er wolle bis zum nächsten Abend ruhen und dann erneut den Übertritt über die Grenze wagen. Daraufhin brachten ihn die Männer zur Neuen Siedlung in Gronau, wo er in der Wohnung eines mit ihnen befreundeten Bahnarbeiters ein Nachtquartier fand. Mit diesem zechte der Unbekannte bis in den frühen Morgen hinein.

Als der Fahrradmechaniker am nächsten Morgen den Bericht in einer Dortmunder Zeitung las und zugleich die Lichtbilder der Verdächtigen erblickte, wurde ihm auf einmal klar, mit wem er am Abend zuvor unterwegs gewesen war. Er erzählte einem Zollbeamten von seinem nächtlichen Erlebnis. Dieser setzte den Kriminalassistenten Wendlin von der Grenzdienststelle in Gronau in Kenntnis und gab eine vage Beschreibung des Unbekannten ab. Der Beamte stutzte, hatte er doch das Fahndungsplakat aus Dortmund vor Augen. Nein, es bestand kaum ein Zweifel, da könne es sich tatsächlich um den gesuchten August Schulte handeln!

Am Nachmittag näherte sich Wendlin in Begleitung von zwei Polizisten und vier Zollbeamten unauffällig dem Haus, in dem der Unbekannte genächtigt hatte. Sie umstellten es, dann drang Wendlin mit zwei Beamten in die Wohnung ein. Dort saß, noch etwas benommen von seinem Zechgelage, der Gesuchte. Er leistete keinen Widerstand. Nach seinem Namen gefragt, sagte er den keineswegs überraschten Beamten auf den Kopf zu: *»Ich bin Schulte.«* In seiner Tasche fanden sich noch 2,56 Mark. Man wußte aus dem Fahndungsbericht, daß Schulte am Oberschenkel zwei aus dem Krieg stammende Narben besaß. Ein kurzer Blick auf das Körperteil überzeugte die Beamten, daß sie tatsächlich den berüchtigten

Der »Hinrichter« August Schulte wurde nahe der niederländischen Grenze gefaßt. Foto: General-Anzeiger für Dortmund, *22. Februar 1933*

»Hinrichter«, nach dem überall fieberhaft gefahndet wurde, vor sich hatten! Gegen 16 Uhr wurde er festgenommen. Als man ihn fragte, ob er wisse, warum man ihn festnehme, spielte er frech den Ahnungslosen: das sei wohl wegen Fahrraddiebstahls oder Zigarettenschmuggels!

August Schulte wurde zunächst auf die Polizeiwache im Gronauer Rathaus gebracht. Innerhalb weniger Minuten verbreitete sich die Nachricht von der Festnahme des gefürchteten Mörders wie ein Lauffeuer in der Stadt. Eine große Menschenmenge fand sich vor dem Rathaus ein, jeder wollte den »Hinrichter« sehen.

Wie groß die freudige Erregung bei den Ermittlern war, als wenig später ein Telefonanruf im Polizeipräsidium in Dortmund einging, läßt sich nur erahnen. Für Schulte dagegen, der sich so dicht an der rettenden niederländischen Grenze bereits sicher fühlte, war das Spiel aus.

Die Dortmunder Mordkommission schickte ein Auto mit Kriminalkommissar Rehfeld und weiteren Beamten nach Gronau, um den Festgenommenen abzuholen. Kaum war der Schwergefesselte im Dortmunder Polizeipräsidium* an der Steinstraße abgeliefert worden, es war bereits 22.30 Uhr, unterzog man Schulte einem eingehenden Verhör, bei dem Kriminaldirektor Dornseiff und die anderen an der Ermittlung beteiligten Kriminalkommissare teilnahmen. Stundenlang leugnete er, sogar als er mit den Geständnissen seiner beiden Komplizen konfrontiert wurde. Entrüstet wies er jede Tatbeteiligung von sich, die Angaben der beiden anderen seien ein Racheakt gegen ihn!

Als die Nacht zu Ende ging, war man genauso weit wie am Abend zuvor: Schulte wich allen Fragen aus oder schwieg einfach. Auch am Donnerstag stritt er jede Verantwortung für die Morde ab, so daß die Ermittler allmählich ungeduldig wurden. Doch von einer Gegenüberstellung mit den beiden Komplizen sah man zunächst ab. An jenem Donnerstag wurde übrigens die von ihm ermordete Kontoristin Schneider bestattet.

Am Sonnabend, dem 25. Februar, stellte man Schulte zunächst seinem Komplizen Scheer, dann auch Pieper gegenüber. Er zeigte sich völlig unbeeindruckt und stritt jede Beteiligung ab. Immer wieder beteuerte er, er sei das Opfer eines Racheaktes der beiden wahren Mörder, nämlich

---

* Auch als »Steinwache« bekannt. Heute ist es eine Gedenkstätte für die Opfer der nationalsozialistischen Herrschaft, da im Polizeipräsidium ein Gestapogefängnis untergebracht war.

Übergabe des verhafteten August Schulte (links) in Gronau an die Dortmunder Mordkommission. Foto: General-Anzeiger für Dortmund, *25. Februar 1933*

Scheer und Pieper! Für die Beamten aber waren die kriminalpolizeilichen Ermittlungen abgeschlossen, sie verfügten über genügend Beweise gegen Schulte. Gegen alle drei erließ die Staatsanwaltschaft nun Haftbefehl, und sie wurden dem Untersuchungsrichter übergeben. Am selben Tag begleitete Scheer schwergefesselt die Beamten der Mordkommission zum Gut Reichsmark im tiefverschneiten Rombergholz, auf dem seinerzeit die ermordete Frau Schur gefunden worden war. Scheer hatte angegeben, daß Schulte das Mordbeil in einen ganz in der Nähe fließenden Bach geworfen habe. Auf einer Länge von mehreren Kilometern wurde nun das teils vereiste flache Bachbett abgesucht, doch gelang es nicht, die Mordwaffe aufzuspüren. Möglicherweise hatte jemand sie gefunden und mitgenommen.

Mitte März – gerade zwei Wochen waren seit dem berüchtigten Reichstagsbrand vergangen und im Deutschen Reich setzte nun eine beispiellose Kommunistenverfolgung ein – wurde gegen die drei Täter die gerichtliche Voruntersuchung eröffnet, und zwar in zwei getrennten Verfahren: wegen

Raubmordes an Narowski gegen alle drei und wegen Raubmordes an den beiden Frauen gegen Scheer und Schulte. Längst waren sie in das Dortmunder Gerichtsgefängnis überführt worden. Tagelang wurden sie vom Untersuchungsrichter, Landgerichtsrat Rosellen, vernommen. Obwohl sich Schulte geweigert hatte, bei den Vernehmungen durch die Kriminalpolizei zu antworten, denn er wolle erst dem Untersuchungsrichter Rede und Antwort stehen, wich er auch jetzt allen Fragen aus, gestand nur einige unbedeutende Diebstähle ein. Für Rosellen war jedoch klar: Die Indizien gegen den »Hinrichter« sowie die schweren Belastungen durch seine Komplizen, vor allem durch Scheer, waren derart schwerwiegend, daß sie zu einer Verurteilung ausreichten. Doch trotz gemeinsamer Ermittlungsarbeiten der westfälischen und der Berliner Kriminalbeamten konnte kein Beweis erbracht werden, daß Schulte und Scheer mit den Berliner Raubmorden in Verbindung standen.

Die Kriminalpolizei ging alle Vermißtenlisten in Dortmund und der näheren Umgebung durch. Sie erhoffte sich Aufschluß darüber, ob das Raubmordtrio vielleicht noch weitere Morde an Frauen begangen haben konnte. Doch konnte man ihm andere Morde nicht nachweisen.

Das gesamte rheinisch-westfälische Industriegebiet fieberte dem Mordprozeß des Jahres entgegen. Auch in anderen Teilen des Reiches hatte die Mordserie großes Aufsehen, vor allem aber tiefe Abscheu erregt. Die Justiz rechnete mit einer Verhandlungsdauer von vier Tagen.

Der Prozeß in Dortmund

Schon am frühen Morgen dieses 16. Januar 1934, einem Dienstag, bildeten sich lange Menschenschlangen vor dem Dortmunder Landgerichtsgebäude* in der Hamburger Straße. Das Interesse gerade an diesem Prozeß war erheblich, doch gelang es vielen nicht, Einlaß zu erhalten, denn der Zuhörersaal umfaßte nur fünfzig Plätze. So stauten sich zahlreiche Neugierige vor dem Aufgang zum Gerichtssaal. Sie wollten nicht den Schlußakt des Dramas verpassen, der wochenlang ganz Westfalen und das Rheinland in Atem hielt. Und die Blicke derjenigen, die auf den Bänken im Zuhörersaal Platz fanden, müssen unweigerlich auf den

* Es wurde zwischen 1880 und 1885 als dreigeschossiger Ziegelbau errichtet und erhielt 1910 einen Erweiterungsbau.

Zeugentisch gefallen sein. Auf ihm waren die stummen Zeugen der fürchterlichen Morde ausgebreitet: der Schädel der erschlagenen Frau Schur, der Spaten, mit dem das Mordopfer Narowski verscharrt werden sollte, bevor man ihn entdeckte, daneben ein kleiner Koffer, der dem Mordopfer Schneider gehörte, und verschiedene andere Utensilien.

Um 9.15 Uhr brachten Justizwachtmeister die drei Angeklagten aus dem Untersuchungsgefängnis ins Gerichtsgebäude. Als sie in den Verhandlungssaal geführt wurden, nahm man ihnen die Handfesseln ab, ermahnte sie eindringlich, sich ordentlich zu verhalten, andernfalls sie wieder gefesselt würden. Dann wies man ihnen ihre Plätze auf der Anklagebank zu, wo ein jeder von Polizeiwachtmeistern flankiert wurde. Schultes Blick fiel auf den Totenschädel, es schien, als betrachtete er ihn mit größtem Interesse.

Die drei Angeklagten Schulte, Pieper und Scheer.
Foto: General-Anzeiger für Dortmund, *20. Januar 1933*

Landgerichtsdirektor Klug, der den Vorsitz führte und von den Landgerichtsräten von Tegelen und Wichtmann als Beisitzer unterstützt wurde, ließ zunächst die Geschworenen vereidigen, bevor er zur Verlesung der Anklageschrift schritt, die gegen Schulte und Scheer auf Raubmord in drei Fällen, Raub im strafverschärfenden Rückfall und auf mehrere Waffendelikte lautete, gegen Pieper dagegen wegen Beteiligung am Raubmord an dem Holzhändler Narowski. Im Anschluß stellte er die Personalien der Angeklagten fest.

Als erster wurde der ledige Eberhard Pieper befragt, der in Holzwickede geboren und wegen kleiner Eigentumsdelikte vorbestraft war. Nach mehreren abgebrochenen Lehren ließ er sich zum Kraftfahrer ausbilden und fuhr längere Zeit als Chauffeur für einen Dortmunder Arzt und einen Gaststättenbesitzer.

Der aus dem ostpreußischen Bischofsburg stammende ledige Handlungsgehilfe August Scheer dagegen konnte bereits ein beachtliches Strafregister aufweisen. So verbüßte er wegen eines zusammen mit August Schulte verübten schweren Raubes eine sechsjährige Zuchthausstrafe. Eine kurze Zeit war er Inhaber einer Speditionsfirma und verkaufte anschließend als Straßenhändler Gemüse, bis er erwerbslos wurde.

Der Hauptangeklagte August Schulte, ein verheirateter Gelegenheitsarbeiter mit zwei Kindern, war ebenfalls erheblich vorbestraft, unter anderem wegen des mit Scheer begangenen Raubes. Eine Ausbildung hatte er nicht genossen, war aber eine Zeitlang als Kutscher tätig.

Pieper wiederholte überwiegend das, was er schon den Ermittlungsbeamten gegenüber angegeben hatte. Immer wieder beteuerte er, er habe von der geplanten Ermordung des Holzhändlers anfangs nichts gewußt. Erst als er an jenem Freitag morgen in der Zeitung von dem rätselhaften Verschwinden Narowskis las, wollte er von Schulte erfahren habe, daß er und Scheer den Händler hätten verschwinden lassen. Alle drei fuhren daraufhin mit der Eisenbahn nach Holzwickede, weil sie befürchteten, die im Schacht liegende Leiche des Holzhändlers könne bald entdeckt werden. Schulte hatte einen Spaten mitgenommen, mit dem die drei Narowski an einer anderen Stelle im Wald verscharren wollten. Doch als sie auf dem Markplatz ein Auto mit einem großen Koffer erblickten, meinte Schulte, das könne nur die Mordkommission sein, die bereits Ermittlungen im Dorf anstellten. Also kehrte man nach Dortmund zurück. Schulte sei äußerst wütend auf den Gärtner gewesen, weil er sie verraten habe. *»Der Alte wird kein halbes Jahr mehr leben«,* soll er gesagt haben. Man würde ihm noch das Haus anzünden!

Pieper gab nun vor Gericht an, er sei von Schulte gewarnt worden, ja nichts auszuplaudern, andernfalls auch ihm etwas zustoßen würde. Die Nacht von Sonntag auf Montag, so Pieper, habe er bei Schulte verbracht. Mit ihm sei er am nächsten Tag nach Huckarde gegangen, wo der »Hinrichter« auf den Dorstfelder Sportplatz gezeigt und gesagt habe: *»Dort oben liegt die Emma Schneider.«* Am selben Tag hätten Schulte und Scheer zum erstenmal ganz offen über die drei Morde gesprochen. Schulte habe sich beschwert, daß Narowski ein »ganz Zäher« gewesen sei, der *»einfach nicht kaputtgehen«* wollte, weil Scheer ihn nicht richtig festgehalten habe ... Als Pieper Schulte fragte, ob der Holzhändler sich denn nicht gewehrt habe, soll er geantwortet haben: *»Was soll der groß gemacht haben? Ich habe ihm ein Taschentuch in den Mund gesteckt und eine Schnur um den Hals gelegt.«* Nicht nur das, Pieper gegenüber habe er sich auch damit gebrüstet, das Ende der Drosselschnur gehalten zu haben, weil Narowski solch ein kräftiger Mann gewesen sei und einer allein die Tat nicht hätte bewerkstelligen können.

Im Gegensatz zu seinen protokollierten Geständnissen gegenüber der Mordkommission stellte Scheer alles in Abrede. Weder sei er bei der Ermordung des Narowski zugegen gewesen noch bei der von Frau Schneider und Frau Schur. Als der Vorsitzende ihm entgegenhielt, er selbst habe ja die Polizei zu der Stelle geführt, wo die ermordete Frau Schneider lag, zeigte er sich wenig beeindruckt. Die Geständnisse habe er unter Posthypnose angelegt, auch habe er an sämtliche Ereignisse nach dem 9. Februar das Erinnerungsvermögen verloren! Vielmehr belastete er den Mitangeklagten Pieper schwer. Er sei es gewesen, der die drei Morde geplant habe.

Als der Angeklagte Schulte aufgefordert wurde, sich zu den Morden zu äußern, stand er langsam auf und sagte er nur: *»Ich habe mit der ganzen Sache nichts zu tun und weiß von nichts.«** Der Vorsitzende hielt ihm zwar die Geständnisse Scheers entgegen, wonach dieser ihm lediglich die Opfer zugeführt habe, Schulte aber die Morde bewerkstelligt hätte, doch leugnete der Angeklagte beharrlich weiter.

Zum Abschluß des ersten Verhandlungstages erstatteten medizinische Sachverständige Bericht. Im August und September 1933 seien Schulte und Scheer in der Heilsanstalt Eickelborn auf ihren Geisteszustand untersucht worden. Anzeichen einer geistigen Störung seien jedoch nicht festgestellt worden. Somit seien beide für ihre Taten voll verantwortlich.

Als der Dortmunder Stadtarzt Dr. Olivier am präparierten Schädel der ermordeten Frau Schur demonstrierte, wie furchtbar die Beilhiebe Schultes gewesen sein mußten, ging ein Raunen durch den Gerichtssaal. Der Schädel sei vollständig zertrümmert worden, und zwar durch mehrere wuchtige Schläge mit der Rückseite des Beiles. Die beiden Hauptangeklagten beeindruckte die Schilderung allerdings wenig. Medizinalassessor

* *General-Anzeiger für Dortmund*, 17. Januar 1934.

Dr. Meyer war seinerzeit die Obduktion des Händlers Narowski und der Frau Schneider übertragen worden. Er erklärte dem Gericht, daß in beiden Fällen der Tod mit Sicherheit durch eine mit großer Brutalität durchgeführte Erdrosselung eingetreten war.

Die Verhandlung wurde dann bis zum nächsten Morgen ausgesetzt, an dem die Beweisaufnahme beginnen sollte.

Am folgenden Mittwoch morgen war der Gerichtssaal erneut brechend voll. Die ersten Stunden waren zunächst weiteren Sachverständigen vorbehalten. Unter ihnen befand sich ein Schriftexperte, der die an die Opfer Schneider und Schur gerichteten Lockschreiben eindeutig dem Angeklagten Scheer zuordnen konnte. In den übrigen Stunden dieser Sitzung widmete sich das Gericht den vielen Zeugen, darunter auch jenen, die Narowski als letzte gesehen hatten, sowie die zwei Männer, die schließlich seine Leiche fanden. Der Bergmann Beckmann sagte aus, er habe, nachdem er seinen Bekannten Wiebecke weggeschickt hatte, um die Polizei zu benachrichtigen, bei dem Toten Wache gehalten. Dabei habe er ganz in der Nähe, so etwa dreißig Meter entfernt, zwei Männer gesehen, die um die Stelle herumschlichen. Ihm sei sofort unheimlich geworden, ja, er habe plötzlich Angst um sein Leben verspürt. Unentwegt hätten die beiden Gestalten ihn beobachtet, so daß er schließlich zur Hauptstraße gelaufen sei. Da seien ihm auch schon Wiebecke, der ebenfalls benachrichtigte Gärtner Bockolt und drei weitere Männer entgegengekommen und hätten die baldige Ankunft der Polizei angekündigt. Zu sechst habe man nun die Verfolgung der zwei verdächtigen Gestalten aufgenommen. Allerdings waren sie schon verschwunden. Der Zeuge Beckmann war sich sicher, daß die beiden nun im Gerichtssaal sitzenden Angeklagten Scheer und Schulte große Ähnlichkeit mit jenen Gestalten aufwiesen.

Nach nur zweistündiger Dauer wurde die Mittwochverhandlung auf Donnerstag vertagt. Der Dortmunder *General-Anzeiger* konnte es sich in seiner Ausgabe vom 19. Januar nicht verkneifen, den Prozeß als *»schauerliches Dokument bestialischer Roheit des Untermenschentums«* zu bezeichnen.

Am nächsten Tag setzte das Gericht die Zeugenvernehmung in der Mordsache Narowski fort. So wurden Beamte der Mordkommission befragt. Unter anderem gab die Frau des Angeklagten Scheer an, ihr Mann habe ihr einmal ein kleines Damenköfferchen mitgebracht. Dieses habe zuvor der ermordeten Frau Schur gehört, wie sich später herausstellte. Andere Gegenstände, die Frau Scheer erhalten hatte, waren zuvor der Kontoristin Schneider geraubt worden.

Auch eine Frau Kinhold wurde befragt, deren Ehemann ein Bekannter des Hauptangeklagten Schulte war. Als Scheers Bild in allen Zeitungen erschien, hätten er und Schulte, so deren späteres Geständnis, beschlossen, den Scheer verblüffend ähnlichen sehenden Kinhold zu entführen, von ihm ein schriftliches Schuldbekenntnis als Mörder zu erpressen und ihn dann auf eine Art und Weise zu erschießen, daß die Polizei nur an Selbstmord glauben könne. Damit, so meinten die Täter, könne man erfolgreich von Scheer ablenken. Tatsächlich ließ sich Kinhold eines Tages in ein Waldstück bei Kemminghausen locken, doch scheiterte das Vorhaben, da Schulte nicht rechtzeitig zur Stelle war und Kinhold sich rasch entfernte, da ihm unheimlich wurde.

Am Freitag vormittag begann der vierte Verhandlungstag, und er sollte eine überraschende Wendung bringen. Wie der *General-Anzeiger* am nächsten Morgen berichtete, könne es sich bei den drei Angeklagten um ein *»Mörderkonsortium handeln, das an Chicagoer Verbrecher-Verhältnisse erinnert«* – sofern sich die Angaben des Angeklagten Pieper bewahrheiteten. Als nämlich der Zeuge August Kinhold seine Beziehungen zu den drei Verbrechern sowie den auf ihn geplanten Mordanschlag schilderte, begannen auf einmal Scheer und Schulte, sich lautstark zu beschimpfen. Dem »Hinrichter« mißfiel, daß Scheer ihn stets als den alleinigen Mörder bezeichnete, während er ihm nur die Opfer »zugeführt« haben wollte.

Da sprang August Schulte auf und rief in den Gerichtssaal: *»Ich werde gleich ein Geständnis ablegen, durch das alles klargestellt wird. Ich kann aber nur sprechen, wenn man mich nicht stört. Es handelt sich nicht um drei, sondern vielleicht um 50 Kapitalverbrechen. Dabei muß ich aber weit ausholen, weil sehr viel dazu erörtert werden muß.«**

Das erstaunte Gericht ließ ihn zu Wort kommen. Mit wachsender Verwunderung folgte es den Ausführungen Schultes, als dieser nicht nur zahlreiche unaufgeklärte Tankstelleneinbrüche in vielen Städten Westfalens gestand, sondern vor allem mehrere bislang unaufgeklärte Morde schilderte. Dazu nannte er neben denen der beiden Mitangeklagten auch

* *General-Anzeiger für Dortmund*, 20. Januar 1934.

die Namen drei weiterer Männer, die sich an den Morden beteiligt hatten. Er wandte sich dann an den neben ihm sitzenden Scheer und beschuldigte ihn, weitere Morde begangen zu haben. Zum Vorsitzenden gewandt, sagte er: *»Den Mord an der Witwe Schur hat Scheer mit zwei anderen Tätern gemacht. Jetzt versucht er ihn auf andere abzuschieben. Die Emma Schneider ist ja gar nicht auf dem Sportplatz erledigt worden, sondern in einer Wohnung. Ihre Leiche ist erst zu der Begräbnisstelle hingeschleppt worden. Die Schneider war eine anständige Frau, sie würde im Dunkeln niemals mit einem Fremden auf ein Feld gegangen sein.«** Er, Schulte, sei bei keinem einzigen Mord dabei gewesen.

Auch den Mord an Narowski soll Scheer gemeinsam mit Pieper begangen haben. Dieser sei nicht im Wäldchen von Holzwickede erdrosselt worden, sondern bereits eine Stunde nach seiner Entführung, und zwar auf der Landstraße im Auto. Mit der Leiche sei man auf der Suche nach einer geeigneten Begräbnisstelle drei Stunden lang herumgefahren. Er jedenfalls sei nicht zugegen gewesen. Erst nach Mitternacht habe Scheer ihn abgeholt und ihn dazu überredet, vom Sägewerk die Stempel zu holen. Dies sei seine einzige Beteiligung an der Mordsache. Empört rief er seinem Komplizen zu: *»Du bist der größte Mörder, den es gibt.«*

Darauf rief Pieper laut in den Saal, dabei auf Schulte deutend: *»Du willst die Sache ja nur hinausziehen, du hast nur Angst vors Messer!«*** Kaltblütig antwortete ihm der »Hinrichter«: *»Das kommt nicht in Frage. Man mag den Anstaltsgeistlichen holen, mit dem ich gestern abend gesprochen habe, der wird bestätigen, daß das nicht der Fall ist.«* Der Vorsitzende wandte nun ein, daß es sich hier um ein Beichtgeheimnis handele, man also die Wahrheit nicht erfahren könne.

Hierauf setzte man die Vernehmung der Zeugen in der Sache Narowski fort, ehe man sich dem Mord an Frau Schur zuwandte. Sämtliche Zeugen trugen dazu bei, das Netz über die drei Angeklagten, vor allem über Schulte und Scheer, immer enger zu spannen. Und als ein medizinischer Sachverständiger am Schädel der Frau Schur demonstrierte, wie brutal auf ihn eingeschlagen wurde, folgte Schulte gebannt seinen Ausführungen, ja er konnte den Blick nicht von dem grauenhaften Beweismittel nehmen.

---

* A.a.O.

** A.a.O.

Auch am darauffolgenden Sonnabend wurde verhandelt, wie es in den dreißiger Jahren, vor allem bei großen Prozessen, durchaus nicht unüblich war. Der Tag war, wie schon diejenigen zuvor, der Vernehmung von Zeugen gewidmet. Doch zunächst kam es zu einem weiteren Zwischenfall. Schultes Verteidiger erhob sich und teilte mit, sein Mandant sei verhandlungsunfähig, denn er habe in der vorausgegangenen Nacht eine in Stücke zerbrochene Rasierklinge verschluckt. Da erhob der Anstaltarzt Einspruch: Eine Untersuchung des Angeklagten vor Prozeßbeginn habe nichts derartiges ergeben, er simuliere nur. Vorsichtshalber war Schulte an den Händen gefesselt und saß nun völlig apathisch und mit leidender Miene auf der Anklagebank.

Nach der Vernehmung einiger an den Vernehmungen beteiligter Kriminalbeamter sowie des früheren Dortmunder Untersuchungsrichters wurde die Beweisaufnahme im Falle Schur geschlossen und man ging zum dritten Mord, dem an der Herforder Kontoristin Schneider, über. Hierzu waren zahlreiche Frauen als Zeuginnen aufgeboten worden, die mit dem Angeklagten Scheer Kontakt aufgenommen hatten, als dieser ihnen eine Arbeitsstelle in Aussicht stellte. Diejenigen, die tatsächlich auf Scheers Angebot eingingen, doch umständehalber seinen Fängen entronnen, konnten sich glücklich schätzen, nicht das Schicksal von Emma Schneider und Martha Schur geteilt zu haben.

Doch auch an Dramatik mangelte es in der Nachmittagssitzung nicht. Als der als Zeuge geladene betagte Vater des Angeklagten Schulte den Gerichtssaal betrat und seinen als mehrfachen Mörder angeklagten Sohn erblickte, schluchzte er laut um und kämpfte mit den Tränen, während er seine Aussage abgab. Schulte indessen hielt seinen Kopf tief hinter der Wand der Anklagebank versteckt, um seinen Vater nicht ansehen zu müssen. Kaum hatte Schulte senior geendet, erhob sich Scheer, ein Blatt Papier in der Hand, und teilte mit, er wolle nun endlich ein wahres Geständnis ablegen. Er habe natürlich nichts mit den drei Morden zu tun, sondern nur auf Drängen Schultes alle Schuld auf sich genommen. Seine Beteiligung an der Ermordung der beiden Frauen habe nur darin bestanden, daß er sie durch fingierte Briefe nach Dortmund lockte. Alles andere habe Schulte erledigt. Da hielt ihm der Vorsitzende entgegen, der Aussage des Mitangeklagten Pieper zufolge habe Scheer ihm in zynischer Weise nach der Ermordung der Kontoristin erklärt, sie hätte sich zur »Spitzentänzerin« geeignet, weil sie sich so seltsam hochgereckt habe, als ihr die Schlinge um den Hals zugezogen wurde.

Mit der Bemerkung des Vorsitzenden, daß sich das Gericht durch dieses »Geständnis« nicht zum Narren halten lassen wolle, wurde die Beweisaufnahme in der Sache Schneider am Nachmittag geschlossen, und die Verhandlung wurde auf Montag vertagt.

Montag vormittag begann der Schlußakt des fast einwöchigen Dramas. Da an diesem sechsten Verhandlungstag die Plädoyers gehalten werden sollten und die Urteilsfällung vorgesehen war, war der Zuschauerandrang besonders groß. Etwa tausend Köpfe soll die Menge nach Schätzungen einer Zeitung gezählt haben. Und der *General-Anzeiger* sollte sich in seiner Dienstagausgabe darüber mokieren, daß sich viele geschäftstüchtige Arbeitslose schon in der Nacht vor dem Portal des Landgerichts in der Hamburger Straße anstellten und sich ihren Platz von später eintreffenden Sensationsgierigen für einen gewissen Geldbetrag, man sprach von bis zu fünfzehn Mark, abkaufen ließen. Das Blatt plädierte dafür, in Zukunft Eintrittskarten auszugeben. Sogar nach Beginn der Verhandlung standen noch viele Menschen auf dem Gehweg vor dem Landgerichtsgebäude und unterhielten sich lebhaft. Auch auf der Fahrbahn selbst drängte sich eine sensationslüsterne Menge; die Polizei mußte energisch einschreiten und die Straße für den fließenden Morgenverkehr freihalten.

Kurz nach neun Uhr wurden die drei Angeklagten wie jeden Morgen gefesselt und in blauer Anstaltskleidung vom Untersuchungsgefängnis in den Schwurgerichtssal gebracht. Die vielen Prozeßtage hatten ihre Spuren hinterlassen: Die Männer sahen grau und sehr mitgenommen aus, sie waren nur noch ein Schatten ihrer selbst. Am schlimmsten sah Scheer aus, der zu Beginn der Verhandlungen noch zynisch mitgeteilt hatte, er sei in der Haft dick geworden!

Es kam die Stunde des Anklagevertreters, Staatsanwaltschaftsrat Dr. Sperling. Er betonte, daß *»die drei Opfer aus schnöder Gewinnsucht in den Hinterhalt gelockt und grausam hingeschlachtet«* wurden. *»Nicht nur die Angehörigen der unmittelbar Betroffenen, sondern das ganze Land fordert eine Sühne dieser grausamen Mordtaten, die nur eindeutig sein kann.«**

* *General-Anzeiger für Dortmund*, 23. Januar 1934.

Er hob insbesondere den Mord an dem Holzhändler Narowski hervor, der viel Leid über die Familie, ja über den gesamten Stadtteil gebracht habe. Er sei überzeugt, daß das anfängliche Geständnis Scheers auf Wahrheit beruhe, weil sie bei der Nachprüfung in vollem Umfang bestätigt worden seien. Die Beweisaufnahme habe alle Morde restlos geklärt. Hiermit sei bewiesen, daß Schulte und Scheer die drei Morde gemeinsam begangen hätten. Er sei überzeugt, daß bei der Ermordung von Narowski und Frau Schneider der Angeklagte Scheer tatkräftige Mithilfe geleistet hatte, die Tat Schulte also nicht allein begangen habe. Im Falle der Frau Schur habe Scheer ebenfalls vorbereitend mitgewirkt.

Auch an Pieper ließ er kein gutes Haar. Obgleich er bei den Morden nicht zugegen war, habe er zumindest den Tod des Holzhändlers gewollt. Pieper sei ebenso wie die beiden Komplizen eine »ausgesprochene Verbrechernatur«, wie sein umfangreiches Strafregister ausweise.

Zum Abschluß seines von allen Beteiligten mit größter Spannung verfolgten Plädoyers beantragte Sperling, Scheer und Schulte seien wegen Mordes in drei Fällen in Tateinheit mit schwerem Raub zu verurteilen, Pieper dagegen wegen Mordes in einem Falle in Tateinheit mit schwerem Raub. Gegen alle drei forderte er die Verhängung der Todesstrafe sowie die Aberkennung der bürgerlichen Ehrenrechte auf Lebenszeit.

Die drei Verteidiger, einer für jeden Angeklagten, bemühten sich redlich, ihre Mandanten vor der ihnen drohenden Enthauptung zu bewahren. Rechtsanwalt Dr. Kaeßmann war überzeugt, daß sein Mandant Pieper erst von den scheußlichen Morden erfahren habe, als Scheer und Schulte ihm davon erzählten. Er, der Vorbestrafte, sei in eine überaus schlechte Gesellschaft geraten. Ja, er habe nicht einmal an der Fesselung des männlichen Opfers teilgenommen, sondern nach Aussage seiner Komplizen sich abseits aufgehalten. Er könne daher aufgrund des § 258 wegen schwerer Begünstigung nur mit Zuchthaus bestraft werden. Denn sobald die Schuld des Angeklagten nicht einwandfrei feststehe, gelte der Grundsatz: in dubio pro reo*.

Zu einem besonders langen Plädoyer setzte Rechtsanwalt Krapp an. Es seien keine Tatzeugen vorhanden, das Gericht sei einzig auf die Einlassungen der Angeklagten angewiesen, und diese seien nun mal nicht in allen Punkten glaubwürdig. Alle drei hätten sich immer wieder gegen-

* Im Zweifelsfall für den Angeklagten.

seitig belastet. Dennoch schloß er seine Ausführungen zur Entlastung seines Mandanten Scheer mit dem Satz: *»Ich wünsche aber die gerechte Strafe für die schauerlichen Verbrechen.«**

Als letzter erhob sich Schultes Strafverteidiger Gierlich. Er griff die beiden anderen scharf an, denn ihre gegen seinen Mandanten gerichteten Behauptungen seien äußerst unglaubwürdig. Im Falle der beiden weiblichen Opfer sei es auch denkbar, daß Scheer, der ja bekanntlich seine Opfer, auch die überlebenden, mit fingierten Schreiben an sich gelockt habe, auch die Ermordung von Emma Schneider und Martha Schur hätte durchführen können. Es sei schon eigenartig, daß Scheer alles andere, nur nicht die Morde, zugegeben habe.

Der Vorsitzende erteilte daraufhin das letzte Wort den Angeklagten.

Pieper stand auf und sagte: *»Ich betone nochmals, daß ich von der beabsichtigten Ermordung des Holzhändlers Narowski nichts gewußt habe.«*

Auch Scheer war sich keiner Schuld an den Morden bewußt: *»Was ich zu Protokoll gegeben habe, beruht auf Wahrheit. Ich habe mit den Morden nichts zu tun, die hat Schulte ausgeführt. Mein Gewissen ist sauber und rein!«*

Schulte wandte sich als letzter an das Gericht und beteuerte: *»Ich habe niemals etwas mit Morden zu tun gehabt. Was Scheer erzählt, ist falsch. Ich habe nicht gemordet.«***

Es herrschte atemlose Stille, als Vorsitzender Klug die Sitzung unterbrach und das Gericht sich gegen zwölf Uhr zur Beratung zurückzog. Wohl niemand im Gerichtssaal hegte auch nur den geringsten Zweifel daran, wie der Spruch lauten würde.

Als drei Stunden später, kurz nach 15 Uhr, die drei Berufsrichter und die sechs Geschworenen wieder den Verhandlungssaal betraten und sich alle Anwesenden erhoben hatten, verkündete Landgerichtsdirektor Klug das mit größter Spannung erwartete Urteil:

Scheer und Schulte traf wegen Mordes in drei Fällen in Tateinheit mit schwerem Raub dreimal die Todesstrafe und Aberkennung der bürgerlichen Ehrenrechte, womit Klug dem Antrag der Anklage entsprach. Pieper wurde wegen schweren Raubes zu dreizehn Jahren Zuchthaus und Aberkennung der bürgerlichen Ehrenrechte auf fünf Jahre verurteilt.

---

* *General-Anzeiger für Dortmund*, 23. Januar 1934.

** A.a.O.

In seiner Urteilsbegründung wiederholte der Vorsitzende weitgehend die Ausführungen der Anklagevertretung, insbesondere was die nun zum Tode Verurteilten anbetraf. Trotz schwerer Verdachtsmomente aber war eine Überführung des Pieper nicht möglich. Allerdings habe er sich an dem Überfall an Narowski beteiligt und wußte genau, daß seine Komplizen bewaffnet waren. Darum müsse er wegen schweren Raubes bestraft werden.

Der Vorsitzende schloß die letzte Sitzung mit einem Dank der preußischen Justizverwaltung an die Geschworenen für ihre *»schwere und hingebende Arbeit«*, verbunden mit einem ähnlich formulierten Dank an die drei Rechtsanwälte.

Wortlos ließen sich die Verurteilten aus dem Saal zurück ins Gerichtsgefängnis führen. Dortmunds Prozeß des Jahrzehnts war zu Ende. Nur langsam verlief sich die Menge, immer noch lebhaft diskutierend. In Dortmund kehrte wieder Normalität ein.

Warum nur hatten Scheer und Schulte die Opfer umgebracht, da sie ja schon Geld und Wertsachen von ihnen erhalten hatten? Beide hatten bereits mehrere Jahre hinter Gitter verbracht. *»Knast ist bitter. Es ist besser, wenn die Opfer nicht singen können«,* soll Schulte einmal zu Pieper gesagt haben, als dieser ihn nach den Mordmotiven fragte.

Die Mörder der Witwe Schur hingerichtet

August Scheer und August Schulte.

dnb Dortmund, 30. August. Die durch rechtskräftiges Urteil des Schwurgerichts zu Dortmund vom 22. Jan. 1934 wegen Raubmordes in drei Fällen, begangen zu Dortmund und Holzwickede an der Witwe Martha Schur aus Hagen-Haspe, an der Stenotypistin Emma Schneider aus Herford und an dem Kaufmann Franz Narowski aus Dortmund-Hombruch, dreimal zum Tode verurteilten August Scheer und August Schulte aus Dortmund sind heute früh im Hofe des Gerichtsgefängnisses zu Dortmund durch Enthaupten mit dem Beil hingerichtet worden.

Der Herr preußische Ministerpräsident hat von dem Begnadigungsrecht keinen Gebrauch gemacht, weil es sich um kaltblütig vorbereitete und durchgeführte Raubmorde handelte und die Verurteilten sowohl nach diesen grauenvollen Verbrechen als auch nach ihrem Vorleben (sie sind u. a. wegen Raubes mit sechs bzw. sieben Jahren Zuchthaus vorbestraft) als schwerste Verbrecher anzusehen sind, für die ein Gnadenerweis nicht in Betracht kommen kann.

Hagener Zeitung, *30. August 1934.*

Scheer und Schulte legten Revision ein, jedoch fand das Reichsgericht in Leipzig keine Beanstandung an dem Prozeß und dem Urteil. Es bestätigte die Todesurteile. Auch als sie dem preußischen Ministerpräsidenten Hermann Göring vorgelegt wurden, war dieser nicht willens, Gnade walten zu lassen. Weil es sich um *»kaltblütig vorbereitete und durchgeführte Raubmorde«* handelte, machte er von dem Begnadigungsrecht keinen Gebrauch. Während vor der Machtergreifung im Januar 1933 die allermeisten Todesurteile umgewandelt wurden, herrschte nun ein eisiger Wind in der Strafjustiz. Todesurteile wurden immer häufiger vollstreckt, die Hinrichtungsziffern schnellten seit 1933 in die Höhe, während Begnadigungen nur noch in sehr seltenen Fällen erfolgten. Göring unterschrieb die Todesurteile und besiegelte damit das Schicksal der beiden Anführer der Dortmunder »Raubmord-GmbH«.

Am frühen Morgen des 30. August 1934 traten Scheer und Schulte ihren letzten Gang an. Im Abstand von etwa einer Viertelstunde wurden sie auf dem düsteren Hof des Gerichtsgefängnisses von Dortmund von dem Magdeburger Scharfrichter Carl Gröpler mit dem Handbeil enthauptet. Es blieb an diesem Morgen nicht bei diesen zwei Vollstreckungen. Wenig später büßten auch zwei Mörder aus kommunistischen Kreisen mit ihrem Leben. Hans Voit und Friedrich Rapior waren eineinhalb Monate nach Scheer und Schulte von einem Dortmunder Sondergericht zum Tode verurteilt worden, weil sie am 24. Juni 1932 den von einer NSDAP-Versammlung heimkehrenden SA-Mann Walter Ufer überfallen, mißhandelt und dann mit Stock- und Steinschlägen sowie Messerstichen ums Leben gebracht hatten.

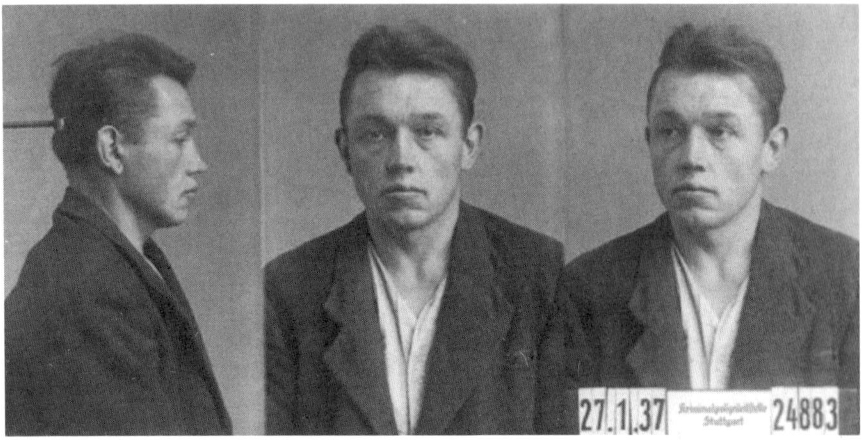

Der Serienmörder Josef Schäfer am Tage seiner Verhaftung.

JOSEF SCHÄFER – DER SERIENMÖRDER AUS DEM SCHWARZWALD

WÜRTTEMBERG (1935–1937)

Zwei Personen betraten am Morgen des 27. Januar 1937 in Stuttgart ein Heim für ledige Männer. Es waren Beamte des Allgemeinen Fahndungsdienstes der Staatlichen Kriminalpolizei – Kriminalpolizei-Leitstelle Stuttgart, und ihre Aufgabe bestand darin, die Bewohner zu kontrollieren. Immer wieder kam es vor, daß sich dort Kriminelle aufhielten, die zur polizeilichen Fahndung ausgeschrieben waren. Schon nach wenigen Minuten stießen sie auf einen ziemlich heruntergekommen wirkenden Mann, der ihnen verdächtig erschien. Er gab seinen Namen mit Paul Kaiser aus Bonlanden* an. Als man ihn durchsuchte, fanden sich in seiner Jackentasche jedoch Ausweispapiere, die auf den Namen Franz Rothfuß aus Mitteltal lauteten. Die Beamten nahmen Paul Kaiser alias Franz Rothfuß fest und führten ihn ihrem Vorgesetzten in der Dienststelle II vor.**

Dieser, ein sehr erfahrener Kriminalist, verhörte den merkwürdigen Mann mit den zwei Identitäten. Anfangs glaubte er an einen einfachen Diebstahl der Papiere, denn Paul Kaiser war vor längerer Zeit als vermißt gemeldet worden. Er forschte in der Akte Kaiser nach und stellte zu seinem Erstaunen fest, daß Kaisers Lichtbild wie auch seine Fingerabdrücke keineswegs mit denen des Vorgeführten übereinstimmten. Der Verdacht des Beamten wurde noch verstärkt, nachdem er sich vergewissert hatte, daß auch Franz Rothfuß vermißt wurde. Sollte der Mann etwas mit dem Verschwinden der beiden Männer zu tun haben? Dem Kommissar kam das Verhalten, die Körpersprache des Verhörten sehr verdächtig vor. Dieser Mann sagte nicht die Wahrheit, das war dem Beamten klar. Die Tatsache, daß beide Männer als vermißt gemeldet waren, erregte noch mehr Verdacht.

---

* Es gehört heute zu der 1975 gebildeten baden-württembergischen Stadt Filderstadt, war aber bis 1938 eine eigenständige Gemeinde im Kreis Stuttgart-Amt.

** Ausgewertete Tageszeitungen: *Albbote und Rundschau* (Münsingen), *Schwarzwälder Bote* (Ausgabe Oberndorf a.N.), *Schwarzwälder Volksfreund* (Rottweil), *Seeblatt* (Friedrichshafen), *Stuttgarter Neuestes Tagblatt, Tübinger Chronik.*

Nun unterwarf er den Verdächtigen einem längeren Verhör, versuchte ihn in die Enge zu treiben. Wie er denn in den Besitz der auf Franz Rothfuß lautenden Papiere gekommen sei? Seine freche Antwort: Die habe er auf einem Bahnhof gefunden. Auf welchem Bahnhof? Das wisse er nicht mehr. Warum er sich als Paul Kaiser ausgebe? Das wolle er nicht sagen, war die Antwort. Der Erkennungsdienst wurde bemüht, und die Fingerabdruckskartei förderte noch am selben Tag ein verblüffendes Ergebnis zutage: Der Mann hieß in Wirklichkeit Josef Schäfer und war seit Juli 1935 wegen Einbrüchen zur Fahndung ausgeschrieben. Und nicht nur das: Schäfer wies auch ein beachtliches Vorstrafenregister auf: wegen Einbruchs und Vergewaltigung. Nach seiner letzten Entlassung aus dem Zuchthaus war er erneut straffällig geworden.

Nun nahm man diesen Schäfer ins Kreuzverhör. Anfangs hielt er seine widersprüchlichen Angaben aufrecht, er habe die Papiere mal auf einem Bahnhof gefunden, dann wieder habe er sie auf der Straße aufgelesen! Da sagte der Vernehmer ihm auf den Kopf zu, er habe bestimmt jemanden umgebracht, er solle es ruhig zugeben. Der Mann wurde zusehends nervöser, dann hielt er dem Druck nicht mehr stand. Zerknirscht gestand er, sein Name sei in Wirklichkeit Josef Schäfer und er sei sechsunddreißig Jahre alt, Dienstknecht, gebürtig aus Betra in Hohenzollern. Kurz vor Mitternacht teilte er mit, daß er den Paul Kaiser ermordet habe, um sich in den Besitz seiner Papiere zu setzen. Kaiser war nämlich nicht vorbestraft, also waren seine Papiere »sauber«.

Der Kommissar ging nun einen Schritt weiter. Was er denn mit diesem Rothfuß getan habe?

Der Verdächtige schwieg. Immer wieder drang der Vernehmende in ihn, er möge doch jetzt auch den Mord an Franz Rothfuß zugeben, alles Leugnen sei zwecklos, denn er werde die Wahrheit doch herausfinden. Ein weiteres Kreuzverhör begann, das erst gegen drei Uhr morgens zu Ende sein sollte. Immer wenn Schäfer, von der stundenlangen Befragung zermürbt, darum bat, in den Arrest zurückgeführt zu werden, blieb der Beamte hart. Er werde ihn erst dann zurückschicken, wenn er ein zweites Mordgeständnis habe. Und dies kam schließlich sogar in dreifacher Ausfertigung!

Dem staunenden Ermittler erzählte der sichtlich zermürbte Schäfer nun, er habe nicht nur Rothfuß und Kaiser umgebracht, sondern auch noch zwei weitere Personen: Luise Spieß und Johann Widmann. Aus

Das winterliche Rottweil. Postkarte, um 1940

Furcht vor der ihm wegen der erneuten Einbrüche drohenden Sicherungsverwahrung habe er die drei Männer umgebracht, um an ihre einwandfreien Papiere zu gelangen, da sie als unbestraft galten. Er wollte in ihre Identität schlüpfen und unter ihren Namen weiterleben, wobei er sich mal als den einen, mal als den anderen ausgab. Warum er aber auch eine Frau ermordet habe? Nun, sie wußte von seiner mehrfachen Identität und hätte ihn verraten können. Da mußte sie natürlich verschwinden.

Nach längerer Unterbrechung wurde das Verhör wiederaufgenommen und Schäfer nun zu den Einzelheiten der Morde verhört. Schließlich gestand er das, was man schon seit längerem befürchtet hatte: Alle drei Männer und auch die junge Frau, die einmal seine Geliebte gewesen sei, habe er in die Falle gelockt und unter scheußlichen Begleitumständen umgebracht. Alle vier Opfer habe er auch beraubt!

Ob er denn auch den in der Nacht vom 17. auf den 18. Juli 1936 in Stuttgart an dem Tankwart Traum begangenen, bislang aber unaufgeklärten Raubmord begangen habe, lautete die Suggestivfrage. Dies verneinte Schäfer entschieden. Tatsächlich schienen die damaligen polizeilichen Erkenntnisse seine Angabe zu bestätigen.*

* Der wirkliche Täter dieses Raubmordes, Raimund Herrmann, wurde erst im Januar 1939 entdeckt, am 9. Februar 1939 vom Stuttgarter Schwurgericht zum Tode verurteilt und am 12. April des Jahres in Stuttgart enthauptet.

Der Mord an Rothfuß, sein letzter, sei folgendermaßen verübt worden: Er bestellte den Mann, mit dem er über eine Zeitungsannonce Kontakt aufgenommen hatte, am Abend des 16. Januar 1937, also zwei Wochen zuvor, nach Rottweil, weil er eine Stelle als Knecht für ihn habe. Sich selbst als Knecht des Bruders einer vermögenden verwitweten Bäuerin ausgebend, die einen großen Hof besitze und ebenso eine Tochter, die man heiraten könne, führte Schäfer den ahnungslosen Mann vom Bahnhof hinaus aus der Stadt in ein dichtes Waldgebiet. Im Schutz der Dunkelheit fiel er über Rothfuß her, tötete ihn mit zweiundfünfzig Stichen seines kurz zuvor gekauften Stilettmessers, nahm seine Ausweispapiere und sein Geld an sich und zertrümmerte ihm den Kopf. Die entkleidete Leiche legte er in eine sorgfältig ausgehobene Grube.

Der erste Leichenfund

Wo er denn die vier Leichen vergraben habe, wollten die Ermittler wissen. Schäfer sagte, er wolle zunächst die Stelle angeben, wo er den erst kürzlich umgebrachten Rothfuß eingescharrt habe. In aller Stille, um nicht die Öffentlichkeit vorschnell zu beunruhigen, fuhren die Stuttgarter Kriminalbeamten mit dem Mörder am 30. Januar nach Rottweil. Während man sich in dieser uralten Stadt* ausgiebig auf die Fastnacht vorbereitete, war den Kriminalbeamten nicht nach Spaßigkeiten zumute: Sie hatten eine Leiche zu finden und auszugraben! Man fuhr Schäfer in die Nähe des »Höllensteins« nördlich der Stadt, wo nach seinen Angaben das letzte Opfer begraben liege. Da die Tat erst wenige Tage zurücklag, war es dem Mörder ein leichtes, die Stelle zu bezeichnen. Er zeigte sich überhaupt während der gesamten Aktion sehr kooperativ.

Tatsächlich stießen die Beamten nach kurzer Grabung auf den infolge der winterlichen Temperaturen noch guterhaltenen Leichnam eines auf dem Bauch liegenden Mannes. Sein Kopf war völlig zertrümmert, das Gesicht gräßlich entstellt. Dies müsse Rothfuß sein, meinte Schäfer, bat aber darum, daß ihm der Anblick der Leiche erspart bliebe. Ganz in der Nähe fand man auch die Kleidungsstücke des Toten.

* Da Rottweil bereits 73 n. Chr. von den Römern gegründet wurde, gilt sie als die älteste Stadt des heutigen Bundeslandes Baden-Württemberg.

Franz Rothfuß war das letzte Opfer des Serienmörders Schäfer.

Nun wollten die Ermittler von ihm wissen, wo er sich der anderen Leichen entledigt hatte. Jetzt stellte sich Schäfer stur und meinte, die weibliche Tote habe er irgendwo bei Oberndorf verscharrt. Aber man könne ihn dort hinführen, vielleicht werde er ihnen bei der Suche behilflich sein.

Die Tageszeitungen des Landes Württemberg unterrichteten die Leser erstmalig am 2. Februar in einer Mitteilung der Kriminalpolizei-Leitstelle Stuttgart im Einvernehmen mit der Justizpressestelle Stuttgart über die Verhaftung, insbesondere über die Möglichkeit, daß es sich bei dem Festgenommenen um einen der kaltblütigsten Mörder der württembergischen Kriminalgeschichte handeln könne. Man hatte einen Serienmörder gestellt, wie er im beschaulichen, im Südwesten des Reiches gelegenen Württemberg wohl so gut wie nie vorkam. Weitere Angaben gab die Presse auf Wunsch der Polizei nicht preis, um die weiteren Ermittlungen nicht zu gefährden.

Am Morgen des 1. Februar führten Kriminalbeamte unter der Leitung von Kriminalrat Schneider aus Stuttgart den Mörder, dessen Hände gefesselt waren, zu einem Waldstück unweit des zwischen dem Schwarzwald und der Schwäbischen Alb gelegenen Städtchens Oberndorf*. Es

* Heute im Landkreis Rottweil gelegen, damals aber Zentrum des 1934 aus dem alten Oberamt hervorgegangenen Kreises Oberndorf.

erstreckte sich nördlich des Ortes, auf halbem Wege nach dem Dorf Aistaig. Dort wollte er die Leiche der im August 1936 ermordeten einundzwanzigjährigen Luise Spieß aus Giengen an der Brenz begraben haben. Das »Untier Schäfer«* hatte sie dort nach seinen eigenen Angaben im August 1936 kaltblütig erschlagen, da er fürchtete, sie könne ihn bei der Polizei verraten. Während der kurzen Liebschaft, die beide unterhielten, hatte er ihr nämlich anvertraut, daß er in die Identität eines anderen geschlüpft war!

Schäfer, der sich an diesem Tag äußerst mißgelaunt zeigte, wurde von sieben Landjägern begleitet, kannte man doch seine Gefährlichkeit. Auch mehrere Kriminalbeamte gehörten zur Gruppe; unter ihnen befand sich ausgerechnet der Kommissar vom Stuttgarter Fahndungsdienst, der vor wenigen Tagen ganz erheblich zu seiner Entlarvung beigetragen hatte. Nur mürrisch gab der Mörder Auskunft, meinte nur, hier oder dort könne er die Tote verscharrt haben.

Man suchte das sich an einem stark zerklüfteten Berghang erstreckende Areal ab, das von einem dichten, sich hangaufwärts ziehenden Waldgebiet begrenzt wurde. Hier wollte Schäfer die Tote verscharrt haben. Nach längerem Suchen stieß man an eine Stelle, an der ein Fuchs gegraben zu haben schien. Sie erweckte nun die volle Aufmerksamkeit des Suchkommandos. Ein unangenehmer süßlicher Geruch entströmte der leicht aufgescharrten Stelle. Der teilnahmslos dreinschauende Mörder wurde gefragt, ob dies der Ort sei. *»Ja, hier wird's gewesen sein«,* war seine knappe Antwort.

Arbeiter begannen sofort mit der Freilegung. Als man den gefrorenen Boden durchbrochen hatte und im Erdreich einen halben Meter vorgestoßen war, wurden die ersten Körperteile sichtbar, dann stieß man auf die bestialisch zerstückelte Leiche der ermordeten, seit einem halben Jahr in der Erde ruhenden jungen Frau. Die Gliedmaße waren unbekleidet und bereits in Verwesung übergegangen. Ihr Schädel zeigte fürchterliche Schlagverletzungen, er war vollständig zertrümmert.

Kriminalrat Schneider ließ sich unverzüglich nach Oberndorf zurückfahren, um dort wegen des neuen Leichenfundes weitere Anordnungen zu treffen. Zuvor gab er noch Anweisungen, nach den vergrabenen Kleidungsstücken der Ermordeten zu suchen.

---

* *Schwarzwälder Bote*, 3. Februar 1937.

An einem Waldhang unweit von Oberndorf fand man die Überreste der jungen Luise Spies.

Schäfer gab jetzt seine bislang störrische Haltung auf. Nun hatte man also auch sein zweites Opfer gefunden! Er wandte sich an den ihn bewachenden Fahndungsbeamten und teilte ihm mit, zu ihm habe er das größte Vertrauen, da er ihn ja schon kenne. Er wolle ihm jetzt die Stelle zeigen, an der er die Kleider der Toten vergraben habe. Aber nur ihm allein! Der Beamte ließ sich diese Gelegenheit nicht entgehen und ging bereitwillig darauf ein.

Nun führte ihn der immer noch doppelt geschlossene Schäfer kreuz und quer durch den sich am Hang erstreckenden Wald, immer weiter weg von der Suchgruppe. Mal zeigte er auf diese, mal auf jene Stelle, um sich dann rasch wieder zu korrigieren: Nun habe er sich doch wieder geirrt! An einer Stelle aber begann Schäfer tatsächlich mit den gefesselten Händen im Waldboden zu wühlen. Hier könne es gewesen sein, meinte er. *»So kann ich aber nicht graben, schließen Sie mich doch wenigstens an einer Hand auf«* bat er den Beamten. Dieser überlegte kurz, schließlich war er mit dem Mörder ganz allein, ging dann aber auf den Vorschlag ein, hatte sich Schäfer doch zuletzt sehr kooperativ gezeigt. Er löste Schäfer an einer Hand die Fessel, hielt aber noch an der einen Fessel fest. Nun begannen beide gemeinsam zu graben. Es war jetzt 10.30 Uhr.

Auf diesen Augenblick hatte der Mörder gewartet. Er richtete sich aus seiner gebückten Haltung auf und versetzte dem etwas tiefer stehenden Mann einen heftigen Fußtritt gegen die Brust. Dieser taumelte, verlor das Gleichgewicht, kam auf dem schlüpfrigen Boden ins Straucheln und rutschte schließlich einige Meter den Waldhang hinunter, bis er an einem Strauchwerk Halt fand. Flink wie ein Wiesel lief Schäfer nun den Hang hinauf und verschwand im dichten Unterholz. Zwar jagte der so peinlich überrumpelte Beamte dem Fliehenden aus seiner Dienstpistole mehrere Schüsse hinterher, sie verfehlten jedoch ihr Ziel. Der Wald hatte den Serienmörder verschluckt!

Die Schüsse alarmierten seine Kameraden. Sie eilten herbei, stellten zu ihrem Entsetzen fest, daß Schäfer wieder einmal entkommen war, und nahmen unverzüglich die Verfolgung auf. Dies war völlig zwecklos, denn Schäfer war, mit der Natur verwachsen wie kaum ein anderer, längst im undurchdringlichen, dunklen Hochwald verschwunden. Jeder wußte, daß er hervorragende Deckungs- und Versteckmöglichkeiten bot.

Menschenjagd nach dem Mörder

Die Stuttgarter Kriminalpolizei unter der Leitung von Kriminalpolizeirat Schneider leitete unmittelbar nach Schäfers Flucht eine planmäßige Suche ein. In aller Eile wurden die gesamte SS in Südwürttemberg, die SA und das NSKK (Nationalsozialistisches Kraftfahrkorps) mobilisiert und in Einsatz gebracht. Sie umstellten den Wald, in dem Schäfer verschwunden war, in weitem Umkreis und nahmen die Suche nach dem Flüchtigen auf, wobei sie von den Beamten des Landjägerstationskommandos Oberndorf unterstützt wurden. Doch blieb sie erfolglos. Als die Dunkelheit hereinbrach, setzte man die Belegschaft des Alpirsbacher und Oberndorfer Arbeitsdienstes ein. Diese 160 Männer bildeten nun eine um Oberndorf gelegte Postenkette, die einen Umkreis von zehn Kilometern hatte. Das gesamte Gebiet wurde lückenlos abgeriegelt, um jede Möglichkeit eines Entkommens zu unterbinden. An jeder Straße, an jedem Weg und an allen Brücken, die im Einsatzgebiet den Neckar überquerten, wurden Einzelposten aufgestellt.

Die erste Sichtung erfolgte gegen 22.30 Uhr: Ein Arbeitsdienstmann gab an, er habe den Flüchtigen am Waldrand unweit einer Kapelle, auf halbem Wege zwischen Oberndorf und Trichtingen, gesehen. Er sei aber rasch wieder im Wald verschwunden. Stuttgarter Polizeihunde wurden nun eingesetzt, um die Spur Schäfers aufzunehmen, verloren sie aber wieder, als sie tiefer in den Wald hineinliefen. Außerdem setzte ein starker Regen ein, der zusammen mit der feuchten Kälte den Suchmannschaften schwer zu schaffen machte.

Die naßkalte Winternacht verhinderte jedoch eine Ausweitung der Suche. Überhaupt schien man mit der Möglichkeit zu rechnen, daß Schäfer sich schon außerhalb dieses Suchgebietes in Sicherheit gebracht hatte, also sich bereits auf dem Weg zur Schweizer Grenze befand. Deshalb wurden alle Grenzposten zu erhöhter Aufmerksamkeit aufgerufen. Aber auch die Männer der Absperrungskette blieben die ganze Nacht auf ihrem Posten, obwohl das naßkalte Wetter wie auch die nur notdürftige Verpflegung ihnen sehr zusetzten. Zumindest für den nächsten Morgen waren Verstärkungen und auch Ablösungen durch die Arbeitsdienstabteilung Freudenstadt vorgesehen, denn den völlig erschöpften Männer, von denen sich viele schon über zwanzig Stunden auf den Beinen hielten, war eine Fortsetzung der Suche nicht mehr zuzumuten. Vor allem klagten sie darüber, daß das bergige Gelände ihnen größte Schwierigkeiten bereite und eine Suche in den beinahe undurchdringlichen Schonungen so gut wie unmöglich sei. Da besaß Schäfer, der mit der Natur wie verwachsen schien, einen erheblichen Vorteil.

Dienstag, 2. Februar. Gegen fünf Uhr an diesem nebligen, kalten Morgen vertrat sich ein aus einem Landjägerbeamten und einem SA-Mann bestehender Posten an der alten Holzbrücke, die in der etwa fünf Kilometer südlich von Oberndorf gelegenen Ortschaft Epfendorf den dort noch schmalen Neckar überquert, die Beine. Da sah der Landjäger, wie sich ein aus dem ganz in der Nähe gelegenen Wald kommender Mann aus dem Nebel schälte und sich immer wieder umschauend ganz vorsichtig der Brücke näherte. Er schien den Posten nicht zu bemerken. Der Landjägerbeamte rief ihn an und forderte ihn auf, sich auszuweisen. Da machte der Unbekannte wieder kehrt und lief zurück in den Wald. Geistesgegenwärtig zog der Landjäger seine Dienstpistole und feuerte mehrere Schüsse hinterher, doch verfehlten sie infolge der äußerst schlechten Sicht ihr Ziel.

Es war durchaus möglich, daß sich Schäfer nach seiner Flucht über Boll und Bochingen in südöstlicher Richtung in die Gegend von Trichtingen durchgeschlagen hatte, ehe er den Weg in südwestlicher Richtung nach Epfendorf einschlug, um dort bei günstiger Gelegenheit die Postenkette zu durchbrechen und an das westliche Neckarufer zu gelangen. Zweimal hatte er es nun schon versucht. Und er würde es immer wieder versuchen. Es lag also nahe, daß er eine andere Brücke wählen würde. Möglicherweise war er trotz Absperrung schon über den Fluß gelangt und befand sich nun auf dem Wege nach Bösingen. Aber auch dieses Gebiet war bereits eingekesselt worden.

Während das *Stuttgarter Neue Tagblatt* in seiner Morgenausgabe* am 1. Februar noch die Erfolgsmeldung von der Verhaftung des Mörders bringen konnte, mußte es bereits in der nächsten Morgenausgabe am Dienstag ihre Leser darüber unterrichten, daß er wieder entwischt war! Alle Tageszeitungen beklagten das »Mißgeschick«, das dem braven Polizisten widerfahren war. Doch der *Alb-Bote und Rundschau* in Münsingen mahnte die Leser am 3. Februar: *»Wenn nun bei dem Lokaltermin das bedauerliche Mißgeschick passierte, daß der Mörder entwich, dann wollen wir den vorschnell urteilenden Volksgenossen nur eines entgegenhalten: Solange die näheren Umstände dieser Flucht nicht bekannt sind, ist es zwecklos, sich darüber zu unterhalten.«*

Der in Oberndorf, dem Zentrum des Dramas, erscheinende *Schwarzwälder Bote* rief in seiner Ausgabe vom 2. Februar in Erinnerung, daß Schäfer im Jahre 1926 das gesamte hohenzollerische Unterland in Atem hielt.

Damals hatte er sich in einem Waldstück zwischen den Dörfern Neckarhausen und Glatt eine »Räuberhöhle« eingerichtet, einen mannshohen Unterstand etwa zweieinhalb Meter unter der Erdoberfläche, der unter anderem eine Bettstelle enthielt. Dort bewahrte er die Beute aus seinen Raubzügen auf, die er beinahe allnächtlich unternahm. Vor allem die Orte Hechingen, Dettensee, Weildorf, Sulz, Isenburg, Neckarhausen und Oberndorf litten unter den schweren Einbrüchen, die der weithin gefürchtete »Waldmensch« verübte. Doch es blieb nicht bei Hunderten von Einbrüchen. Einmal überfiel er ein siebzehnjähriges Bauernmädchen und machte es sich durch mehrere Knüppelschläge gefügig. Zwei zufällig des Weges kommende Männer traten entschlossen dazwischen und

* Die Tageszeitungen größerer Städte des Deutschen Reiches brachten täglich zwei Ausgaben heraus.

verhinderten so die Vergewaltigung, vermochten aber nicht, den schnell davonlaufenden Unhold zu fassen.

In seinem nach der Verhaftung sichergestellten Notizbuch hatte er die Adressen von 2284 Objekten verzeichnet, bei denen sich ein Einbruch lohnte. In Oberndorf allein waren dreizehn Höfe Ziel seiner nächtlichen Streifzüge. Im November 1926 schließlich gelang es nach intensiver Fahndung einem starken Aufgebot von Landjäger- und Polizeibeamten, den Täter in seinem Versteck zu überraschen und festzunehmen. Kaum war er ins Hechinger Amtsgerichtsgefängnis eingeliefert worden, gelang ihm schon der Ausbruch, übrigens der zweite aus demselben Haftlokal. Zwölf Tage später erkannten ihn Besucher des Viehmarktes in Hechingen. Schäfer wurde zu acht Jahren Zuchthaus verurteilt und erst 1935 entlassen. Eine Sicherungsverwahrung wurde, vor allem zum Nachteil der späteren vier Opfer, nicht ausgesprochen.

Das in Friedrichshafen am Bodensee erscheinende *Seeblatt* schrieb am 3. Februar: *»Im nationalsozialistischen Staat hätte dieser Schwerverbrecher nie wieder Gelegenheit bekommen, seine Verbrechernatur weiter in Freiheit auszutoben. Eine seiner Straftaten hätte genügt, um ihn für immer in Sicherheitsverwahrung aufzuheben.«*

Nach Tagesanbruch war für diesen Dienstag ein großes »Kesseltreiben« geplant. Sollte dieses ebenfalls erfolglos enden, erwog man einen erheblich größeren Radius mit konzentrischen Streifen. Da Schäfer weder Waffen noch Geld noch Lebensmittel und Papiere mit sich führte, war er zwangsläufig auf Einbrüche angewiesen, so folgerten die Fahnder. Daher galt neu eingehenden Meldungen über Einbrüche die größte Aufmerksamkeit, konnte man doch anhand dieser die Fluchtroute des Mörders verfolgen.

Die Bevölkerung des Suchgebietes wurde durch die Presse und den Rundfunk aufgerufen, die Augen offen zu halten und jede verdächtige Wahrnehmung sofort der Polizei zu melden. Die Behörden warnten sie aber auch vor der Gefährlichkeit des Mannes. Man beruhigte sie zugleich, man werde alles tun, um den Mörder an weiteren Untaten zu hindern. Am Vormittag gelangten auch Forstbeamte, die sich natürlich in den Waldgebieten um Oberndorf bestens auskannten, ebenso Schlupfwinkel und Verstecke aufzuspüren vermochten, zum Einsatz. Auch 130 Mann des Freudenstädter Arbeitsdienstes erschienen, wie geplant, in der Einsatzgegend. Doch reichten diese immer noch nicht aus. Kriminalrat

Schneider forderte daher aus Stuttgart eine Hundertschaft der Polizei sowie weitere Spürhunde an.

Zur großen Erleichterung der Suchmannschaften wich am Vormittag der dichte Nebel, der sich am Vorabend über das Neckarland und seine Wälder gelegt hatte. Es blieb zwar bitterkalt, doch war die Sicht erheblich besser. Die Fahndung nach dem flüchtigen Mörder hatte auch die Bevölkerung des Oberamtes Oberndorf in höchste Spannung versetzt, und an den Postenketten bildeten sich immer wieder größere Menschenansammlungen. Der Reichssender Stuttgart unterstützte die Fahndung nach allen Kräften. Sämtliche Ortschaften und Einzelhöfe stellten ihre Apparate auf Stuttgart ein und verfolgten die häufigen Durchsagen über den weiteren Verlauf der Suchaktion, obwohl gerade Faschingszeit war, die gerade in Rottweil mit großer Hingabe begangen wurde.

Mittwoch, 3. Februar. Der Oberstaatsanwalt in Rottweil als dem nächstgelegenen Landgerichtsort setzte eine Belohnung von tausend Mark für Hinweise aus, die zur Ergreifung des vierfachen Mörders führten. Prompt gingen zahlreiche Hinweise aus der Bevölkerung ein, die Schäfer mal hier, mal da gesehen haben wollte. Die Nachprüfungen aber ließen Zweifel an der Richtigkeit dieser Beobachtungen aufkommen. Es war auch nicht anzunehmen, daß sich Schäfer am helllichten Tage blicken ließ, vielmehr hielt er sich höchstwahrscheinlich tagsüber versteckt, um seine Flucht bei Nacht fortzusetzen. Dennoch war zu befürchten, daß der Serienmörder den Absperrgürtel bereits durchbrochen hatte.

Schon im Laufe des Mittwoch wurden die uniformierten Einsatzkräfte des Oberamtes nach und nach zurückgezogen. Die Kriminalpolizei-Leitstelle Stuttgart unter der Führung von Kriminalinspektor Wirth übernahm jetzt vollständig die Fahndung. Zu diesem Zweck richtete sie in Oberndorf ein Kriminalkommando ein, das von dort die Fahndung leitete. Dabei zählte sie auf, wie sie betonte, zuverlässige Beobachtungen seitens der Bevölkerung. Andererseits wurden die Berichterstatter der Tageszeitungen, die eigens nach Oberndorf entsandt worden waren, nun nicht mehr zugelassen. Man wollte gewissen Spekulationen und einer möglicherweise negativen Berichtserstattung entgegentreten. Statt dessen durften nur noch die – natürlich zensierten – Meldungen von offiziösen Nachrichtenagenturen wie dem *Deutschen Nachrichtenbüro* und dem *Württembergischen Landespressedienst* übernommen werden. Alle nun erfolgenden Berichte waren sozusagen »amtlich«.

Die Hundertschaft der Stuttgarter Schutzpolizei in Oberndorf, wo sich vor dem Oberamtsgebäude viele Neugierige versammelt haben.
Foto: Stuttgarter Neues Tagblatt, *3. Februar 1937, Abendausgabe.*

Gegen Mittag traf eine Hundertschaft der Stuttgarter Schutzpolizei in Oberndorf ein. Von zahlreichen neugierigen Bewohnern umringt, trat sie vor dem Oberamtsgebäude an, wo sie über den letzten Stand der Fahndung unterrichtet wurde. Außerdem überwachten von nun an Nacht für Nacht Tausende von SA-Männern* planmäßig alle Ortschaften, Weiler und Höfe dieses ausgedehnten und äußerst unwegsamen Geländes. An jeder Straßenkreuzung, an jedem Ortseingang und an jeder den Neckar querenden Brücke standen SA-Posten.

Es begann nun eine in den Kriminalannalen des noch jungen Landes Württemberg bislang einmalige Polizeifahndung nach dem Serienmörder, die von der Presse intensiv unterstützt wurde. Überall im südlichen Württemberg wurden Fahndungsfotos des Gesuchten angeschlagen, die Zeitungen veröffentlichten eine genaue Personenbeschreibung wie auch amtliche Lichtbilder. Demnach war Schäfer, der als geschiedener Dienstknecht bezeichnet wurde, 1,68 Meter groß und von untersetzter Gestalt,

* Wie das *Stuttgarter Neue Tagblatt* in seiner Morgenausgabe vom 8. Februar 1937 berichtete, sparten dadurch die Strafverfolgungsbehörden erhebliche Kosten, weil die SA-Männer tagsüber ihrem Erwerb nachgingen und nachts freiwilligen Zusatzdienst leisteten.

mit braunen, dichten und ungescheitelten Haaren, blondem, recht kurz geschnittenem kleinen Schnurrbart, grauen Augen, eingebogener Nase, großen, sehr abstehenden Ohren, wulstigen Lippen, lückenhaften Zähnen, breitem Kinn mit Grübchen, kurzem Hals, zurückweichender Stirn, aber einer gesunden Gesichtsfarbe. Er trug zuletzt eine dunkelgraue, abgetragene Jacke, darunter eine etwas hellere Weste, drei Hemden übereinander, lange, dunkle gestreifte Arbeitshose, schwarze Schnürstiefel, jedoch keine Kopfbedeckung. Alles in allem eine Person, die wohl gut wiederzuerkennen war, sollte man ihr begegnen.

Die Polizei vermutete, daß Schäfer sich tagsüber in den dichten, ihm so vertrauten Wäldern aufhielt und versuchen würde, sich nachts in südlicher Richtung bis zur Schweizer Grenze bei Schaffhausen durchzuschlagen, die von Oberndorf etwa sechzig Kilometer entfernt lag. Immer wieder wurde in den amtlichen Berichten betont, daß sich der Mörder *»gerade in diesem, von ausgedehnten Wäldern und tiefen Schluchten durchzogenen Teil Württembergs sehr gut auskennt«*.

Am Donnerstag traf der Stuttgarter Polizeipräsident Klaiber in Oberndorf ein und ließ sich über den Stand der Ermittlungen Bericht erstatten. Das gesamte, für die Flucht in Frage kommende Gebiet war nun lückenlos abgeriegelt. Mehrere Dutzend Polizeihunde befanden sich ebenfalls im Einsatz, um die Fährte des Flüchtigen aufzunehmen. Doch noch immer liefen zum Teil recht abenteuerliche Sichtungen des Flüchtigen durch Teile der Bevölkerung ein, die die Ermittlungen stark behinderten und unnötig Kräfte banden. In vielen Fällen beruhten die Wahrnehmungen auf puren Einbildungen. Es war also äußerst schwierig, echte von Falschmeldungen zu unterscheiden. Dennoch wurden immer wieder die Mannschaften mal an diesen, mal an jenen Ort gefahren. Sobald sie nach Oberndorf zurückkehrten, kam schon die nächste Meldung. Viele Familienväter, aber auch Ledige gingen tagsüber ihrer Arbeit nach, nachts aber verzichteten sie oft auf das warme Bett und beteiligten sich an den Suchaktionen, wann immer sie gebraucht wurden.

Sonnabend, 6. Februar. Am späten Abend ging in der Kommandozentrale in Oberndorf erneut eine Meldung ein. Im Brachfeld, nicht weit von Loßburg zwischen Dornbau und Bettenhausen gelegen, hatten zwei sich im Stall zur Nachtruhe begebende Mägde gesehen, wie ein Unbekannter vorsichtig die Stalltür öffnete und hineinspähte. Als die beiden jungen Frauen laut aufschrien, schlug er die Tür zu und machte sich davon.

Nun wurde eiligst alles aufgeboten, was verfügbar war. Neben der Stuttgarter Hundertschaft unter Einsatz mehrerer Suchhunde eilten starke Kräfte des Arbeitsdienstes, insbesondere SA- und SS-Männer, aber auch weitere Freiwillige herbei und umstellten planmäßig das gesamte Gebiet zwischen Alpirsbach und Loßburg entlang dem Kinzigtal. Ein dichter, so gut wie undurchdringlicher Ring lag um das gesamte Gebiet. Kurz vor fünf Uhr morgens aber kam die Entwarnung: Es stellte sich heraus, daß der Unbekannte in Wahrheit ein allen bekannter liebestoller Knecht war, der seine auf dem Hof beschäftigte Geliebte besuchen wollte und sich wieder aus dem Staube machte, als er sie nicht im Stall vorfand!

Die Kriminalbeamten mit ihren Spürhunden und die vielen hundert freiwilligen Helfer beschlossen, die Suchtrupps im Absperrgebiet zu belassen, da sie nun einmal mobilisiert waren. Sicherlich wäre es nicht verkehrt, das gesamte Brachfeld zu durchkämmen, denn es lag ja in der Nähe der Vierundzwanzig Höfe, wo Schäfer früher gearbeitet hatte. Dies sollte sich als eine glückliche Entscheidung erweisen.

Die Jagd ist zu Ende

Einige Stunden später, nach sechs Tagen und sechs Nächten, war die Jagd schließlich doch noch zu Ende. Die Ausdauer so vieler Kräfte unter den widrigsten Wetterbedingungen wurde belohnt.

Fastnachtssonntag, der 7. Februar, Weiler Romishorn in der Ortschaft Vierundzwanzig Höfe. Gegen 4.45 Uhr an diesem dunklen kalten Morgen brachte der Landwirtschaftspraktikant Helmut Huber, der früher einmal auf dem Hof des Bürgermeisters Schwenk beschäftigt war, seine Verlobte nach Hause. Beide hatten am Maskenball in Alpirsbach teilgenommen. Die junge Dame war bei dem auf dem Nachbarhof lebenden Bruder des Bürgermeisters beschäftigt. Sie sah als erste, wie in einigen Metern Entfernung ein Mann auf das Tor der Scheune zuschlich, in der normalerweise die Kartoffeln gelagert wurden. Sie stieß ihren Begleiter an. Huber hielt wegen des dunklen Heimweges eine Taschenlampe in der Hand und beleuchtete nun den Unbekannten. Im Lichtkegel stand der Mann, den beide von früher als Paul Kaiser kannten, war er doch öfter auf diesem Hof beschäftigt. Nun aber wurde dieser Paul als Josef Schäfer von der Polizei gesucht! Der Flüchtling blieb einige Sekunden lang wie angewurzelt stehen, doch als Huber ihn zum zweitenmal anleuchtete und ihn mit »Paul« anrief, rannte er davon, machte einen Satz um die Ecke eines Hofgebäudes, und wieder einmal verschluckte ihn die Dunkelheit.

Als SA-Mann trug Huber eine Waffe. Er feuerte aus seiner Pistole blind drei Schüsse hinterher, doch verfehlten sie natürlich ihr Ziel. Dann lief er auf den Nachbarhof und weckte Bürgermeister Schwenk. Dieser glaubte erst an eine Sinnestäuschung, doch die resolute Haltung des Paares überzeugte ihn. Er rief unverzüglich das Landjägerstationskommando in Alpirsbach an. Gegen 5.10 Uhr ging in der Kommandozentrale in Oberndorf die Meldung ein, daß es diesmal eine sehr zuverlässige Sichtung des Flüchtigen gegeben habe. Jetzt oder nie!, mag wohl die Reaktion des aus dem Schlaf gerissenen Kriminalinspektors Wirth gewesen sein. Er ließ alles alarmieren, was verfügbar war, und in den Schwarzwald verlegen. Schäfer mußte um jeden Preis daran gehindert werden, das Kinzigtal zu durchqueren.

Die bereits zwischen Alpirsbach und Loßburg konzentrierten Mannschaften wurden in kürzester Zeit in das Gebiet von Vierundzwanzig Höfe verlegt. Auf der von Alpirsbach nach Aischfeld führenden Straße stand eine Postenkette der SA bereit, während der Alpirsbacher Arbeitsdienst die nach Ehlenbogen hinaufführende Kinzigtalstraße besetzte. Sie nahm weiter oben Fühlung mit der SA und der Feuerwehr von Loßburg auf. Von Osten her rückten SA-Männer der benachbarten Orte des Oberamtes Sulz vor, SA, NSKK und der Arbeitsdienst dagegen deckten von Freudenstadt aus die Nordseite des Absperrgebietes. Busse beförderten ebenfalls SA-Männer aus Sulz selbst zum Norden und Nordosten des Einsatzgebietes. Hinzu gesellten sich Hundeführer der Kriminalpolizei mit ihren treuen Vierbeinern sowie zahlreiche Freiwillige aus der Bevölkerung, denn die ausgelobte Belohnung lockte natürlich immer noch. Da das abzusuchende Gebiet recht groß war, dauerte die Umzingelung beinahe vier Stunden. Doch bald nach neun Uhr an diesem Fastnachtssonntag war das Gebiet lückenlos umschlossen.

Hundegebell, das laute Rufen der Männer und Motorenlärm durchbrachen die sonntägliche Stille. Sofern sich Schäfer noch in diesem Gebiet aufhielt, konnte es ihm sicherlich nicht entgangen sein, daß es nun ernst für ihn wurde. Es begann ein wahres Kesseltreiben, bei dem die Mannschaften konzentrisch vorgingen. Immer enger wurde der Ring, und es schien nur noch eine Frage von Stunden zu sein, bis man den Mörder hatte. Planmäßig wurde jede Scheune, jeder Heustock durchsucht.

Eine etwas lichtere Vorpostenkette stieß in ein dichtes, Gewand Löchle genanntes Waldgebiet am äußeren Vogelsberg vor, das sich im nördlichen Bereich der Gemeinde Vierundzwanzig Höfe erstreckte. Als Glied dieser Kette bemerkte der erst vierundzwanzigjährige Karl Reich, ein erfahrener Jäger, in regelmäßigen Abständen Bodenstellen, an denen größere Moosstücke fehlten. Diese waren offensichtlich erst vor kurzem herausgerissen worden. Wild konnte es nicht gewesen sei, eher ein Mensch. Reich verdoppelte nun seine Aufmerksamkeit. Und immer häufiger wurden die kahlen Stellen. Als die Kette wenig später, gegen 12.30 Uhr, an eine Bodensenkung gelangte, erkannte Reich sofort das fehlende Moos. Es lag dort fein säuberlich aufgestapelt!

Neugierig geworden, ging er, ein SA-Mann dicht hinter ihm, vorsichtig auf den künstlichen Mooshaufen zu und besah ihn sich genauer. Sein Blick fiel sofort auf etwas Weißes, das da aus dem Grün heraushing. Behutsam schob er die Moosteile zur Seite und blickte auf ein weißes Hutfutter. Unter diesem steckte ein Kopf, der sich ihm nun mit erstaunten Augen zuwandte. Dann sah er auch schon den ganzen Körper. Eine völlig abgezehrte, fast erfrorene Gestalt kroch hervor, die zu jedermanns Überraschung ein Frauenhemd trug! Josef Schäfer, der berüchtigte Serienmörder, der durch seine tollkühne Flucht das Oberamt Oberndorf so lange in Atem gehalten hatte, saß in der Falle! Die als erste gestellte Frage, ob er Schäfer sei, bejahte er mit schwacher Stimme. Widerstandslos ließ er sich festnehmen. Der Mörder trug das weiße Futter seines alten Hutes als Kopfbedeckung, war aber trotz seiner tiefen Naturverbundenheit so unvorsichtig gewesen, es nicht ebenfalls mit Moos abzudecken. Dieses Hutfutter war ihm also zum Verhängnis geworden!

Er war sichtlich erleichtert darüber, entdeckt worden zu sein, hatte ihm doch die tagelange Flucht durch die winterlichen Wälder mit unzureichender Nahrung und feuchter Kleidung sehr zugesetzt. Er war nur noch ein Schatten seiner selbst, hohlwangig, erheblich abgemagert. Doch für einen kurzen Augenblick gewann er seine gewohnte Kaltblütigkeit zurück. Er sagte trotzig, wäre er durch den Hunger und die Kälte nicht so geschwächt gewesen, hätte er sich nicht ohne Widerstand festnehmen lassen. Nur die widrigen Umstände hätten ihn besiegt. Dennoch wird er wohl nur an zweierlei gedacht haben: an eine warme Mahlzeit mit einem heißen Getränk und an ein warmes, weiches Bett zum Ausschlafen.

Der Meuchelmörder Schäfer wieder gefaßt

Unter Moos versteckt fand ihn am Fastnachtssonntag mittags 12.30 Uhr der Jäger Reich aus Wälde, Kreis Sulz, der mit einer SA.-Fahndungskette den Wald bei 24 Höfe durchsuchte

Nachdruck — auch auszugsweise — nur mit Quellenangabe gestattet.

Oberndorf a. N., 8. Februar.

Toll ist zuweilen das Würfelspiel des Lebens. Wie in einem übermütig sprühenden Scherzo Beethovens plötzlich schrille Dissonanzen aufgellen und die heiteren Blüten der Erdenlust erbarmungslos niedermähen, ein Sinnbild der Unvollkommenheit und Zwiespältigkeit alles Irdischen, wo sich der ahnungslose Mensch von einer Sekunde auf die andere vor der anderen, der grauenhaften Seite seines Menschtums sieht und aus traumhafter Sicherheit hinuntergeschleudert wird in die Abgründe der Widernatur — so wurden wir gestern in Oberndorf von dem kalten Schauder der Kontraste angerührt. Fastnachtssonntag! Triumph gesunder Lebenskraft, glitzernder Buntheit der Farben und Töne, närrischen Flitters, bachantischen Schwärmens! Und gar hier in Obern-

Papiere irgendwo auf einem Bahnhof gefunden. Der Beamte schloß aber aus dem ganzen Verhalten Schäfers, daß diese Angaben keinen Glauben verdienten. Daß Kaiser als vermißt gemeldet war, machte den Fall bedenklich. In stunden- und tagelangen Vernehmungen, die ungeheure Anforderungen an die Nervenkraft des Kommissars stellten, setzte er dem störrischen Leugner zu.

Er sagte ihm auf den Kopf zu, er habe jemand umgebracht.

In einem gewaltigen seelischen Ringen gelang es dem Kommissar auch tatsächlich, den Verbrecher am Ende zu vermürben und ihm ein Geständnis abzuringen: Schäfer gab schließlich zu, den Kaiser ermordet und seine Papier an sich genommen zu haben.

hatte und so eine moralische Macht über Schäfer zu haben glaubte, sie bis zu einem gewissen Grade auch hatte, absichtlich irre von einem Baumstumpf zum anderen — Schäfer war dabei immer noch doppelt geschlossen —, wühlte da und dort vergeblich im Waldboden und sagte schließlich an einer bestimmten Stelle: „So kann ich nicht graben! Schließen Sie mich doch wenigstens an einer Hand auf!" Was der Beamte dann auch tat, weil Schäfer jetzt wieder williger zu sein schien und er ihn ja ohnehin an der Fessel festhielt. Da der Boden gefroren war, ging das Graben etwas langsam vonstatten, so daß der Beamte, der tiefer stand als Schäfer, um ihn im Notfall mit einem Ruck herunterziehen zu können, selbst etwas mithalf. Da richtete sich Schäfer ruckartig auf und versetzte seinem Wächter einen Fußtritt vor die Brust, so daß

Der auch in Oberndorf erscheinende Schwarzwälder Bote *widmete am 9. Februar 1937 seine Titelseite dem großen Ereignis.*

Schäfer wurde zunächst in das Haus des Bürgermeisters Schwenk gebracht, wo er als erstes um ein Stück Brot und ein heißes Getränk bat. Mehrmals betonte er, während er sich mit Heißhunger über das Essen hermachte, mehr als vier Menschen habe er nicht umgebracht. Sicherlich werde man ihn dafür köpfen! Er wurde einer Leibesvisitation unterzogen. Eine Schachtel Streichhölzer, die Gabel eines Rehgeweihs und ein Stück Seife kamen zum Vorschein. Geld hatte er nicht bei sich, er hätte es auch nicht verwenden können! Als er sich ein wenig von den vorausgegangenen Strapazen erholt hatte, begannen die anwesenden Kriminalbeamten mit dem ersten Verhör. Natürlich wollte man von ihm wissen, wie es ihm gelungen war, den Suchmannschaften eine Woche lang zu entkommen.

Nun wurde Schäfer immer gesprächiger und begann mit seiner Schilderung, die höchst aufmerksame Zuhörer fand, hatte doch dieser nun vor ihnen sitzende Mann ihnen und dem gesamten Oberamt eine Woche lang das Leben schwergemacht.

Der Serienmörder beabsichtigte, nach der erfolgreichen Flucht während des Lokaltermins bei Oberndorf tiefer in den Hochschwarzwald und damit in eine Gegend zu gelangen, die ihm noch weitaus bessere Unterschlupfmöglichkeiten bot. Dort hatte er einst als Knecht gearbeitet, dort kannte er sich besser aus als in der Oberndorfer Gegend. Tagsüber hielt er sich in den Wäldern um Oberndorf versteckt, ja er wagte sich überhaupt nicht mehr aus den dichten Schonungen heraus, weil er befürchtete, sofort erkannt zu werden. Nur bei Nacht bewegte er sich weiter nach Süden fort und suchte immer wieder eine Gelegenheit, um den Absperrgürtel zu durchbrechen und an das andere Neckarufer zu gelangen. Dabei bewegte er sich im Schutz der Dunkelheit sogar über offene Felder. Als Orientierungspunkte diente ihm der schwache Lichtschein der umliegenden Dörfer. Am Dienstag näherte er sich der alten Holzbrücke in Epfendorf, wurde aber erkannt und mußte zurückweichen. Er wandte sich bei Nacht wieder nach Norden, um dort erneut eine Überquerung des Flusses zu versuchen.

Trotz der zahlreichen Absperrposten gelangte er in der Nacht von Mittwoch auf Donnerstag bei Aistaig ungehindert an den Neckar. Er suchte sich eine Stelle gleich hinter dem Stauwehr, denn dort war der Fluß gewöhnlich etwas seichter. Da er nicht schwimmen konnte, zog er sich trotz der bitteren Kälte seine Kleidung aus, nahm sich zwei Stöcke und tastete das Flußbett in der totalen Finsternis Schritt für Schritt auf tiefe Stellen ab. Als er merkte, daß man mühelos bis zum anderen Ufer gelangen konnte, holte er seine Kleider, zog sie sich wieder an und durchwatete den Fluß.

Frierend setzte er seine Flucht fort, doch zumindest befand er sich nun wieder in großen, zusammenhängenden Waldgebieten, in denen er sich recht gut auskannte und sich einigermaßen sicher fühlte. Zu seiner Erleichterung kam gelegentlich die Sonne durch. Dann suchte er die nur spärlich vorhandenen Lichtungen auf und legte sich auf den Waldboden, um sich der geringen Wärme hinzugeben. Bei Nacht marschierte er, der bitteren Kälte zu trotzen versuchend, in nordwestlicher Richtung an der Gemeinde Dornhan vorbei weiter. Er hoffte, bald die Gegend von Alpirsbach zu erreichen. Von einem der einzeln stehenden Gehöfte in der Gemeinde Vierundzwanzig Höfe entwendete er aufgehängte Frauenwäsche*, vor allem Hemden. Er zerriß nun eines seiner drei Hemden und wickelte es zu Fußlappen zusammen. Diese ersetzten fortan seine durch die kilometerlangen Fußmärsche völlig zertretenen, nassen Schuhe.

Dennoch hatte er immer wieder sehr viel Glück. Mehrere Male gingen SA-Streifen an der jeweiligen Tannenschonung vorüber, in der er sich versteckt hielt. Aus den Gesprächen der Männer, denen er angestrengt lauschte, erfuhr er auch, daß ein »Kopfgeld« von tausend Mark auf ihm ausgesetzt war. Einmal schnappte er von Holzhauern, die sich allzu laut über den Stand der Fahndung unterhielten, die letzten ihn betreffenden Neuigkeiten auf, während er nur wenige Meter von ihnen entfernt in seinem Versteck kauerte.

* Während der weiteren Vernehmungen kam zum Ausdruck, daß Schäfer mit Vorliebe weibliche Unterwäsche trug. Diese perverse Veranlagung war auch schon in seinem Prozeß im Jahre 1927 zur Sprache gekommen.

Zu der beißenden Kälte gesellte sich der zunehmend böse nagende Hunger. Da ihm Nahrungsmittel fehlten und er es auch nicht wagte, sie sich durch Einbrüche zu verschaffen, mußte er sich tagelang von Blättern, Wurzeln, Gras und rohen Feldfrüchten ernähren. In den frühen Morgenstunden des Sonntag aber, es war 4.30 Uhr, war der Hunger so unerträglich geworden und er sehnte sich so sehr nach einem herzhaften, wenn auch sehr bescheidenen »Sonntagsmahl«, daß er sich zu dem Hof des Bauern Schwenk in Romishorn schlich, auf dem er früher als Knecht gearbeitet hatte. Dort hatte er im vergangenen Herbst Kartoffeln in eine Scheune gefüllt, und diese wollte er sich holen.

Dies sollte ihm zum Verhängnis werden, denn er lief geradewegs dem Landwirtschaftspraktikanten Huber und seiner Braut in die Arme, die ihn wiedererkannten. Rasch rannte er davon und wandte sich am frühen Morgen weiter nach Norden in Richtung Loßburg. Aus der Ferne hörte er die alarmierten Suchmannschaften, vernahm Motorengeräusche und laute Kommandorufe. Er ahnte, daß nun ein Kesseltreiben ansetzen und ein nochmaliges Entweichen fast unmöglich würde, ja, daß womöglich sein letztes Stündlein schlagen könne. Gegen zehn Uhr erreichte er ein dichtes Waldstück am äußeren Vogelsberg. Er kletterte auf eine hohe Tanne und sah aus luftiger Höhe, wie die Suchenden immer näher rückten, ja manche sogar unter ihm vorbeiliefen. Mehrmals fuhren auch Lastwagen an ihm vorbei.

Schäfer sann nach einem letzten Ausweg. Er zog sich tiefer in den Wald hinein, sammelte Moosstücke, legte sich in eine Mulde, deckte sich mit dem Moos zu und verhielt sich regungslos, als sich wieder eine Postenkette näherte. Er nahm nicht wahr, daß ein Teil seines auf dem Kopf getragenen Hutfutters herausragte, und schon nahm das Verhängnis seinen Lauf! Einer der kaltblütigsten Mörder der württembergischen Kriminalgeschichte befand sich wieder in sicherem Gewahrsam.

Unter schärfster Bewachung fuhr man die an Händen und Füßen gefesselte »Jagdtrophäe« in einem Gefangenenauto nach dem wegen der Fastnacht festlich geschmückten Oberndorf, dem Ort, der im Januar und Februar alljährlich zum regelrechten Narrenort wurde, in dem man tagelang ausgelassen feierte*, aber auch gerade dem Ort, in dem tagelang

* Der in Oberndorf erscheinende *Schwarzwälder Bote* schrieb am 9. Februar 1937: *»Toll ist zuweilen das Würfelspiel des Lebens ... so wurden wir gestern in Oberndorf von dem kalten Schauder der Kontraste angerührt. Fastnachtssonntag! Triumph gesunder Lebenskraft, glitzernder Buntheit der*

eine sehr ernste Aufgabe durchgeführt wurde, nämlich die Leitung der gesamten Suchaktion nach dem entsprungenen Mörder. Die Nachricht von seiner Festnahme hatte sich in Windeseile durch das Oberamt verbreitet. Als man erfuhr, daß Schäfer in Kürze in Oberndorf eintreffen würde, geriet das etwa sechstausend Einwohner zählende Städtchen vollends aus dem Häuschen! Etwa dreitausend Menschen strömten an diesem Mittag zusammen, sie alle in der Hoffnung, wenigstens einen kurzen Blick auf den so berühmt gewordenen Mörder werfen zu können. Omnibusse, Personenwagen, Motor- und Fahrräder stauten sich in den engen Straßen und auf den Zufahrtsstraßen, doch der weitaus größte Teil war zu Fuß herbeigeströmt. Die Fastnacht schien völlig vergessen, und den so liebevoll vorbereiteten Kinderumzug, der um 14 Uhr vom Bahnhof seinen Anfang nahm, sahen nur wenige Zuschauer, sehr zur Enttäuschung der maskierten und auf allerlei Weise närrisch geschmückten Kleinen.

Kaum hatten die Kriminalbeamten mit dem Täter die Stadtgrenze erreicht, kam es zu chaotischen Szenen, wie sie der Ort noch nie erlebt hatte und denen die örtlichen Sicherheitskräfte natürlich nicht gewachsen waren. Das Oberamtsgebäude wurde von etwa 1500 Menschen umlagert. Der gerade eintreffende Kinderumzug konnte sich nur mühsam einen Weg durch die brodelnde Menge bahnen. Niemand nahm Notiz von ihm. Sogar in den umgebenden Häuserfenstern hatten sich dichte Menschentrauben gebildet, ganz Wagemutige wiederum hatten die umliegenden Dächer erklommen. Nur mit größter Mühe bahnte sich der Gefangenenwagen mit seiner berühmt-berüchtigten Fracht seinen Weg durch die Menge. Unter starker Bewachung ließ man Schäfer vor dem Oberamtsgebäude aussteigen, doch das erhöhte den Druck der neugierigen, aber von den Polizeibeamten im Schach gehaltenen Massen noch. Einzelne Rufe erschollen, man wolle den Mörder sehen. Es blieb schließlich nichts anderes übrig, als den Serienmörder den Blicken der Bevölkerung zu präsentieren. Eine halbe Stunde lang zog die sensationslüsterne Menge an dem an der Tür stehenden und sehr niedergeschlagen dreinschauenden Mann vorbei. Dabei wurden immer wieder wüste Verwünschungen laut,

---

Farben und Töne, närrischen Flitters, bachantischen Schwärmens! ... Es sei Fastnachtssonntag, wollte uns der Kalender glauben machen – ein erbarmungsloses Schicksal bescherte uns einen düsteren Aschermittwoch. Nicht von der Fastnacht sprach man mehr, ein schrecklicher, dunkler Name, der seit einer Woche Abertausende in innerem Aufruhr hielt, deckte alles zu: Schäfer. ...«

viele schüttelten ihre Fäuste gegen ihn. Nicht nur hatte er kaltblütig vier Menschen ermordet, nein, er hatte es auch gewagt, den kollektiven Spaß an der Fastnacht empfindlich zu stören!

Nach Erledigung der vorgeschriebenen Formalitäten im Kreisamt wurde Schäfer unter schärfster Bewachung nach Stuttgart transportiert und in sicheren Gewahrsam genommen. Nun folgten intensive Verhöre.

Drahtmeldungen gingen in alle Teile des Reiches, sogar der Reichssender Stuttgart unterbrach sein musikalisches Nachmittagsprogramm, verkündete die sensationelle Meldung von der Wiederergreifung Schäfers. Der gesamte Schwarzwald atmete auf, man fühlte sich, nun, da die »Bestie« wieder in sicherem Gewahrsam befand, wieder sicher.

Im Zuge der Ermittlungen über das Leben des Serienmörders nach seiner letzten Strafverbüßung im Jahre 1935 erfuhren die Beamten weitere Einzelheiten. So soll er sich in den vergangenen Monaten mehrmals auf einem Hof in der Gemeinde Vierundzwanzig Höfe unweit von Alpirsbach aufgehalten haben.

Im Jahre 1935 suchte der Bauer Schwenk in dieser Ortschaft dringend Arbeitskräfte. So wandte er sich an das Arbeitsamt in Oberndorf, das ihm einen gewissen Paul Kaiser als landwirtschaftlichen Arbeiter auf den Hof schickte. Dieser Paul Kaiser war kein anderer als Josef Schäfer, denn dieser hatte sich nach der Ermordung des echten Kaiser dessen Identität angeeignet. Kaiser alias Schäfer befand sich damals in Begleitung eines Bürstenmachers namens Widmann, der übrigens später sein zweites Opfer werden sollte. Schäfer verrichtete anfangs seine Arbeit mit großem Fleiß und mied den Alkohol, wie der Bauer aussagte, aber man besaß bei ihm das ungutes Gefühl, als habe er etwas zu verbergen oder führe etwas Arges im Schilde. Die Hausbewohner verschlossen immer Keller und Vorratsräume vor ihm. Die Sonntage verbrachte er meist mit Schreibarbeiten, denn er wolle sich um verschiedene Stellen bewerben, wie er angab.

Ende August 1935 nahm er sich ein paar Tage frei, um, wie er sagte, sich auf neuen Arbeitsplätzen vorzustellen.

Ein Dreivierteljahr später erschien er wieder auf dem Hof. Diesmal brachte er ein junges Mädchen mit, das er als seine Braut Luise Waibel vorstellte. Er sagte, er habe es in der Heil- und Pflegeanstalt Stetten im Remstal kennengelernt, und es war ihm gelungen – angeblich habe da ein Rechtsanwalt mitgewirkt –, sie aus der Heilanstalt herauszubekommen, weil sie ja nicht schwachsinnig sei. Doch Bauer Schwenk war da anderer

Meinung. Er gewann sofort den Eindruck, daß er eine doch in gewissem Grade verblödete Person vor sich hatte, zumal sie an epileptischen Anfällen litt. Schwenk forderte nun seinen Knecht Kaiser alias Schäfer auf, das Mädchen, in dem Schwenk nichts weiter als seine Geliebte sah, von seinem Hof zu entfernen.

Anfangs mag der Mörder so etwas wie Zuneigung zu Luise empfunden haben, zumindest diente sie ihm als Geliebte. Doch nun war es ihm lästig geworden, das Mädchen, das in Wirklichkeit Luise Spieß hieß. Er wußte nicht, wo er sie unterbringen solle, und sie gefährdete durch ihre Anwesenheit seine Arbeitsstelle. Außerdem, und das war das Entscheidende: Sie wußte von seiner doppelten Identität, wußte, daß er mal als Paul Kaiser, mal als Johann Widmann auftrat. Und dies konnte ihm gefährlich werden, denn würde sie dies für sich behalten können?

Eines Morgens im August 1936 verließ Schäfer alias Kaiser wieder den Schwenkschen Hof und nahm seine »Braut« mit. Er sagte, er wolle sie bei ihrer Mutter unterbringen. Drei Tage später kehrte er zurück – allein. Wo denn seine Braut geblieben sei, wurde er gefragt. Die habe er wieder dorthin gebracht, wo er sie hergeholt hatte, nämlich in die Heil- und Pflegeanstalt. »Kaiser« blieb nur wenige Tage, dann machte sich der Rastlose wieder auf, um, wie er vorgab, nach anderen Arbeitsstellen zu suchen.

Monatelang hörte man nichts von ihm, bis er eines Tages Anfang 1937 wieder auf dem Hof vorsprach. Da der andere Knecht gerade erkrankt war, überwand Schwenk nochmals seine wachsende Abneigung gegen diesen seltsamen Menschen und stellte ihn erneut ein. Doch schon wenige Tage später, am 15. Januar, packte diesen wieder die »Reiselust«. Er wolle nun eine Stelle in einer Mühle antreten, sagte er zu Schwenk. Als er wenige Tage später wieder auf dem Hof erschien, bemerkte der Bauer eine tiefe Schnittwunde an seiner Hand. Er fragte danach und bekam zur Antwort, er habe einen Unfall erlitten. Schwenk zahlte dem ihm nun unheimlich gewordenen Mann den Restlohn aus und sagte ihm, er solle sich nie mehr blicken lassen.

Kaiser alias Schäfer begab sich sofort nach dem nahe gelegenen Alpirsbach, setzte sich in den Zug und fuhr nach Stuttgart. Dort quartierte er sich in einem Heim für ledige Männer ein. Eine polizeiliche Überprüfung der Bewohner am 27. Januar setzte dann seiner »Wanderlust« zunächst ein Ende.

Die Kriminalpolizei und die Justizpressestelle in Stuttgart gaben am 11. Februar bekannt, daß nunmehr auch die Leichen der beiden anderen

Opfer des Serienmörders gefunden worden seien. Der Täter hatte auf einer Landkarte die Stellen eingezeichnet.

Am Mittwoch, dem 10. Februar, wurde er unter schärfster Bewachung zunächst nach dem malerisch gelegenen Städtchen Alpirsbach gefahren, also nicht weit von der Stelle, wo er aufgegriffen worden war. Er, der nun stark gefesselt und von Hunden umgeben war, führte die Kriminalbeamten zu einem etwa zwei Kilometer östlich des Ortes gelegenen Steilabhang eines Waldstücks; es befand sich ganz in der Nähe der Ortschaft Vierundzwanzig Höfe. Dort wollte er zwischen zwei großen Steinbrocken die Leiche des dreißigjährigen Arbeiters Johann Widmann verscharrt haben. Tatsächlich legte man nach intensiven Grabungen die zerstückelte Leiche des Mannes frei. Schäfer hatte den Mann im August 1935 erschlagen, ihm den Kopf abgetrennt, danach zergliedert und ihn seiner Papiere beraubt.

Anschließend fuhren die Beamten den Mörder nach der kleinen Stadt Horb, rund fünfundzwanzig Kilometer nordöstlich von Alpirsbach gelegen. Die Suche nach dem Grab des Paul Kaiser gestaltete sich schon erheblich schwieriger. Schäfer hatte angegeben, den dreißigjährigen Hausierer im oberen Teil eines steilen Waldhanges unweit der Stadt, und zwar auf der südwestlich gelegenen Gemarkung Nordstetten, verscharrt zu haben. Als man an dieser Stelle nachforschte, konnte sich Schäfer angeblich nicht mehr genau erinnern. Erst ein Suchhund fand die Stelle. Schließlich wurden auch die zerstückelten Teile des gleichfalls im August 1935 ermordeten Opfers freigelegt. Wie schon die des Widmann waren auch diese Leichenteile stark in Verwesung übergegangen und teilweise bereits skelettiert. Der Kopf fehlte, er sollte erst mehrere Wochen später gefunden werden.

Auch angesichts der Überreste beider Männer behauptete Schäfer noch immer, er habe die Opfer nicht beraubt, sondern nur wegen der Ausweispapiere umgebracht. Dies mochten ihm die Kriminalbeamten nicht so recht glauben, hatte Schäfer doch schon in den 1920er Jahren von Diebstählen und Einbrüchen von sich reden gemacht. Immerhin gestand er, nach seiner Flucht vom Lokaltermin in Oberndorf mehrmals Damenwäsche und Strümpfe gestohlen zu haben.

Nach weiteren, sich wochenlang hinziehenden Verhören in der Landeshauptstadt erhob die für die Morde zuständige Staatsanwaltschaft Rottweil im März 1937 Anklage wegen Mordes in vier Fällen. Und nicht nur Württemberg, sondern der gesamte südwestdeutsche Raum fieberte dem Prozeß des Jahres, wenn nicht des Jahrzehnts, entgegen.

Der Waldhang, an dem die Leichenreste des Paul Kaiser gefunden wurden.

Paul Kaiser war Schäfers erstes Opfer.

Die historische Innenstadt von Rottweil. Postkarte, um 1935

Der Terminkalender der ersten, am 20. April beginnenden Schwurgerichtsperiode des Jahres 1937 beim Landgericht in Rottweil verzeichnete drei Fälle von Brandstiftung, einen Fall von gewerbsmäßiger Abtreibung – und einen Fall von Mord in vier Fällen!

Der Prozeß gegen den Serienmörder

Am 23. April 1937, also kaum zweieinhalb Monate nach seiner Wiederergreifung, begann der Prozeß gegen Josef Schäfer, und die nur 12.000 Einwohner zählende ehemalige Reichsstadt Rottweil, malerisch am Fuße des Schwarzwaldes gelegen, eine Stadt, die bislang kaum in die Schlagzeilen geraten war*, sollte einen Tag lang zum Schauplatz eines Dramas werden, zu dem viele reichsdeutsche Tageszeitungen ihre eigenen Berichterstatter entsandten.**

* Die *Tübinger Chronik* schrieb am 24. April 1937 anläßlich ihrer Berichterstattung einleitend über den Prozeß: *»Hier in dieser alten Narrenstadt, in der ein lustiges Völkchen beheimatet ist ...«*

** Schon einmal war das kleine Rottweil Schauplatz eines Sensationsprozesses, als im März 1863 vier italienische Eisenbahnarbeiter vor dem Schwurgericht standen und nach über vierwöchigem Prozeß am 1. Mai zum Tode verurteilt wurden. Sie waren beschuldigt, im Dezember 1861 einen Landsmann erschlagen und ausgeraubt zu haben. Die vier Italiener starben gemeinsam am 6. Juni 1863 in Rottweil unter dem Fallbeil.

Noch nie hatte in der Kreisstadt ein vierfacher Mörder vor Gericht gestanden. So überraschte es nicht, daß es zu einem überwältigenden Andrang der Neugierigen kam. Als gegen 8.10 Uhr ein Polizeiauto von Stuttgart kommend mit dem Untersuchungsgefangenen im Hof des Landgerichtsgebäudes in der Königstraße vorfuhr, drängten sich Hunderte von Menschen, die keinen Einlaß gefunden hatten, auf der Straße. In der ganz in der Nähe gelegenen Schule war Unterrichtsbeginn. Statt dessen liefen viele Kinder herbei, um einmal den berühmten Mörder sehen zu können. Der recht geräumige Schwurgerichtssaal selbst war brechend voll, sogar auf den Stehplätzen drängten sich die Zuhörer.

Gegen 8.15 Uhr wurde der Angeklagte Schäfer, von zwei Gefängniswärtern und zwei Gendarmeriebeamten flankiert, in braunem Arbeitsanzug und brauner Jacke in den Saal geführt und nahm auf der Anklagebank Platz. Trotz seiner 37 Jahre wirkte er wie ein junger Mann, und vor allem: Er sah durchaus nicht wie ein Schwerverbrecher aus, wie zahlreiche Zuhörer später bekundeten. Sympathisch sehe er aus mit seinem frischen Gesicht, meinten manche, gar nicht wie einer, der vier Menschenleben auf dem Gewissen habe. Der in Rottweil erscheinende *Schwarzwälder Volksfreund* dagegen schrieb am 23. April: *»Seine abstehende Unterlippe, seine dunkel unterlaufenen Augen und seine ins Gesicht hängenden Haare unterstreichen die verbrecherische Physiognomie des Mörders.«*

Schäfers Blick fiel zunächst auf den Tisch mit dem Beweismaterial, auf dem unter anderem die zertrümmerte Schädeldecke seines letzten Opfers, Franz Rothfuß, stand. Auch dessen blutgetränkten Kleidungsstücke, die man ausgegraben hatte, waren ausgebreitet, ebenso lag dort eine Spitzhacke, die einmal zum Verscharren eines Opfer diente.

Pünktlich um 8.30 Uhr betraten der Landgerichtsdirektor Klöß als Vorsitzender und seine beiden Beisitzer den Saal. Als zunächst der Eröffnungsbeschluß verlesen wurde, sah sich der Angeklagte beinahe gelangweilt im Saal um, musterte abwechselnd die Zuhörer und das Gericht. Gelegentlich verzogen sich seine Mundwinkel zu einem leichten Lächeln.

Schäfer schilderte zunächst seinen Lebenslauf. Am 3. März 1900 in Betra geboren, verlor er schon mit fünfzehn seinen Vater und arbeitete zunächst in der Landwirtschaft, dann aber in der Waffenfabrik Mauser in Oberndorf. Bereits als Zehnjähriger hatte er gestohlen, und diese Neigung setzte er als Jugendlicher verstärkt in die Tat um. Viele waren damals der Ansicht, in einer Zwangserziehungsanstalt sei er besser aufgehoben.

Im Jahr 1918 zum Militär eingezogen, gelang es ihm, nicht an der Front eingesetzt zu werden. Dann aber nahm das Verhängnis seinen vollen Lauf: ein Diebstahl folgte dem anderen. Wäschediebstähle waren es zunächst, doch dann weitete er seine Tätigkeit auch auf Einbrüche aus. Einmal wurde er festgenommen und in das Gefängnis in Hechingen eingeliefert. Von dort gelang ihm eine tollkühne Flucht. Im Jahre 1926 schließlich suchte er gemeinsam mit seinem Komplizen Speigler wochenlang große Teile des Schwarzwaldes heim, wobei ihm ein selbstgebauter Unterstand zwischen Glatt und Neckarhausen als Ausgangspunkt diente, bis er schließlich ergriffen wurde. 1928 zu acht Jahren und zehn Monaten verurteilt, wurde er im März 1935 entlassen.

Schäfer kam nun freimütig auf die vier bestialischen Morde zu sprechen. Dabei redete er meist mit leiser Stimme, so als sei es ihm unangenehm, sich über all die schrecklichen Ereignisse auszulassen.

Kaum war er wieder auf freiem Fuß, wandte er sich nach kurzer Beschäftigung in der Eifel im Juni 1935 wieder Richtung Heimat. In Ludwigshafen traf er einen Wanderburschen namens Götz, mit dem er im Juli zwischen Oberndorf und Altoberndorf mehrere Diebstähle ausführte. Götz wurde bald darauf gefaßt, während Schäfer das Stehlen aufgab und bei einem Bauern Anstellung fand. Er wußte genau: Sollte er wieder

Das Landgerichtsgebäude in Rottweil. Postkarte, um 1930

ergriffen werden, drohte ihm diesmal eine sehr hohe Zuchthausstrafe, vor allem aber Sicherungsverwahrung. Dies mußte er unter allen Umständen vermeiden. Und so reifte allmählich ein teuflischer Gedanke in seinem Hirn, der immer konkretere Ausmaße annahm. Die Ausweispapiere eines anderen, unbestraften Mannes in seinem Alter mußten her! Er wollte in die Identität dieses Mannes schlüpfen, um im Falle einer Verhaftung als unbestraft zu gelten.

Zunächst aber arbeitete er mehrere Wochen bei einem Bauern als Knecht. Anfang August 1935 schrieb er den Eltern eines schwachsinnigen Einwohners seines Heimatdorfes Betra einen Brief und täuschte vor, er wisse für ihren Sohn eine gute Stelle als Villenwärter in der Schweiz. Er möge ihn am 5. August am Bahnhof in Imnau treffen, von dort wolle er ihn mit einem Auto in die Schweiz fahren. Er solle aber ganz bestimmt seine Ausweispapiere mitbringen. Als der so Gelockte auf dem Bahnhof ankam, schickte Schäfer ihn aber gleich wieder nach Hause, er hatte nämlich seine Ausweispapiere vergessen!

Einen Tag später später lernte er auf einer Anlagenbank in Tübingen zufällig den dreißigjährigen ledigen Hausierer Paul Kaiser aus Bonlanden kennen. Er bat ihn, aus seinem Heimatort seinen Hausierschein zu holen, und schloß sich ihm dann auf seinen Wanderungen beziehungsweise Bettelzügen durch die Lande an. Als Vorwand gab er an, er wolle sich etwas dazuverdienen.

Der Vorsitzende fragte ihn: *»Was wollten Sie von Kaiser?«**

Schäfer: *»Seine Papiere.«*

Vorsitzender: *»Wie gedachten Sie die Papiere zu erhalten?«*

Schäfer: *»Das hat sich ja dann ergeben.«*

Zwei Wochen lang wanderten die beiden durch die Lande und verkauften gemeinsam ihren Trödelkram. Dabei beobachtete Schäfer genauestens die Lebensgewohnheiten seines auserwählten Opfers. In seiner Jackentasche führte er einen großen eisernen Schraubenschlüssel, den er von einer Baufirma in Tübingen gestohlen hatte. Er wußte genau, wofür er ihn verwenden würde ... Nun überredete er Kaiser dazu, mit ihm in die Gegend von Horb zu wandern, weil man dort, wie Schäfer sagte, den Trödel gut loswerden könne und auch das Betteln lukrativer sein würde.

---

* *Schwarzwälder Bote*, 24. April 1937.

In der Nacht vom 14. auf den 15. August lockte er Kaiser zu einer abgelegenen Stelle im dichten Waldgebiet, das sich an einem Steilhang in der Gemarkung Nordstetten erstreckte. Dort wolle man nächtigen, hatte er vorgeschlagen. Als er sich davon überzeugt hatte, daß der Hausierer eingeschlafen war, holte er den gestohlenen Schraubenschlüssel heraus und versetzte dem auf der linken Seite ruhenden Mann mehrere wuchtige Schläge auf den Hinterkopf. Kaiser war auf der Stelle tot. Hierauf nahm er den Hausierschein an sich, um ihn als Ausweispapier verwenden zu können, und wartete, bis es hell geworden war. Er schnitt nun mit dem Messer dem Leichnam die Kleider weg, trennte ihm mit einem Messer den völlig zertrümmerten Kopf sowie Arme und Beine ab, grub mit seinem Taschenmesser und den bloßen Händen ein kleines Loch und stieß die blutüberströmten Gliedmaßen und den Rumpf hinein. Den Kopf aber vergrub er an einer ein paar Meter entfernt gelegenen Stelle, die Kleidungsstücke an einem dritten Ort. Dadurch meinte er die Entdeckung der Tat erschweren zu können.

Vorsitzender: *»Weshalb haben Sie die Gliedmaßen abgeschnitten?«**

Der Angeklagte: *»Damit ich kein so großes Loch machen mußte.«*

Schäfer schilderte die grausige Tat mit großer Teilnahmslosigkeit, als handele es sich lediglich um ein geringfügiges Eigentumsdelikt. Die Zuhörer dagegen waren nicht so teilnahmslos, im Gegenteil: Sie zeigten großes Entsetzen, wann immer neue grausige Einzelheiten in den Saal hallten.

Aus dem Dienstknecht Josef Schäfer wurde jedenfalls nach der Bluttat der nicht vorbestrafte Hausierer Paul Kaiser. Obwohl die gestohlenen Papiere kleine Gesetzesübertretungen aufwiesen, stand weiteren Einbrüchen nichts mehr im Wege. Sollte er verhaftet werden, war er der nur geringfügig vorbestrafte Hausierer Kaiser und käme mit einer gewöhnlichen Gefängnisstrafe davon. Eine Sicherungsverwahrung schien in weiter Ferne.

Wenige Tage nach dem Mord lernte Schäfer in der Gegend von Sulz am Neckar den dreißigjährigen Tagelöhner Johann Widmann aus Alpirsbach kennen. Widmann erzählte ihm, seine Schwester werde schon seit zehn Jahren vermißt, doch sei dies seinen Eltern völlig egal. Schäfer wurde hellhörig! Die Eltern würden sicherlich auch vom Verschwinden

* *Stuttgarter Neues Tagblatt*, 23. April 1937, Abendausgabe.

des Sohnes kein Aufhebens machen. Außerdem lockte es ihn, daß Widmann noch keine auch noch so geringfügige Vorstrafe aufwies, also »saubere« Papiere besaß als der nun tote Kaiser.

Sie wanderten gemeinsam nach Vierundzwanzig Höfe und fanden bei dem Bauern Schwenk Arbeit. Dabei gab sich Schäfer als Paul Kaiser aus. Doch bereits am nächsten Tag teilte Widmann ihm mit, die Stelle gefalle ihm nicht.

Am Morgen des 31. August 1935 ließ Widmann seinen Dienstherrn wissen, er wolle weiterwandern, um sich eine andere Arbeitsstelle zu suchen. Schäfer sah nun den Zeitpunkt gekommen, seinen schon Tage vorher gefaßten Plan in die Tat umzusetzen. Er bot dem Unzufriedenen an, ihn zu begleiten, denn auch er, Paul Kaiser alias Josef Schäfer, wolle eine andere Arbeitsstelle suchen. Vor dem Aufbruch teilte Schäfer seinem Dienstherrn mit, ihn habe ebenfalls das »Reisefieber« gepackt.

Abends verließen beide den Schwenkschen Hof und wanderten südwärts, immer höher einen bewaldeten Steilhang hinauf. Dort wisse er eine Heuhütte, sagte Schäfer zu seinem ahnungslosen Begleiter. Tatsächlich erreichten sie bald darauf diese Hütte und legten sich darin zur Ruhe. Nachts erhob sich Schäfer, überzeugte sich davon, daß Widmann fest schlief, hob seinen Schraubenschlüssel und schlug ihn dem Mann immer wieder auf den Kopf, bis er blutüberströmt dalag. Dann zog er sein Taschenmesser und stieß es dem röchelnden Opfer mitten ins Herz. Dies tat er, *»damit er nicht solange leiden muß«*. Den Kopf zerschlug er mit dem Schraubenschlüssel, um ihn unkenntlich zu machen.

Sogleich zog er den Toten aus der Hütte, schleifte ihn einige Meter in den Wald hinein, zergliederte ihn in derselben Weise, wie er es mit seinem ersten Opfer getan hatte, und verscharrte die Überreste ganz in der Nähe. Schuhe und Papiere des Toten, so die Quittungskarte und die Steuerkarte, nahm er an sich. Sie erschienen ihm geeigneter als die seines ersten Opfers. Ein Paar Schnürschuhe seines Opfers behielt er ebenfalls für sich. Nach der Bluttat legte er sich erst einmal schlafen.

»Hätte ich den Widmann gleich kennengelernt, so hätte ich den Kaiser nicht umbringen brauchen«, sagte Schäfer nun vor Gericht.*

Nun wurde aus Josef Schäfer alias Paul Kaiser der Tagelöhner Johann Widmann. Aber als Paul Kaiser, nur als der war er dort bekannt, kehrte

* *Tübinger Chronik*, 24. April 1937.

er auf den Schwenkschen Hof zurück, wo es ihn nicht lange hielt. Erneut packte ihn das »Reisefieber«. Über St. Georgen und Dettingen wandte er sich nun nach dem größeren Tübingen, wo er sich im November 1935 als Knecht eines Fuhrhalters verdingte, nun schon unter dem Namen Johann Widmann. »Widmann« galt als fleißig und zuverlässig, mied allerdings Geselligkeit und verschmähte Alkohol und Tabak. Statt dessen saß er stundenlang am Schreibtisch und antwortete auf zahlreiche, in den Zeitungen erschienene Heiratsanzeigen. Sein Dienstherr sollte ihn später aufgrund der in der Presse erschienenen Fahndungsfotos wiedererkennen.

Im April 1936 verließ er seine Tübinger Stellung und verdingte sich, wieder unter dem Namen Widmann, als Knecht in der Heil- und Pflegeanstalt in Stetten im Remstal, in der überwiegend Epileptiker untergebracht waren. Unter dem falschen Namen ließ er sich auch das Arbeitsbuch und eine neue Quittungskarte ausstellen, ja trat zudem in die Deutsche Arbeitsfront ein. Während seiner Arbeit lernte er einen Pflegling, die 20jährige Luise Spieß, kennen und war ihr, obwohl sie an häufigen Anfällen litt, sehr zugetan. Schon nach wenigen Wochen begann er mit ihr ein Liebesverhältnis. Ja, sogar von Heirat wurde gesprochen. Schäfer kratzte nun sein Erspartes zusammen, beauftragte einen Rechtsanwalt, um die junge Frau mit rechtlichen Mitteln aus der Anstalt herauszuholen, denn sie sei dafür nicht blödsinnig genug, doch dauerte ihm dies zu lange. Am 25. Juli 1936, einen Tag nach ihrem 21. Geburtstag, lief er mit ihr einfach davon. Dabei beging er eine große Nachlässigkeit: Er ließ seine auf Johann Widmann lautenden Papiere zurück.

Sofort begab er sich mit seiner Geliebten zu seinem früheren Dienstherrn, dem Bauern Georg Schwenk in Vierundzwanzig Höfe. Nun war er wieder Paul Kaiser. Da der Bauer aber nicht gewillt war, eine epileptische Person bei sich zu haben und er außerdem die beiden der Unzucht beschuldigte, forderte er Schäfer auf, die junge Frau vom Hof zu entfernen. Überdies war dieser aufgefallen, daß ihr Geliebter mal als Johann Widmann, mal als Paul Kaiser auftrat, und sie teilte es ihm mit. Beide Umstände bedeuteten das Todesurteil für Luise Spieß.

Schäfer verließ am Morgen des 3. August 1936 mit ihr den Hof. Seinem Dienstherrn sagte er, er wolle sie nun bei ihrer Mutter einquartieren. Er versuchte zunächst, sie in Epfendorf unterzubringen, was ihm nicht gelang. Also wanderte er mit ihr weiter nach Norden an Oberndorf vorbei. Nördlich des Ortes überquerten sie den Neckar. Auf halbem Wege zwischen Oberndorf und Aistaig sagte er, nun sei es Zeit zu nächtigen. Im Wald richteten sie sich eine Nachtstatt her. Da erlitt die junge Frau wieder einen epileptischen Anfall und wälzte sich mehrere Minuten lang auf dem Boden, für Schäfer eine günstige Gelegenheit, sich ihrer zu entledigen. Gerade wollte er zupacken, als sie wieder zu sich kam und ihn mit großen Augen ansah. Er ließ seinen Vorsatz zunächst fallen, weil *»sie ihn gedauert hat«*. Eine Stunde später bekam sie einen zweiten Anfall. Nun drückte er ihr eine Hand auf Nase und Mund, um sie zu ersticken. Da sie aber laut aufstöhnte, ließ er wieder von ihr ab.

Er wartete, bis sie eingeschlafen war. Im Schlaf aber kam der nächste Anfall. Rasch drückte Schäfer ihr wieder die Hand auf Nase und Mund und begann, während er die um ihr Leben Kämpfende mit eiserner Kraft festhielt, zu zählen ... eins, zwei, drei, vier ... Er zählte bis sechzig, dann bemerkte er, daß sie endlich tot war. Der Sommermorgen graute, als der Mörder die Leiche entkleidete und ihr beide Beine abtrennte, den Kopf aber diesmal nicht. Den ließ er an seiner Stelle, zertrümmerte ihn aber mit der gewohnten Routine, um ihn unkenntlich zu machen. Wieder grub er unter Zuhilfenahme des Taschenmessers und beider Hände ein Loch und verscharrte darin seine Geliebte.

Er kehrte zu seinem Dienstherrn Schwenk zurück. Als dieser ihn fragte, er habe Luise doch nicht etwa ins Wasser geworfen, beruhigte er ihn und gab an, er habe sie zu ihrer Mutter nach Giengen gebracht. Was er dann tat, bewies nach Meinung des Gerichts wieder einmal die Kaltblütigkeit des Mörders. Er schrieb der Mutter des Opfers einen Brief und teilte ihr mit, sie solle sich keine Sorgen machen, denn die Tochter sei bei seiner Mutter in Betra untergebracht und es ginge ihr gut. Eine Adresse gab er natürlich nicht an.

Am 7. September faßte er den Entschluß, die Leiche seiner Geliebten wieder auszugraben und sie an einem anderen, sichereren Ort einzuscharren, weil er befürchtete, sie könne entdeckt werden. Als er aber feststellte, daß die Leiche infolge der sommerlichen Hitze schon stark verwest war, gab er seine Absicht auf: Der Anblick schauderte ihn zu sehr! Also zog er den Überresten die Haare vom Kopf und vergrub sie an einem mehrere hundert Meter entfernten Ort. Bei den späteren Verhören konnte er nicht angeben, weshalb es dies tat. Hierauf ging er nach Giengen, besuchte die Mutter seines Opfers und bekräftigte seine Lüge, Luise habe er bei seiner Mutter untergebracht.

Luise Spieß war das dritte Opfer des Serienmörders.

Nun besaß er nur die Papiere des Paul Kaiser. Was blieb ihm also anderes übrig, als sich nach einem neuen Opfer umzusehen, sagte er sich. Dieses aber wollte er nunmehr über eine Zeitungsannonce finden. Er fuhr nach Oberndorf und gab am 6. Dezember 1936 im *Schwarzwälder Boten* unter dem Namen einer Witwe Hermann Glock eine Anzeige auf, in der diese einen zuverlässigen Knecht im Alter von dreißig bis fünfunddreißig Jahren suchte. Eine Einheirat wurde auch in Aussicht gestellt, da die angebliche Witwe eine Tochter im heiratsfähigen Alter besäße. Alle Angebote sollten an ein Alpirsbacher Hotel gerichtet werden, denn dort wolle die Witwe in allernächster Zeit eine Wohnung nehmen, und man möge doch bitte die eingehende Post für sie zurücklegen.

Es gingen dreißig Zuschriften ein. Schäfer holte sie »im Auftrag der erkrankten Witwe«, er sei ihr Bruder, vom Hotel ab, und sechs davon behielt er als engere Auswahl. Diesen sechs Männern schickte er Fragen zu, von denen einige folgendermaßen lauteten: »Wann und wo wurden Sie geboren? Wie heißen Ihre Eltern, und haben Sie Geschwister? Waren Sie Soldat oder beim Arbeitsdienst? Sind Sie Raucher oder Nichtraucher? Lieben Sie Gesellschaft?« Er wollte sichergehen, daß sein späteres Opfer dieselben Eigenschaften wie er selbst besaß.

Von den eingegangenen Antworten schienen ihm die des neunundzwanzigjährigen Franz Rothfuß aus Baiersbronn-Mitteltal sehr geeignet zu sein. Überdies war er telefonisch zu erreichen. Daher teilte er dem ahnungslosen Mann mit, er sei für die Stelle ausersehen, und bestellte ihn für den Mittag des 16. Januar 1937 nach Rottweil. Unter keinen Umständen möge er seine Papiere vergessen, denn diese seien sehr, sehr wichtig!

Den Vormittag verbrachte Schäfer damit, sich die nähere Umgebung Rottweils anzusehen, es zog ihn da vor allem zu Stellen, die etwas abseits lagen. Und schon bald stand eine Örtlichkeit fest, die ihm geradezu ideal schien für das, was her vorhatte. Nachmittags kaufte er sich in einem Rottweiler Geschäft ein Stilettmesser und suchte dann ein Weinlokal auf, wo er sich zwei Flaschen Wein bestellte, um in die richtige Stimmung zu kommen ...

Zur vereinbarten Zeit holte Schäfer den Mann vom Bahnhof ab. Nun gab er sich als der Knecht des Bruders der Witwe aus, dieser könne nicht selbst kommen, da sein Auto defekt sei. Unter einem Vorwand ließ er ihn zunächst in der Gepäckannahme zwei Koffer mit Kleidungsstücken deponieren. Bald schon kehrte man in einer Gastwirtschaft ein, wo Schäfer nochmals zwei Viertele* trank.

Inzwischen war der Winterabend hereingebrochen. Man wolle nun nach dem Bauernhof gehen, der einige Kilometer weit draußen liege, hieß es. Schäfer führte den ahnungslosen Mann in der Dunkelheit über den Viadukt an der Balinger Straße und die Holzbrücke über den Neckar aus der Stadt heraus und schlug einen einsamen Waldweg in nördlicher Richtung ein. Unterwegs fragte er ihn über seine Lebensgewohnheiten aus und prägte sich alles genauestens ein. Ganz in der Nähe eines »Höllenstein« genannten Felsbrockens, hoch über der Stadt, stand eine halbverfallene Heuhütte. Hier wolle man erst mal eine kurze Rast einlegen, schlug Schäfer vor. Rothfuß willigte ein. Nun war der Augenblick gekommen! Schäfer holte rasch sein Messer hervor und stieß es mit aller Kraft dem Mann in die linke Nierengegend. Dieser stöhnte auf und versuchte, um sein Leben kämpfend, sich zur Wehr zu setzen. Sein Mörder aber hielt ihn mit der rechten Hand fest und stieß mit der linken erneut zu, wieder und wieder, vor allem in die Herzgegend, *»damit er nicht so leiden müsse«,* wie er später angab. Rothfuß brach sterbend zusammen. Zweiundfünfzig Stiche stellten die Gerichtsmediziner später fest.

Vom Anblick des blutüberströmten Opfers sei ihm schlecht geworden, erzählte Schäfer dem Gericht. Also legte er sich erst einmal in der Heuhütte schlafen. Als er wenig später wieder erwachte, nahm er dem Toten die Brieftasche mit den Ausweispapieren und dem Geld ab und grub mit einem mitgeführten Pickel eine etwa 1,90 Meter lange, recht flache Grube. Dann ergriff er erneut zum Werkzeug und zertrümmerte damit dem Toten den Kopf, denn er sollte ja nicht mehr erkannt werden können. Er schnitt ihm die Kleidungsstücke auf, entfernte sie vom Körper und legte den Erstochenen mit dem Gesicht nach unten in die Grube. Diese bedeckte er geschickt mit Zweigen und Moos, so daß niemand auf den Gedanken kommen könne, hier liege eine Leiche begraben. Die Kleider buddelte er ganz in der Nähe ein.

Schäfer ging in die Stadt zurück, holte die zwei Koffer des Opfers von der Gepäckaufbewahrung und nahm sich in der Bahnhofswirtschaft ein Zimmer. Am Vormittag fuhr er nach Tübingen, wo er sich in einer Schreibstube in Tübingen eine an die Eltern des Opfers gerichtete Post-

* Ein Viertele ist in Südwestdeutschland ein Viertelliter Wein.

Der Viadukt in Rottweil, über den Schäfer sein Opfer Rothfuß in den Tod führte. Postkarte, um 1935

karte tippen ließ, die er so formulierte, als stamme sie von dem Sohn. Sie mögen sich keine Sorgen machen, ihm ginge es gut und er habe sich verlobt. Dennoch erstatteten die Eltern eine Vermißtenanzeige, als sich Franz Rothfuß auch nach Tagen nicht meldete.

Der Mörder war indessen zu seinem früheren Dienstherrn Schwenk zurückgekehrt, doch wollte dieser ihn nicht mehr beschäftigen, zahlte ihm den Restlohn aus und gab ihm dann den Laufpaß. Nach seiner Ankunft in Stuttgart besaß Schäfer noch die Unverfrorenheit, in einem Fotogeschäft die Fotografie seines letzten Opfers mit der eines jungen Mädchens, das er in seiner Brusttasche gefunden hatte, zu einem Foto zusammenfügen zu lassen. Er hatte die Absicht, dieses Bild seinen Eltern zu schicken, um ihnen damit die glückliche Nachricht der Verlobung des Paares mitzuteilen. Dazu kam es aber nicht mehr, weil er verhaftet wurde.

Warum er sich denn bei seiner Festnahme in Stuttgart als Paul Kaiser ausgegeben habe, obwohl er die Ausweispapiere des Franz Rothfuß bei sich trug, wollte der Vorsitzende wissen.

Schäfer: *»Da war ich da oben nicht mehr recht.«** Dabei zeigte er sich an die Stirn. Er habe schon immer eine Ahnung gehabt, daß dieser Name ihm einmal zum Verhängnis werden würde.

Die Vernehmung der Zeugen und Sachverständigen begann noch in der Vormittagssitzung. Unter ihnen befanden sich überwiegend Kriminalbeamte, die an den Ermittlungen beteiligt waren. Kriminalrat Schneider, der den Angeklagten am besten kennengelernt hatte, äußerte die Überzeugung, daß Schäfer immer mit großer Überlegung und vor allem mit größter Kaltblütigkeit handelte. Medizinalrat Dr. Fink aus Rottweil schilderte dem entsetzten Gericht, daß das Opfer Rothfuß bestialisch ermordet, ja regelrecht hingeschlachtet worden sei. Er hatte zunächst einen tiefen Stich in die Niere und danach einundfünfzig weitere Stiche in den Brustbereich erhalten. Rothfuß war nach kurzer Zeit an Verblutung gestorben, denn die linke Brusthälfte enthielt nur noch eine geringe Menge Blut.

Es trat eine längere Mittagspause ein, die die Zuhörer dazu nutzten, aufgeregt über das soeben Gesehene und Gehörte zu diskutieren. Am Nachmittag wurde die Beweisaufnahme fortgesetzt. Unter den nun vernommenen Zeugen befanden sich ebenso die Eltern des letzten Opfers. Und es gab wohl niemanden im Gerichtssaal, der nicht Mitleid mit dem gramgebeugten Ehepaar empfand.

Weitere medizinische Sachverständige wurden gehört. Medizinalrat Schwarz vom Staatlichen Gesundheitsamt in Oberndorf hatte seinerzeit die Sektion der Leichen von Luise Spieß und Johann Widmann vorgenommen. Bei der jungen Frau, die bereits in Verwesung übergegangen war, seien alle lebenswichtigen Organe intakt gewesen, so daß Schäfers Geständnis, er habe sie erstickt, durchaus der Wahrheit entsprach. Die Leichenteile Widmanns dagegen waren schon so weit zerfallen, daß eine Untersuchung sehr schwierig gewesen sei. Doch sei festzustellen gewesen, daß die Hirnschale mit einem scharfen Gegenstand abgehackt wurde.

---

* *Tübinger Chronik*, 24. April 1937.

Die Herzkammer sei völlig durchbohrt gewesen. Als Todesursache müsse unbedingt ein Herzstich angenommen werden.

Zum Abschluß der Vernehmung kam das Gericht auf die Auffindung der Leichen zu sprechen, von denen drei bereits seit längerer Zeit im Erdreich ruhten. Nur dem Scharfsinn des Kriminalbeamten vom Fahndungsdienst in Stuttgart war es zu verdanken, daß die Verbrechen aufgeklärt wurden. Ohne seine Kombinationsgabe hätte die Möglichkeit bestanden, daß die Toten nie gefunden wurden.

Mit einigem Erstaunen erfuhren die Anwesenden im Gerichtssaal von der ausgesprochenen Tierliebe des Serienmörders. Seine früheren Dienstherren sagten aus, er habe noch nie einem Tier etwas zuleide getan. Oft wurde er gesehen, wie er Katzen liebkoste und sie sogar ins Bett nahm. Seine Opfer täten ihm manchmal leid, ließ der Serienmörder das Gericht wissen.

Als er die einzelnen Morde schilderte, war ihm eine große Erregung anzumerken, aber schnell faßte er sich wieder und schweifte mit lächelnder Miene von den Verbrechen ab. Immer wieder gab er »Weisheiten« von sich. Der eine habe eben sein ganzes Leben Glück, der andere sein ganzes Leben Pech, war seine »Lieblingsweisheit«. Und als er sich eine längere Zeit über die Motive für seinen Taten ausließ, sagte er zum Schluß: *»Ihr könnt über mich denken, wie ihr wollt. Das ist mir egal.«* Schäfers Angaben, wonach er sich aus anatomischen Büchern Kenntnis über den menschlichen Körperbau und seine Gliedmaßen verschafft habe, kamen gleichfalls zur Sprache. Er hatte also die Morde sorgfältig vorbereitet.

Auf seine Vorliebe für Damenwäsche angesprochen, erklärte Schäfer, schon in seinen jungen Jahren habe er einen Drang zum Ungewöhnlichen in sich verspürt. Dazu gehörte eben die Sehnsucht nach Damenwäsche, die er denn auch mit Vorliebe stahl. Dieser Zwang habe sich sogar zu einer Leidenschaft gesteigert. Wenn er Damenwäsche trug, fiel er auf, und dieses Auffallen verschaffte ihm höchste Befriedigung. Er wisse im übrigen genau, was ihm nun bevorstehe, und die Todesstrafe habe er sicherlich verdient.

Als medizinischer Sachverständiger wurde Professor Schmidt aus Stuttgart vernommen, der den Geisteszustand des Angeklagten überprüft hatte. Ein Psychopath sei er zwar, meinte er, doch es habe sich nichts ergeben, was auf eine beschränkte Zurechnungsfähigkeit hinweise. Schäfer sei ein degenerierter, in höchstem Maße egozentrischer Psychopath, für seine Taten sei er voll und ganz verantwortlich.

Oberstaatsanwalt Dr. Burkhardt bezeichnete das Verfahren als eines der grauenvollsten der deutschen Justiz und ganz bestimmt das schlimmste im Schwurgerichtssaal von Rottweil. Die Art und Weise der Morde sei kaum noch zu überbieten, und man frage sich, ob dies noch ein Mensch sei, ein Mensch, der beispielsweise das junge Mädchen, das er noch ein paar Tage zuvor zu heiraten beabsichtigte, nun grauenvoll erstickte. Auch der Mord an dem jungen Rothfuß, der im Vertrauen, einen wichtigen Schritt in die Zukunft zu tun, nach Rottweil gekommen war und dann auf die niederträchtigste Weise seines Lebens beraubt wurde, übersteige jede Vorstellungskraft. Er forderte den Kopf des Josef Schäfer, denn nur der Tod könne solch bestialische Mordtaten sühnen.

Sein Verteidiger Dr. Schilp bat um nochmalige Prüfung der strafrechtlichen Verantwortlichkeit seines Mandanten und meinte, im Falle der Luise Spieß käme wohl nur Totschlag in Betracht. In den drei anderen Fällen aber kam er nicht umhin, sich der Meinung des Oberstaatsanwalts anzuschließen. Die Beweise und vor allem die Geständnisse waren da zu eindeutig.

Das letzte Wort hatte der Angeklagte. Er unternahm nicht den geringsten Versuch, sich für die Morde zu rechtfertigen, bat aber das Gericht, Verständnis für seine Wäschediebstähle aufzubringen! *»Jedesmal, wenn ich eine Wäsche sah, da war ich wie hypnotisiert und selbst wenn ich ganz todmüd war und hab – eine gesehen, dann mußte ich hin. Ich habe viel gelesen, auch die Bibel, und ich kam zu der Ansicht, daß es ein höheres Wesen geben muß.«* Seine Eltern habe er eigentlich verachtet, weil sie sich nicht genügend um ihn gekümmert hätten. Ja, als sein Vater starb, da sei er sogar froh gewesen, weil der ihm an allem die Schuld gab.

Nach nur fünfstündiger Verhandlung zog sich das Gericht zur Beratung zurück. Auch der Angeklagte wurde aus dem Verhandlungssaal geführt. Eineinviertel Stunden später kehrten Richter und Geschworene zurück. Aus der Zuschauermenge ertönten einige Pfiffe. Nachdem die Ordnung wiederhergestellt worden war und sich alle Anwesenden erhoben hatten, verkündete der Vorsitzende kurz nach sechs Uhr abends das Urteil:

Vierfaches Todesurteil gegen Schäfer

Der grauenhafteste Fall der Rottweiler Gerichtschronik

(Eigenbericht des Schwarzwälder Boten.)

Zum Schlusse der Vormittagsverhandlung wurden noch einige Zeugen vernommen. Kriminalrat Schneider, der seinerzeit die Wiederergreifung Schäfers leitete und ihn wohl mit am besten kennt, rekonstruierte in kurzen Zügen die einzelnen Mordtaten und sagte aus,

daß Schäfer immer überlegt handle und durchaus kein Mann von raschen Entschlüssen sei.

Medizinalrat Dr. Finckh (Rottweil) ging auf die Todesursache beim Mord des Rothfuß ein. Der Angeklagte habe demselben zunächst einen Nierenstich und tödliche Bruststiche beigebracht und habe dann wahllos zugestochen, was die 52 Stiche des Opfers bewiesen, sodaß der Ermordete an Verblutung gestorben sei. Nach ein Uhr tritt das Gericht in eine 2stündige Mittagspause ein.

Schluß der Beweisaufnahme

In der Nachmittagssitzung, die um 3 Uhr unter noch größerem Andrang des Publikums begann, wurde die Beweisaufnahme fort-

die nicht mehr zu überbieten sind, berechtigen die Frage: „Ist das noch ein Mensch!" Selbstverständlich sei die Verantwortlichkeit restlos zu bejahen. Der Oberstaatsanwalt prüfte dann die Frage der Ueberlegtheit und kam auch hier zu einer vollen Bejahung. Er stellte besonders heraus, wie geschickt sich Schäfer den jeweils wechselnden Verhältnissen angepaßt habe und verwies auf die außerordentlich geschickte Beseitigung jeder Spur hin, wie er sich auch sofort im Klaren darüber gewesen sei, daß ihm die Papiere des Widmann zweckdienlicher seien, als die des vorbestraften Kaiser. Im Fall Spieß habe das Motiv, einwandfreie Papiere zu erlangen, ausgeschieden. Sie mußte ihr Leben lassen, weil sie ihm lästig geworden war und er Entdeckung befürchten mußte, da die Spieß um seine beiden Namen wußte. Seine Zuneigung zu dem Mädchen sei ein Zeichen dafür, daß Schäfer auch weicheren Regungen zugänglich war. Trotzdem ist aber auch in diesem Falle volle Ueberlegung anzunehmen.

Von nicht zu übertreffendem Raffinement

Schwarzwälder Bote, *25. April 1937.*

»Der Angeklagte ist vier Verbrechen des Mordes schuldig und wird wegen eines jeden Verbrechens zum Tode verurteilt.«

Vier Todesurteile! Als sei das noch nicht genug, erkannte das Gericht ihm auch noch die bürgerlichen Ehrenrechte auf Lebenszeit ab.

In einer recht knappen Urteilsbegründung ging der Vorsitzende auf alle vier Morde ein. Im Falle der Luise Spieß hätten zunächst Zweifel bestanden, ob ihre Ermordung geplant gewesen sei. Doch wurden die Zweifel bald ausgeräumt. In den übrigen Fällen sei die Mordabsicht unverkennbar gewesen. Im Gegensatz zur Anklage sei das Gericht nur von Mord ausgegangen, nicht aber von Raubmord.

Und der Angeklagte? Der vernahm den Todesspruch mit größter Gleichgültigkeit, verzog mehrmals das Gesicht, klopfte mit den Fingern nervös auf die Anklagebank und schaute sich dann im Zuhörersaal um, wo es wohl nichts anderes als Zustimmung zu diesem Urteilsspruch gab.

Während der Urteilsverkündung, die sich wie ein Lauffeuer verbreitet hatte, versammelte sich eine riesige Menschenmenge um das Gerichtsgebäude. Alle wollten noch einmal den gefürchteten Mörder sehen, dem nun selbst der Tod bevorstand. Schäfer bestieg ein Polizeiauto und wurde am selben Abend nach Stuttgart zurückgefahren, wo er im Justizgebäude eine Zelle bezog.

Schäfer legte über seinen Anwalt Revision beim Reichsgericht in Leipzig ein, zog sie aber wieder zurück, da beide von der Aussichtslosigkeit überzeugt waren. Doch dann erkannte der Todeskandidat eine Möglichkeit, die bald drohende Vollstreckung aufzuschieben: Er ließ sich wieder vorführen und teilte mit, er habe zwei weitere Morde begangen, über die er nun ein Geständnis ablegen wolle. Bei diesen Morden sei er in der gleichen Weise wie bei den anderen vorgegangen. Ebenso machte er Andeutungen, daß er dabei noch einen Mittäter gehabt habe. Obwohl die Kriminalpolizei diesen Angaben äußerst skeptisch gegenüberstand und sie als reine Verzögerungstaktik betrachtete, ging sie doch den Angaben nach. An den von Schäfer angegebenen Stellen fand sie jedoch keine Leichen vor. Auch weitere Ermittlungen ergaben die völlige Haltlosigkeit der Selbstbezichtigung. Dann mußte auch Schäfer zugeben, daß alles nur erfunden war.

Es wurde allgemein erwartet, daß Hitler als oberster Gerichtsherr keine Gnade walten lassen würde, und so war es dann auch.

Ende 1936 wurden im gesamten Deutschen Reich für mehrere Einzugsbereiche zentrale Richtstätten ausgewählt. Stuttgart war eine solche, denn es lag zentral im südwestdeutschen Raum. Und so wurde Josef Schäfer, der vierfache Serienmörder aus dem Schwarzwald, am Morgen

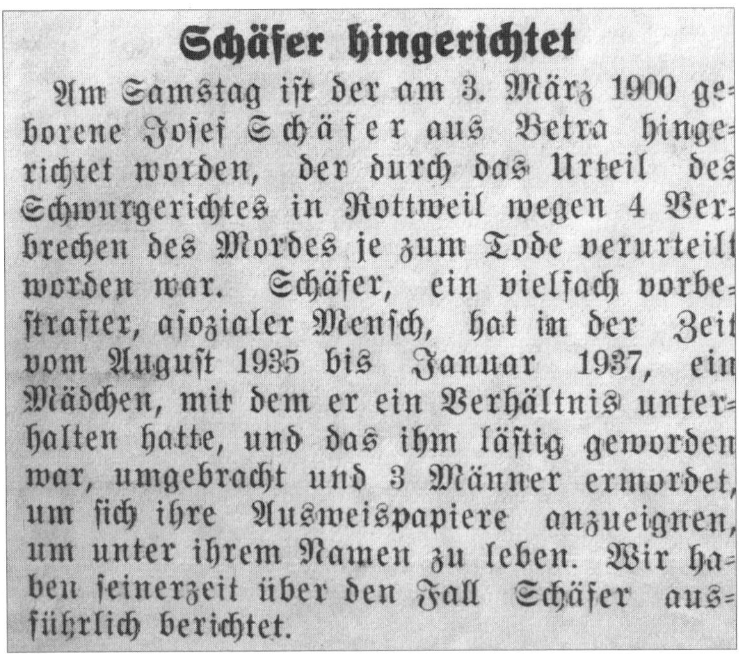

Schäfer hingerichtet

Am Samstag ist der am 3. März 1900 geborene Josef Schäfer aus Betra hingerichtet worden, der durch das Urteil des Schwurgerichtes in Rottweil wegen 4 Verbrechen des Mordes je zum Tode verurteilt worden war. Schäfer, ein vielfach vorbestrafter, asozialer Mensch, hat in der Zeit vom August 1935 bis Januar 1937, ein Mädchen, mit dem er ein Verhältnis unterhalten hatte, und das ihm lästig geworden war, umgebracht und 3 Männer ermordet, um sich ihre Ausweispapiere anzueignen, um unter ihrem Namen zu leben. Wir haben seinerzeit über den Fall Schäfer ausführlich berichtet.

Schwarzwälder Volksfreund, *11. Juli 1937.*

des 10. Juli 1937 in den Lichthof des Justizgebäudes in Stuttgart geführt und nach den üblichen Formalitäten mit dem Fallbeilgerät vom Leben zum Tode befördert.

Josef Schäfer gilt zu Recht als einer der furchtbarsten Mörder in den württembergischen Kriminalannalen der Neuzeit.

Aken mit Kirchstraße und Nikolaikirche.
Postkarte aus den 1940er Jahren

RUDOLF ZIMMERMANN – DER MÄDCHENMÖRDER DER MARK BRANDENBURG

PREUSSEN, PROVINZ BRANDENBURG UND PROVINZ SACHSEN, SUDETENGAU (1940)

Am späten Nachmittag des 24. Mai 1940 spielte auf dem Marktplatz des beschaulichen Städtchens Aken an der Elbe, wenige Kilometer westlich von Dessau gelegen, eine kleine Schar von Kindern. Da trat ein Mann auf die fröhlich herumtollenden Kleinen zu und sprach gezielt ein kleines Mädchen an, nämlich die neunjährige Anni Hellwig. Ob sie einen Koffer für ihn tragen und sich dafür eine Mark verdienen wolle, fragte er sie. Anni nickte, ergriff seine ausgestreckte Hand und ging mit ihm fort. Dies war gegen 18 Uhr. Die anderen Kinder indessen spielten unbekümmert weiter, nachdem sie den Unbekannten flüchtig gemustert hatten.*

Als Anni abends um 22 Uhr noch immer nicht heimgekehrt war, wuchs die Besorgnis der Mutter. Sie hatte, ganz allein auf sich gestellt, noch vier weitere Kinder zu versorgen, denn ihr Ehemann stand an der Westfront. Noch nie war das Mädchen so lange weggeblieben. Es gab nun kein Zögern mehr, sie ging zur Ortspolizeibehörde und meldete ihre Tochter als vermißt. Die Beamten nahmen eine Beschreibung der Kleinen auf und stellten in Aussicht, daß erst am nächsten Morgen eine Suchaktion beginnen solle, denn immerhin bestand die Möglichkeit, das Mädchen könne sich verlaufen haben und würde erst viel später heimkehren. Doch auch nachts war es nicht zurückgekehrt. Frau Hellwigs Besorgnis wich nun einer panischen Angst. Der Tochter war bestimmt etwas passiert!

Die Kriminalpolizei-Leitstelle Magdeburg wurde eingeschaltet, denn auch der Gendarmerie in Aken bereitete das Verschwinden der Kleinen große Sorge. Die Magdeburger Beamten begannen mit der Befragung der

* Ausgewertete Tageszeitungen: *Anhalter Anzeiger* (Dessau), *Berliner Lokal-Anzeiger*, *Berliner Morgenpost*, *Braunschweiger Neueste Nachrichten*, *Dux-Biliner Zeitung*, *Magdeburgische Zeitung*, *Niedersächsische Tageszeitung* (Hannover), *Potsdamer Tageszeitung*, *12-Uhr-Blatt* (Berlin), *Die Zeit* (Reichenberg).

anderen Kinder, um zumindest eine Personenbeschreibung zu erhalten. Der unbekannte Mann, der die kleine Anni mitgenommen hatte, habe einen dunklen Kammgarnanzug und eine blaue Schirmmütze getragen, darin waren sich die Spielkameraden einig. Und er hielt eine Aktentasche in der Hand.

Im Morgengrauen des 25. Mai begann eine großangelegte Suchaktion nach dem Mädchen. Aus dem Wehrmachtsstandort Dessau wurden ein Offizier, vier Unteroffiziere und dreißig Soldaten abkommandiert, um die dichten Elbwälder zwischen Aken und Dessau abzusuchen. Gegen Mittag wurde die Suche aber ergebnislos abgebrochen. Am frühen Nachmittag traten daher auch noch die Hitlerjugend, die SA und die Feuerwehr sowie alle verfügbaren Polizeikräfte aus Aken hinzu, so daß die Suchmannschaft auf zweihundertfünfzig Köpfe anwuchs.

Es war bereits Nachmittag, als Angehörige der Suchmannschaft die Wiesen entlang der Elbe durchstreiften. Da machten sich zwei Schiffer eines flußaufwärts fahrenden Elbkahns durch Armeschwenken und lautes Rufen bemerkbar. Sie gaben zu verstehen, sie hätten zwischen den Elbkilometern 281 und 283 am jenseitigen Ufer, etwa in Höhe der Ortschaft Steckby, ein kleines Mädchen gesehen, das völlig von Hochwasser eingeschlossen sei. Es laufe weinend hin und her. Sicherlich habe es sich dort verlaufen.

Mehrere Angehörige des Suchtrupps liefen daraufhin nach Aken zurück, ließen ein Paddelboot zu Wasser und paddelten so schnell sie konnten elbaufwärts in die Gegend des etwa vier Kilometer entfernten Steckby, aufmerksam das Ostufer des Flusses absuchend. Und wirklich bemerkten sie schon bald auf einem Landvorsprung ein Mädchen, das verzweifelt auf das Wasser starrte. So rasch sie konnten ruderten die Männer auf die Kleine zu und bargen sie.

Es war die vermißte Anni aus Aken! Verstört schilderte sie ihren Rettern, was ihr widerfahren war. Sie sei am Vorabend vertrauensvoll dem Mann gefolgt, der sie auf dem Marktplatz in Aken angesprochen hatte. Sein Name sei Hannes. Er habe sie unter einem Vorwand mit der Fähre auf das jenseitige Elbufer gebracht und sei dann mit ihr durch ein Waldgebiet zu einer im Dickicht gelegenen Höhle nahe dem Fluß gegangen. Dort habe er »komische Dinge« mit ihr angestellt und sie die ganze Nacht festgehalten. Erst am nächsten Morgen sei der Unbekannte fortgegangen, ohne sich weiter an ihr zu vergreifen, habe sie ganz einfach ihrem Schicksal überlassen. In der Höhle aber seien seine beiden Koffer versteckt. Das Kind sei daraufhin das Elbufer entlanggeirrt, bis es gefunden wurde.*

Beamte der Magdeburger Kriminalpolizei begannen sofort mit den Ermittlungen. Dabei stießen sie in einem Fährhaus am diesseitigen Ufer westlich von Aken auch auf mehrere Flaksoldaten. Diese erzählten, am Vortage hätten sie in der Umgebung des Fährhauses die Bekanntschaft eines Mannes gemacht, der sich als Hannes aus Hannover ausgab. Er sei achtunddreißig Jahre alt und Melker von Beruf. Da sich »Hannes« sehr leutselig gab, habe man ihn ins Fährhaus eingeladen und mit ihm zusammen gezecht. Der Mann habe einen dunklen Kammgarnanzug und eine blaue Schirmmütze getragen.

Die Magdeburger Kriminalpolizei begann eine fieberhafte Fahndung nach dem Unbekannten, von dem sie nur wußte, daß er sich als »Melker Hannes aus Hannover, achtunddreißig Jahre alt« ausgab und von dem die Kleidung bekannt war. Das verbrecherische Treiben dieses Mannes mußte so rasch wie möglich beendet werden, ehe er sich ein neues Opfer holte. Doch alle Ermittlungen verliefen im Sande. »Hannes« schien wie vom Erdboden verschluckt. Hatte er sich etwa in eine andere Gegend begeben, um weitere Verbrechen an kleinen Mädchen zu begehen?

Die Befürchtungen der Polizei sollten bald Wirklichkeit werden. Und während die Kriminalpolizei fieberhaft nach dem pervertierten Täter fahndete, verschwand erneut ein Mädchen.

Seit dem 10. Juni 1940 wurde die siebenjährige Schülerin Inge Winkler aus der Kreuzstraße in Prenzlau vermißt. Prenzlau, die kleine, zur preußischen Provinz Brandenburg gehörende Stadt in der Uckermark, war erst drei Jahre zuvor in die Schlagzeilen geraten, denn im Juli 1937 wurde dort der berüchtigte Serienmörder Roloff abgeurteilt.** Inge hatte an jenem Tag am frühen Nachmittag zusammen mit einigen anderen Kindern in der Nähe einer Eisdiele auf dem Marktplatz gespielt, als sich, wie ihre Spiel-

---

* Zwei Jahre darauf, im Juni 1942 wurde ebenfalls in einem Waldstück bei Aken ein Mann mit zwei Schußwunden in der Brust aufgefunden. Bevor er starb, konnte er noch seinen Mörder angeben, seinen Arbeitskollegen Wilhelm Polenz aus Aken. Der Täter hatte es auf das Geld des Opfers abgesehen. Polenz wurde später hingerichtet.

** Siehe Wolfgang Krüger: Kriminalchronik des Dritten Reiches, Band 1, Arnstadt 2008, Seite 289–311.

Die verschwundene Inge Winkler.

kameradinnen später aussagten, ein Mann der Siebenjährigen näherte und ihr versprach, Süßigkeiten zu kaufen. Eindringliche Warnungen der anderen Kinder schlug das Mädchen aus, zu groß war die Verlockung. Bereitwillig ging es mit und somit in den Tod.

Der erste Leichenfund

Eine großangelegte Suche nach der verschwundenen Kleinen verlief zunächst ergebnislos.

Es war ein Landwirt, der am Freitag, dem 14. Juni, vormittags eine schaurige Entdeckung machte. In einem Roggenfeld entlang der nach Blindow und weiter nach Pasewalk führenden Chaussee, etwa drei Kilometer von der nördlichen Stadtgrenze entfernt und direkt dem kleinen Schalthäuschen gegenüber, stieß er auf die entkleidete Leiche eines kleinen Mädchens. Sie war am Unterleib furchtbar zugerichtet und befand sich in der Hockstellung, das heißt der Kleinen waren die Beine bis an die Brust gezogen, und in dieser Stellung war es mit einem dicken Bindfaden gefesselt. Allem Anschein war das Opfer nach einem Sittlichkeitsverbrechen erdrosselt oder erwürgt worden. Die Kleider lagen in einiger Entfernung von der Leiche.

Umgehend alarmierte der Landwirt die Gendarmerie. Die daraufhin ebenfalls verständigte Berliner Mordkommission nahm sofort die

Ermittlungen auf. Es war unschwer zu übersehen, daß Inge Winkler, denn als diese wurde die Tote schon bald identifiziert, einem scheußlichen Sittlichkeitsverbrechen zum Opfer gefallen war. Einerseits ließ der Zustand ihrer Kleidung darauf schließen, andererseits eindeutige Spuren am Unterleib.

Die tags darauf durchgeführte Obduktion bestätigte diesen Verdacht. Am Hals wurden Blutungen festgestellt, die auf Tod durch manuelles Würgen schließen ließen. Der Täter schien dabei mit besonderer Brutalität vorgegangen zu sein, auch was den Akt der Vergewaltigung betraf. Dabei muß das Kind bereits tot gewesen sein.

Sogleich meldeten sich Radfahrer, die am Montag nachmittag gegen 17 Uhr das Kind in Begleitung eines etwa dreißigjährigen Mannes die Chaussee in Richtung Blindow hatten gehen sehen. Dies war in Höhe des Schalthäuschens. Er beschrieb den Unbekannten als klein und untersetzt, aber sehr breitschultrig, mit vollem, bartlosen Gesicht, und er habe einen grünen Lodenanzug getragen, darunter eine leicht bräunliche Lederweste. Seine Kopfbedeckung sei ein grüner Tellerhut mit Gemsbart gewesen, der in Norddeutschland recht selten anzutreffen war. Er habe auch einen grauen Rucksack bei sich gehabt, der sehr tief im Kreuz hing. Seine Füße steckten in bis zu den Knien reichenden Schaftstiefeln, wie sie meist Melker oder andere landwirtschaftliche Arbeiter trugen.

Andere Zeugen hatten am Nachmittag des 10. Juni den mutmaßlichen Täter und sein Opfer die Friedrichstraße entlanggehen sehen, worauf

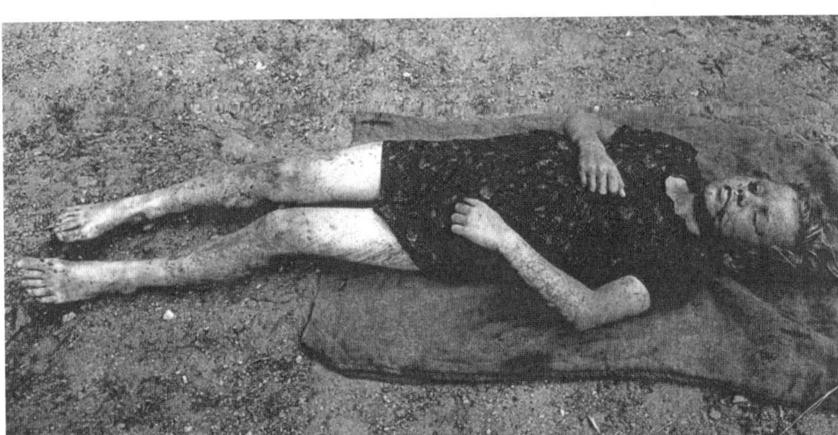

Die kleine Inge Winkler wurde ermordet in einem Roggenfeld gefunden.

beide die Stadt über die Pasewalker Chaussee verlassen hätten. Dabei habe der Mann der Kleinen immer wieder Süßigkeiten zugesteckt, eine in dieser entbehrungsreichen Kriegszeit sehr verläßliche Methode, sich in das Vertrauen eines Kindes einzuschleichen. Ihre Beschreibung des Fremden ähnelte verblüffend der des ersten Zeugen!

Die eigens gebildete »Mordkommission Winkler« rief umgehend die Einwohner auf, weitere Wahrnehmungen dieses so auffällig gekleideten Mannes zu melden, die entweder an den nächsten Gendarmerieposten, an die Staatsanwaltschaft Prenzlau oder an die Berliner Mordkommission zu richten seien. Sie erwähnte auch, ohne eine Begründung dafür anzugeben, daß nach dem vorläufigen Stand der Ermittlungen dieser Unbekannte bis vor kurzem vermutlich in einem Molkereibetrieb tätig gewesen sei und mit Vornamen Hans oder Hannes heiße. Auch könne er früher auf einem der Güter in der Nähe von Strasberg in der Uckermark tätig gewesen sein.

Die Kriminalpolizei-Leitstelle Berlin setzte eine Belohnung von tausend Reichsmark aus.

Die nächste furchtbare Entdeckung ließ jedoch nicht lange auf sich warten.

Am 22. Juni 1940, einem Sonnabend, verschwand in Rottstock, nahe dem Städtchen Brück im mittelmärkischen Kreis Zauch-Belzig gelegen*, die achtjährige Schülerin Ingrid Karzek. Nach dem Mittagessen hatte sie das elterliche Haus verlassen, um im Wald Kiefernzapfen zu sammeln, kehrte aber nicht mehr zurück. Gegen 15.15 Uhr sahen Zeugen sie auf der Dorfstraße in Rottstock; sie befand sich da in Begleitung eines unbekannten Mannes, der einen Koffer und einen Rucksack trug. Bedauerlicherweise kam es den Zeugen nicht in den Sinn, dem Unbekannten böse Absichten zu unterstellen. Seitdem jedenfalls fehlte von Inge jede Spur. Zahlreiche Dorfbewohner wie auch Hitlerjungen aus dem nahe gelegenen Brück nahmen die Suche auf, wobei sie von der freiwilligen Feuerwehr in Brück unterstützt wurden. Sie durchkämmten die dichten Waldgebiete rings um den Ort und gaben erst auf, als die Nacht einbrach.

In den frühen Morgenstunden des Sonntags setzten sie die Suche fort. Sie fanden schließlich die kleine Inge tot mit dem Gesicht nach unten in einem Wassergraben liegend, nur etwa einen Kilometer von ihrer elter-

---

* Rottstock wurde 1950 nach Brück eingemeindet.

Der Marktplatz in Belzig. Postkarte, um 1930

lichen Wohnung entfernt! Sie war brutal vergewaltigt und dann gewürgt worden, wie mehrere halbmondförmige Fingereindrücke am Hals zeigten. Die am 24. Juni im gerichtsmedizinischen Institut in Berlin durchgeführte Obduktion aber ergab eine andere Todesursache. In der Lunge hatte sich Wasser angesammelt. Das Mädchen lebte also noch, als es vermutlich in bewußtlosem Zustand in den Graben gelegt wurde!

Zeugen beschrieben den Unbekannten, der das Mädchen fortgelockt hatte, als etwa 1,60 Meter groß mit wettergebräuntem, fast gerötetem Gesicht. Er habe eine bläuliche Jacke getragen, die ihm viel zu groß war, eine dunkle Hose, hohe Schaftstiefel und einen grünen Hut mit Gemsbart! Als Obermelker habe er sich ausgegeben, als Dorfbewohner ihn nach seinem Erscheinen in Rottstock ansprachen, denn Fremde fielen sofort auf.

Der Leichenfund wurde umgehend der zuständigen Staatsanwaltschaft in Potsdam mitgeteilt, die sofort einen Vertreter an den Fundort entsandte. Auch die bereits unter anderem mit der Aufklärung des Prenzlauer Sexualmordes befaßte Berliner Mordkommission schickte mehrere Beamte, die die Ermittlungen aufnahmen. Zur »Mordkommission Winkler« gesellte sich nunmehr die »Mordkommission Karzek«, obwohl man von vornherein davon ausging, daß es sich in beiden Fällen um ein und denselben Täter handelte. Beide Mordkommissionen wurden dann auch zu einer einzigen zusammengeführt. Zu ähnlich waren die jeweiligen Umstände der Tat, denn es handelte sich jeweils um ein kleines Mädchen. Wieder hatte der Unbekannte zugeschlagen, und es galt, ihn zu fassen, ehe er weitere Morde begehen konnte.

Es bestand ebenso kein Zweifel mehr, daß der Unbekannte auch für das Verbrechen an der kleinen Anni Hellwig in Aken einen Monat zuvor in Frage komme. Um die Arbeit der Polizei zu erschweren, wechselte er wohl von Zeit zu Zeit seine Kleidung. Personen gegenüber, mit denen er ins Gespräch kam, erzählte er, er stamme aus der Gegend von Hannover und arbeite als Melker beziehungsweise als Obermelker. Gelegentlich bezeichnete er sich aber als Landarbeiter. Sein wettergebräuntes Gesicht ließ zumindest darauf schließen. Seinen Vornamen gab er mal als Hannes, mal als Hans an.

Wieder setzte die Berliner Kriminalpolizei-Leitstelle eine Belohnung von tausend Reichsmark aus. Sie nahm beide Morde zum Anlaß, über den Rundfunk und die Tagespresse erneut alle Eltern, Vormünder und Erzieher zu ermahnen, die Augen offen zu halten. Immer wieder komme es in den Sommermonaten vor, daß sich ohne Aufsicht auf Straßen, Höfen und Spielplätzen aufhaltende Kinder von Unbekannten angesprochen würden, die nur eines im Sinn hätten: sich an ihnen zu vergehen. Dazu benützten sie gewisse Lockmittel, seien es Geschenke, Süßigkeiten, eine Einladung zu Spaziergängen oder das Mitnehmen auf dem Fahrrad. *»Zur Verhütung der großen Gefahren, denen Kinder und Jugendliche durch solche Männer ausgesetzt sind, ist es dringend erforderlich, daß Eltern und Erziehungsberechtigte immer wieder ihre Kinder und Pflegebefohlenen belehren. Es muß ihnen streng verboten werden, sich irgendwie mit Unbekannten einzulassen oder diesen gar zu folgen, um Geschenke oder Süßigkeiten anzunehmen«*, schärfte die Polizei ihnen ein.

Die atemberaubenden militärischen Erfolge der Wehrmacht an der Westfront hatten das Deutsche Reich in einen wahren Siegestaumel versetzt. Innerhalb weniger Wochen waren die Niederlande, Belgien und Frankreich bezwungen, und ganz Deutschland jubelte seinem Führer Adolf Hitler als dem genialen Feldherrn zu. Die Siegesmeldungen hielten die »Volksgenossen« außer Atem und lenkten wochenlang von den ganz gewöhnlichen Ereignissen in der Heimat ab. Sogar eine unheimliche Serie von Mädchenmorden erregte keine allzu große Aufmerksamkeit, so wie sie es in Friedenszeiten getan hätte. Die Tageszeitungen berichteten über die Morde nur noch in wenigen Zeilen, denn es gab viel Wichtigeres, Aufregenderes zu berichten.

Ein weiteres Mädchen verschwunden

Friedrichstadt*, ein am östlichen Ufer der Elbe gelegener Stadtteil der Provinzhauptstadt Magdeburg. Am späten Nachmittag des 3. Juli 1940, einem Dienstag, warteten die in der Artilleriestraße** wohnenden Eltern der kleinen sechs Jahre alten Hildegard Michaelis vergeblich auf ihre Rückkehr. Das Mädchen hatte gesagt, es wolle mit einigen Freundinnen spielen. Voller Sorge suchten sie das zuständige 10. Polizeirevier in Friedrichstadt auf und erstatteten eine Vermißtenanzeige, die man sehr ernstnahm, denn die erst fünf Wochen zurückliegenden Ereignisse von Aken waren noch in lebhafter Erinnerung.

Innerhalb von einer Stunde wurden 2500 Angehörige der Hitlerjugend und des Jungvolks aufgeboten und durchkämmten den östlichen Stadtrand Magdeburgs, doch die kleine Hildegard war wie vom Erdboden verschluckt. Am nächsten Tag setzten 450 Angehörige der Wehrmacht und zwei Hundertschaften der Magdeburger Polizei die Suche fort. Doch auch ihnen war kein Erfolg beschieden. Da man das Schlimmste befürchtete, suchten mit Tagesanbruch des 5. Juli nochmals 1800 Angehörige der Hitlerjugend und des Jungvolks aus Magdeburg, unterstützt durch 450 Hitlerjungen aus Schönebeck und mehreren Kriminalbeamten mit Spürhunden, einen immer größer gesteckten Radius um die immerhin fast 350.000 Einwohner zählende Metropole an der Elbe ab. Es schien ausgeschlossen, daß der Täter diesem dichtgespannten Überwachungsnetz entgehen konnte. Die Suchtruppen durchstreiften die rings um die Stadt liegenden Felder, Wiesen, Teiche sowie unbebautes Ödland, insbesondere im Osten, da ja Täter wie Opfer in diesem Gebiet zuletzt gesehen worden waren. An den folgenden Tagen wurde der Radius nach allen Richtungen immer weiter ausgedehnt. Und immer noch fand sich keine einzige Spur des verschwundenen Mädchens. Mit jeder Stunde wuchs die Befürchtung, die Kleine könne einem Verbrechen zum Opfer gefallen sein.

Inzwischen hatten sich Zeugen gemeldet und teilten mit, daß gegen 15.15 Uhr an jenem 3. Juli das Mädchen von einem Mann mit einem Strauß roter Blumen in der Hand angesprochen wurde, und zwar in der

---

* Friedrichstadt wurde 1950 in Brückfeld umbenannt.

** Heute trägt sie den Namen Am Charlottentor.

Magdeburg von der Friedrichstadt aus gesehen. Postkarte aus der späten Kaiserzeit

unmittelbaren Nähe der Mudra-Kasene* in Friedrichstadt, und darauf mit ihm mitging. Sie hätten sich ostwärts in Richtung Gübser Damm entfernt, und somit zum östlichen Stadtrand. Die Zeugen hatten diesem Vorfall seinerzeit keine große Beachtung geschenkt, da sie in dem Unbekannten einen Verwandten vermuteten und die Kleine ihm gegenüber sehr vertrauensselig wirkte.

Die *Magdeburgische Zeitung* veröffentlichte am 5. Juli eine Beschreibung des vermißten Mädchens mit dem Bubikopf, wonach dieses ein grünes Trägerkleid, ein rosa Hemdchen und schwarze Spangenhalbschuhe getragen habe. Ihr Entführer dagegen, dessen Alter auf zwanzig bis dreißig geschätzt wurde, war in einen hellgrauen Sommeranzug gekleidet und trug einen hellen Mantel über dem Arm. Die Zeitung befürchtete, das Kind könne möglicherweise einem Verbrechen zum Opfer gefallen sein.

Am 8. Juli standen aufgrund der Zeugenaussage die Bewegungen des gesuchten Unbekannten im Stadtgebiet von Magdeburg fest. Demnach

* Dort war das Pionier-Bataillon Magdeburg stationiert. Heute befindet sich in diesem Gebäude das Ministerium für Arbeit und Soziales des Landes Sachsen-Anhalt.

Die verschwundene Hildegard Michaelis aus Magdeburg.
Foto: Niedersächsische Tageszeitung, *10. Juli 1940*

sah man ihn gegen 12.30 Uhr auf dem Alten Markt, gegen 13.30 Uhr aber in der Goldschmiedebrücke. Danach schien er sich nach Osten gewandt zu haben, denn um 14.45 wurde er auf der Strombrücke gesehen, wie er Richtung Friedrichstadt ging. Bereits um 15.15 Uhr sprach er unweit der Mudra-Kaserne an der Turmschanzenstraße das verschwundene Kind an. Bewohner der Pfeifferstraße im Stadtteil Cracau beobachteten gegen 15.45 Uhr, wie ein Mann, einen roten Blumenstrauß in der Hand und einen hellen Mantel über dem linken Arm, und ein kleines Mädchen die Straße Richtung Pechauer Straße hinuntergingen. Um 17 Uhr sah man beide auf dem Klusdamm in Magdeburgs südöstlichstem Stadtteil Prester. Die letzte Sichtung erfolgte gegen 18.30 Uhr auf einem Feldweg in Magdeburg unweit des außerhalb der Stadtgrenze gelegenen Dorfes Randau. Da habe das Mädchen einen sehr ermüdeten Eindruck gemacht, als könne es nicht mehr weiterlaufen. Dennoch habe der Mann sie freundlich, aber bestimmt weitergedrängt.

Wiederholt richtete die Kriminalpolizei-Leitstelle Magdeburg einen Aufruf an die Magdeburger »Volksgenossen«, jede auch noch so unbedeutende Beobachtung zu melden. Und sie rief alle Eltern kleiner Mädchen zu besonderer Vorsicht auf, denn seit Wochen mache ein gefährlicher

Der Marktplatz im sudetendeutschen Eger. Postkarte, Mitte der 1930 Jahre

Kindesmörder und Sittlichkeitsverbrecher Teile Deutschlands unsicher. Bereits drei Mädchen seien ihm zum Opfer gefallen. Es bestanden starke Verdachtsmomente, daß der Mann Mitteldeutschland verlassen und sich nach Niedersachsen gewandt haben könne. Daher wurde er auch in der benachbarten preußischen Provinz Hannover und im Land Braunschweig zur Fahndung ausgeschrieben.*

Dann die nächste Schreckensmeldung: Rund 240 Kilometer von Magdeburg entfernt, im Sudetengau, fand am 5. Juli ein Baumeister aus Eger, der abends einen längeren Spaziergang unternahm, in einem dichten Gerstenfeld unweit des kleinen Dorfes Matzelbach die Leiche eines kleinen Mädchens. Sein ihn begleitender Jagdhund war in das Feld gelaufen und hatte auf einmal scharfe Laute gegeben. Als der Mann hinzukam, fand er seinen treuen Begleiter über etwas stehen, das mit einem lichtblauen Herrenhemd zugedeckt war. Als er das Hemd entfernte, starrte er auf eine kindliche Leiche weiblichen Geschlechts. Sie befand sich in

* Nur zwei Monate später, im September 1940, verschwand auf der Magdeburger Messe die elfjährige Schülerin Edith Dähne. Ihr Schicksal blieb lange Zeit ungeklärt, erst im März 1941 wurde ihr verwester Leichnam in einem in Leipzig abgestellten Wohnwagen aufgefunden. Der Täter, der Schaustellergehilfe Fritz Berndt, wurde zum Tode verurteilt und hingerichtet.

einem grauenhaften Zustand, denn infolge der seit Tagen herrschenden hochsommerlichen Hitze war die Verwesung vor allem im Gesicht bereits erheblich fortgeschritten. Das Kind trug Schnittwunden am Hals und schien außerdem sexuell mißbraucht worden zu sein, wie die sofort alarmierte Mordkommission aus Eger feststellte. Rasch wurde das Kind als die achtjährige Schülerin Marie Blatzky* identifiziert, die vier Tage zuvor als vermißt gemeldet worden. Sie stammte aus einer kinderreichen Egerer Arbeiterfamilie.

Sollte der Kindesmörder von Mitteldeutschland auch im Sudetenland zugeschlagen haben? Immerhin war dies möglich, denn das Heimatdorf der Kleinen lag nicht weit von der Grenze zum Altreich. Marie war am Tage ihres Verschwindens in Begleitung eines etwa achtundzwanzig bis fünfunddreißig Jahre alten Mannes gesehen worden. Seine Beschreibung, die im reichsweiten Fahndungsaufruf veröffentlicht wurde, machte die Ermittler in den beiden anderen Mädchenmorden stutzig: er war etwa 1,55 bis 1,60 Meter groß und untersetzt. Sein Gesicht war voll und wettergebräunt. Am linken Ringfinger trug er zwei Ringe, einen davon mit rotem Stein. Bekleidet war er mit einem dunkelgrauen Anzug, einem grauen Hut und einem leichten Sommermantel. Er führte eine braune lederne Aktentasche mit sich und gab sich als Vertreter einer Hamburger Landmaschinenfabrik aus. Seine Mundart war typisch norddeutsch, ja mehrmals gab er zu verstehen, er stamme aus Hannover.

Der Chef der Sicherheitspolizei, SS-Gruppenführer Reinhard Heydrich, schaltete sich höchstpersönlich ein und ließ den Unbekannten reichsweit zur Fahndung ausschreiben. Ein gefährlicher Triebtäter machte das Reichsgebiet unsicher, das konnte nicht hingenommen werden.

Dann überschlugen sich die Ereignisse!

In der Nacht zum 8. Juli wurde in Salzwedel ein Einbruch in das Wäschegeschäft Gartz verübt und zahlreiche Wäschestücke gestohlen. Von dem Täter fehlte zunächst jede Spur. Am Tage darauf suchte ein Mann das Gemeinschaftslager des Volkswagenwerkes in der Stadt des KdF-Wagens** im Landkreis Gifhorn auf und bot den dort wohnenden

* In der Presse auch als Blazek wiedergegeben.

** Sie wurde am 1. Juli 1938 durch Verordnung des Oberpräsidenten der Regierung in Lüneburg gebildet, um die für den Bau der später »Volkswagen« genannten Autos benötigten Arbeiter unterzubringen. Nach dem Kriege erhielt die Stadt den Namen »Wolfsburg«.

Reinhard Heydrich war Chef der Sicherheitspolizei.

Arbeitern Oberhemden zum Verkauf an. Einige schöpften Verdacht, es könne sich um Diebesgut handeln, weil der Unbekannte auf den Abzug von Punkten verzichtete.* Umgehend wurde der Gendarmerieposten des Lagers verständigt. Als der Beamte den Mann überprüfte, der sich Wilhelm Wentzel nannte, stellte er fest, daß er nicht den notwendigen Wandergewerbeschein besaß. Er nahm ihn und seine Ware genauer unter die Lupe. Zu seinem Erstaunen fand er heraus, daß die angebotenen Hemden aus dem Einbruch im etwa fünfundfünfzig Kilometer entfernten Salzwedel stammten. Der Einbruch war inzwischen an alle Gendarmerien in der Provinz Sachsen und der benachbarten Provinz Hannover gemeldet worden. Der »punktfreie Händler« wurde umgehend festgenommen und auf die Gendarmeriestation der bereits 14.000 Einwohner** zählenden Stadt gebracht und verhört. Doch war aus ihm nicht viel herauszubekommen.

* Nach Kriegsausbruch wurden neben Lebensmitteln u. a. auch Textilien rationiert. Der Zivilbevölkerung wurde eine »Reichskleiderkarte« zugeteilt, die aus 100 Punkten bestand. Beim Kauf von Textilien wurden diese Punkte abgerechnet.

** Die Zahl stieg infolge der dort seit Kriegsbeginn verpflichteten Zwangsarbeiter stark an. Heute ist Wolfsburg eine Großstadt von etwa 123.000 Einwohnern.

Immerhin entdeckte man in seiner Tasche einen Gepäckschein für einen Koffer, den er auf dem Bahnhof in Salzwedel zur Aufbewahrung gegeben hatte. Die im Lager angebotenen, sichergestellten Wäschestücke konnten einwandfrei als aus dem Salzwedeler Einbruch herrührend nachgewiesen werden. Über Nacht wurde er in polizeilichem Gewahrsam gehalten.

Als man den Verdächtigen am nächsten Morgen aus seiner Zelle holen wollte, war er nicht mehr da! Er hatte aus dem Schornsteinreinigungs-Schacht, der durch den Arrestraum führte, eine eiserne Schieberklappe gelöst und mit diesem »Werkzeug« den steinernen Boden der Zelle etwa einen halben Meter tief aufgerissen. Dann grub er mit gewaltiger Anstrengung einen niedrigen Gang, der unter den Schwellen der Doppelzellentür führte, und gelangte im Schutz der Dunkelheit ins Freie. Niemand hatte etwas gehört oder gesehen!

Es lag nahe, daß sich der Flüchtende nach Salzwedel begeben würde, dort wartete noch der Koffer auf ihn. Die Polizei handelte an diesem 9. Juli rasch. Man telefonierte mit der Salzwedeler Ortspolizei, die sich zum Bahnhof begab und den Koffer beschlagnahmte. Er enthielt eine Anzahl von Kleidungsstücken sowie ein auf den Namen Johann Weserberg, gebürtig am 14. Juni 1902 in Steinhude, lautendes Arbeitsbuch. Man sah sich die Kleidungsstücke genauer an und machte eine erstaunliche Entdeckung: Sie ähnelten sehr der Kleidung, in der Zeugen den wegen der Kindesentführungen und -morde gesuchten Unbekannten gesehen hatten! Auch ein blutbefleckter Rucksack wurde sichergestellt. Sollte es sich bei dem Mann um den gesuchten Kindesmörder handeln?

Die Kriminalpolizei bereitete alles vor, um ihm eine Falle zu stellen. Den nun entleerten Koffer füllte man mit alten Akten der Reichsbahn und übergab ihn wieder der Gepäckabfertigung. Zugleich wurde in der Bahnhofshalle ein Kriminalbeamter postiert, um den Abholer des Koffers festzunehmen. Es war anzunehmen, daß sich dieser Johannes Weserberg in den Besitz der Kleidungsstücke setzen würde, um sie gegen seine alten auszuwechseln.

Ein Magdeburger Kriminalbeamter postierte sich unauffällig in der Bahnhofshalle der altmärkischen Kleinstadt und beobachtete die Reisenden. In den Nachtstunden betrat ein etwa fünfunddreißigjähriger Mann die wegen des Kriegszustandes verdunkelte Halle. Er löste den aufgegebenen Koffer ein und verlangte an der Sperre eine Fahrkarte für den Frühzug nach Magdeburg. Die Reichsbahngehilfin Gertrud Denner, die auch für den Fahrkartenverkauf zuständig war, stutzte, als sie trotz des trüben Lichtes die beiden recht wertvoll scheinenden Ringe sah, die er an den Fingern trug, jedoch nicht recht zu seiner ansonsten unsauberen Kleidung passen wollten. Es schienen dieselben Hände zu sein, die einige Tage zuvor den inzwischen sichergestellten Koffer zur Aufbewahrung übergeben und dann eine Fahrkarte nach Fallersleben gelöst hatten. Sie erinnerte sich an die Personenbeschreibung aus der Presse. Wortlos gab sie ihm die Fahrkarte, sah dann aber zu dem in der Nähe stehenden Kriminalbeamten hinüber und nickte ihm zu.

Der trat hinzu, nahm den Mann vorläufig fest und führte ihn zur örtlichen Polizeiwache. Dort hüllte sich der Verdächtige zunächst in Schweigen. Der Beamte war sich aber ziemlich sicher, daß er den gesuchten Kindesmörder vor sich hatte.

Der Mann wurde am nächsten Morgen der inzwischen verständigten Kriminalpolizei in Magdeburg als dem Schauplatz seines letzten Mordes übergeben. Nach bis in die Nacht reichenden Verhören, die Kriminalrat Werneburg leitete, gab der Verdächtige seinen wahren Namen preis und legte ein Geständnis ab. Zunächst aber nur zu den Taten von Aken und Magdeburg.

Das erste Mordgeständnis

Sein wahrer Name sei Rudolf Zimmermann und er sei für den vor wenigen Tagen an der kleinen Hildegard Michaelis verübten Mord verantwortlich. Mit einem Strauß roter Blumen habe er sie an sich gelockt, mißbraucht und getötet. Er sei es auch gewesen, der die kleine Anni Hellwig aus Aken in eine Waldhöhle an der Elbe verschleppt und sich an ihr vergangen, doch letztlich am Leben gelassen habe, weil er so etwas wie Mitleid mit ihr empfand. Die beiden anderen Morde stritt er jedoch ab.

Die Presse erhielt nur eine ziemlich knappe Mitteilung über die Festnahme und das vorläufige Geständnis, um die weiteren Ermittlungen nicht zu gefährden. Diese ergaben jedenfalls folgendes:

Zimmermann wurde am 16. April 1906 in Wilschdorf bei Dresden geboren. Nach dem Abschluß der Volksschule begann er in der Nähe von Dresden eine Gärtnerlehre, mußte sie aber abbrechen, weil er einen schweren Weizendiebstahl beging und dafür mit zwei Monaten Gefängnis bestraft wurde. Sein Vater, ein Schlosser, brachte ihn daraufhin als Melkerlehrling auf einem schlesischen Rittergut unter, doch auch hier beendete er die Lehre nicht, weil ihm die Arbeit zu schwer war. Als Hilfsmelker zog er nun durch das gesamte Reich, bis er sich immer häufiger in der Gegend von Hamburg aufhielt.

Sein Vorstrafenregister war beachtlich. Zwischen 1923 und 1937 verbüßte er wegen schweren Diebstahls und Urkundenfälschung sieben Gefängnis- und Zuchthausstrafen. Seine letzte Strafe, eineinhalb Jahre wegen Rückfalldiebstahls, verbüßte er im Brandenburger Zuchthaus, wo er im September 1937 während Außenarbeiten – er war unter anderem zum Kühemelken eingesetzt – entweichen konnte. Längere Zeit trieb er sich in Norddeutschland umher, wobei er sich an verschiedenen Orten als Tagelöhner verdingte und dadurch zu etwas Geld kam. Im Januar 1939 kaufte er in Stralsund einem Melker namens Johannes Weser für fünfzehn Mark seine Invalidenkarte ab und änderte sie auf den Namen Johann Weserberg um. Die gefälschte Karte legte er dem Arbeitsamt in Helmstedt vor und erhielt darauf ein auf denselben Namen lautendes Arbeitsbuch, mit dem er eine Stelle als Obermelker im schleswig-holsteinischen Bostedt erlangte. Ohne besondere Gründe verließ er am 12. Mai 1940 diese Arbeitsstelle, trieb sich eine Zeitlang in Hamburg herum, fuhr dann nach Magdeburg und von dort am 24. Mai nach Aken.

Seinem Geständnis zufolge, das in bezug auf die späteren Geschehnisse von dem Opfer bestätigt wurde, trug er da eine mit Brot und Schinken gefüllte Aktentasche, einen Lederkoffer und einen Strohgeflechtkoffer bei sich. Die beiden letzteren versteckte er in einer Waldhöhle am jenseitigen Elbeufer. Darauf suchte er im Fährhaus die dort Wache haltenden Flaksoldaten auf und trank mit ihnen mehrere Glas Bier. Später begab er sich in die Stadt, um sich Proviant zu verschaffen. In einem Restaurant trank er nachmittags mehrere Glas Weißwein, um sich, wie er sich ausdrückte, »in einen Rauschzustand« zu versetzen.

Vor der Marienkirche unweit des Marktplatzes sah er am späten Nachmittag eine Gruppe spielender Kinder. Sein Blick fiel auf ein kleines schwarzhaariges Mädchen: die neunjährige Anni Hellwig. Er trat auf sie zu und fragte sie, ob sie ihm eine Paket tragen wolle, als Belohnung gäbe es eine Mark. Denn längst hatte er beschlossen, mit dem Mädchen *»Dummheiten zu machen«*, wie er später den Ermittlern erzählen sollte.

Anni nickte und ging mit ihm zum Elbeufer hinunter. Mit der Fähre ließen sie sich über die hier schon ziemlich breite Elbe zum östlichen Ufer übersetzen. Dort führte Zimmermann das Mädchen links durch den Wald hindurch zu einem Abhang, der zum Fluß hinunterführte. Der einstündige, sehr anstrengende Fußmarsch war zuviel für Anni: Sie fing plötzlich zu weinen an. Darauf fuhr er sie an, sie solle bloß ruhig sein, sonst werde er sie totmachen. Als sie plötzlich Hunger verspürte, gab er ihr Brot und Schinken aus der Tasche. Darauf führte er sie in die bereits vorher mit zwei Decken ausgestattete Waldhöhle, wo sie sich, völlig ermüdet, schlafen legte. Als die Kleine wieder erwachte, war es bereits dunkel. Seiner Aufforderung, sich auszuziehen, kam das Kind Zimmermanns Angaben zufolge willig nach. Er selbst zog sich ebenfalls aus, spielte eine Weile mit Annis Geschlechtsteil, was diese ruhig über sich ergehen ließ, legte sich darauf auf das Mädchen und versuchte es zu mißbrauchen, doch gelang ihm dies nicht. Auch dabei wehrte sich das Opfer nicht.

Zimmermann empfand nun so etwas wie Mitleid mit der Kleinen. Beide kleideten sich wieder an, worauf Anni erneut in der Höhle einschlief. Zimmermann legte sich neben das Kind und versank gleichfalls in den Schlaf.

Am nächsten Morgen teilten sich beide den Rest des Brotes und des Schinkens. Dann gab der Entführer dem Mädchen siebzig Pfennig für die Fähre, wies ihm den Weg dorthin und entfernte sich. Später sollte er angeben, daß er das Kind nur deshalb am Leben ließ, weil es keinen Widerstand geleistet und er keinen genügenden »Alkoholstand« erreicht habe.

Zunächst ging er zu Fuß nach Zerbst und fuhr von dort mit dem Zug nach Hamburg zurück, wo er einen Fernfahrer namens Richter kennenlernte. Beide fuhren darauf nach Zerbst zurück und verübten dort einen Einbruch in ein Kleidergeschäft. Es gelang ihnen, die Beute in Fallersleben zu verkaufen. Der Erlös: zweitausend Mark. Einen Großteil brachten beide im Hamburger Vergnügungsviertel St. Pauli durch, wobei sich Zimmermann im Gegensatz zu seinem Komplizen nur an reichlichem Alkoholgenuß erfreute.

Als die Ermittler ihn zu dem Verbrechen an Hildegard Michaelis befragten, gab er zu Protokoll:

In der Nacht zum 3. Juli 1940 langte er aus Dresden kommend auf dem Hauptbahnhof in Magdeburg an. Anfangs wollte er mit dem Zug von Eger nach Berlin fahren, doch an jenem späten Abend lief keiner mehr. Also entschied er sich für Magdeburg, weil man dort ohne Marken gut essen konnte. Die Nacht verbrachte er im Wartesaal.

Am nächsten Morgen trat er den Weg in die Altstadt an und suchte nacheinander mehrere Lokale auf, in denen er Bier, Kognak und Wein zu sich nahm. *»Durch den Alkoholgenuss bin ich wieder in die Stimmung geraten, die mich immer befällt, wenn ich mich an Kindern vergreifen muss. Es ist ein innerer geschlechtlicher Trieb, gegen den ich nicht ankämpfen kann. Es überfällt mich dann so und ich muss dann Kinder ansprechen.«* So steht es im Protokoll. In diesem Zustand sprach er darauf innerhalb kürzester Zeit mehrere kleine Mädchen an. Er wolle ihnen Geld geben oder Kuchen und Süßigkeiten kaufen, wenn sie mit ihm mitgingen. Allerdings waren diese Kinder von ihren Eltern eindringlich ermahnt worden, nicht mit fremden Männern mitzugehen: Rundfunk und Presse wiesen immer wieder auf die Gefahren hin.

Gegen Mittag speiste er im Restaurant »Römer-Automat« und kehrte danach zum Hauptbahnhof zurück. Dort kaufte er in einem Blumenladen für zwei Mark einen roten Nelkenstrauß mit weißem Schleierkraut, *»weil ich ein Blumenfreund bin«*, wie er in einem Anflug von »Normalität« aussagte. Dann ging er wieder in die Altstadt, suchte erneut den »Römer-Automat« auf und trank große Mengen Alkohol. Bislang hatte er mit den Mädchen kein Glück gehabt, aber Zimmermann gab nicht auf.

Vor dem Restaurant befand sich eine Straßenbahnhaltestelle. Er stieg in die nächste Straßenbahn ein und fuhr hinunter zum Elbufer. In der

Alter Markt in Magdeburg in den 1930ern.

Nähe der Elbbrücke sprach er ein kleines Mädchen an. Ob es sich nicht zwei Mark verdienen und ihm etwas aus dem nächsten Zigarettenladen besorgen wolle? Das Kind ging darauf ein, kehrte jedoch ohne Zigaretten zurück, da das Geschäft noch geschlossen war. Es gab ihm artig das Geld zurück und lief davon. Das Leben der Kleinen war damit gerettet.

Über die Lange Brücke ging er in die östlich der Alten Elbe gelegene Friedrichstadt. Er war soeben auf die Berliner Chaussee gelangt, als ihm singende Soldaten entgegenmarschierten. Ganz in der Nähe der Mudrakaserne erblickte er plötzlich zwei Mädchen, ein sehr kleines, das andere schon etwas größer. Er trat auf die beiden zu und fragte die etwas Ältere mit blonden Haaren, ob sie ihm ein Paket tragen und mitkommen wolle, sie bekäme auch Schokolade dafür. Anstatt eine Antwort zu geben, starrte das Mädchen unentwegt auf den Blumenstrauß. Ob der ihr gefalle, fragte Zimmermann sie darauf, und sie bejahte dies. Wie sie denn heiße, war die nächste Frage. Hildegard Michaelis, antwortete das sechsjährige Kind etwas schüchtern, sie wohne gleich um die Ecke, nämlich in der Artilleriestraße. Und schon ergriff sie die ausgestreckte Hand ihres Mörders und ging mit ihm davon. Dies war gegen 15.15 Uhr.

Das andere Mädchen, die erst fünf Jahre alte Ruth Hoppe, eilte sofort zu der Mutter seiner Spielkameradin und berichtete ihr den Vorfall. Außer sich vor Angst stürmte Frau Michaelis auf die Straße und lief in die angegebene Richtung, in der Hoffnung, die beiden noch fassen zu können. Mehrere Nachbarinnen halfen ihr bei der Suche, doch vergebens: Hildegard und ihr Entführer waren wie vom Erdboden verschluckt. Mit dunklen Ahnungen suchte Frau Michaelis das 10. Polizeirevier in Friedrichstadt auf und meldete den Vorfall. Eine eiligst zusammengestellte Polizeistreife schwärmte nach Süden aus, insbesondere zum Stadtteil Cracau, doch konnte auch sie Mann und Kind nicht finden.

Unterdessen war Zimmermann mit seinem Opfer die Cracauer Straße hinuntergegangen. Eine Zeugin erklärte später, Zimmermann, in der Hand den roten Blumenstrauß und einen hellen Sommermantel über dem Arm, habe dabei unentwegt auf das Kind eingeredet, er wolle es zu einer Geburtstagsfeier bringen, bei der es Schokolade und Sahnetorte gäbe. Immer weiter gingen die beiden, erreichten schließlich den äußersten Stadtteil Prester und verließen über den Klusdamm das bebaute Stadtgebiet. Zeugen sahen die beiden gegen 18.30 Uhr letztmalig auf einem Feldweg unweit des Dorfes Randau.

Hildegard war vom langen Fußmarsch völlig erschöpft, sagte, sie könne nicht mehr weiterlaufen. Zimmermann aber zog sie immer weiter fort. In einem Waldstück etwa zweihundert Meter vom Ufer der hier wieder zu einem Strom vereinigten Elbe hielt er gegen 18.45 Uhr endlich inne. Er setzte sich mit seinem Opfer auf den Waldboden, trank aus seiner mitgeführten Kognakflasche und rauchte zwei Zigarren. Das Mädchen saß neben ihm und spielte mit dem Blumenstrauß. Und da kam sie wieder, die geschlechtliche Erregung, wohl gesteigert durch die sommerliche Wärme. Der Entführer saß noch eine Weile da, er besaß nicht genügend Mut, Hildegard zu berühren. Doch plötzlich wandte er sich rasch dem Kind zu, umarmte es, setzte es auf seinen Schoß und begann, ihm den Schlüpfer auszuziehen.

Das Protokoll fährt fort: *»Dabei fing das Kind aber an zu schreien. Ich habe sofort mit der Hand den Mund des Kindes zugehalten und auch den Mantel auf das Kind gedeckt. Jetzt fühlte ich durch den Mantel nach dem Kopf des Kindes und habe diesem erneut auf den Mund gedrückt. Dieses tat ich solange, bis das Kind keinen Ton mehr von sich gab. Dann erst nahm ich den Mantel wieder vom Kinde. Bisher hatte ich noch keinen Samenerguss. Ich hob das Röckchen des Kindes hoch bis an den Kopf heran. Ich habe nun mein Glied aus der Hose genommen und habe mich auf das Kind gelegt. Mein Glied habe ich nun in die Scheide des Kindes eingeführt. Ich habe mein Glied vollständig in die Scheide einführen können. Es ging wohl etwas schwer. Ich habe dabei Samenerguss gehabt. Das Kind war meines Erachtens nach schon tot. Es hat sich nicht mehr bewegt.«*

Der Mörder drückte nun die Knie des toten Mädchens bis an dessen Brust, so daß es in die Hockstellung kam, und schlang um Schienbeine, Arme und den Körper einen langen, starken Bindfaden. Nun war es wie ein Paket verschnürt. Nachdem er sich vergewissert hatte, daß weit und breit keine Zeugen zu sehen waren, ging er mit der Leiche auf den Armen zum nahe gelegenen Elbufer, zog sich die Schuhe aus, krempelte sich die Hose hoch und watete ins Wasser. Zunächst gelangte er auf eine Sandbank. Als er eine sehr tiefe Stelle verspürte, ließ er das tote Mädchen einfach ins Wasser gleiten und sah zu, wie es sogleich von der starken Strömung fortgerissen wurde.

Die Leiche ist nie gefunden worden.

Kurz nach 20 Uhr war Zimmermann wieder in der Magdeburger Altstadt. Im Speiselokal »Römer-Automat« bestellte er sich eine Mahlzeit

Das Polizeipräsidium in Magdeburg.
Postkarte aus den 1930er Jahren.

und ließ es sich schmecken. Doch dann überkam ihn die Furcht, das Kind könne doch gefunden werden und man würde ihm sehr schnell auf die Spur kommen. Vom Lokal begab er sich, die Angst im Nacken, direkt zum Hauptbahnhof und nahm den nächsten Eilzug nach Hamburg.

In der Hafenstadt nahm er wieder Kontakt zu seinem Einbruchskomplizen Richter auf. Gemeinsam fuhren sie in dessen Lastwagen nach Salzwedel, wo sie in der Nacht zum 8. Juli einen Einbruch in ein Kleidergeschäft verübten. Dieser Einbruch sollte Zimmermann schließlich zum Verhängnis werden. Der Magdeburger Mordkommission gegenüber erklärte der Mörder, er habe durch den Verkauf der Beute mit einem Erlös von tausend Mark rechnen können. *»Ich wäre dann mit diesem Gelde wieder in Deutschland herumgefahren und von einem Opfer zum anderen gegangen. Es hätte keinen Einhalt gegeben und es wäre sicher jeden dritten Tag ein neues Mädchen gefallen«*, ließ er die entsetzten Ermittler wissen.

Die Festnahme des »Schreckens der Mark Brandenburg« auf dem Bahnhof von Salzwedel dank der Aufmerksamkeit der Fahrkartenverkäuferin hat wohl sicherlich weitere scheußliche Mädchenmorde verhindert. Aber auch die Lagerbewohner bei Fallersleben haben zu der Aufklärung beigetragen.

Einer der schlimmsten Triebtäter des Dritten Reiches befand sich in sicherem Gewahrsam. Und daß er nicht mehr lange zu leben hatte, ließ sich angesichts der unerbittlichen nationalsozialistischen Kriminaljustiz voraussehen.

Die Berliner Mordkommission wurde von der Festnahme des Verdächtigen in Kenntnis gesetzt und schickte noch am selben Tag mehrere Kriminalbeamte nach Magdeburg. In der Reichshauptstadt war man schon seit längerem der Meinung, daß der Festgenommene auch für die Morde an Inge Winkler und Ingrid Karzek in Betracht kommen müsse, zu sehr ähnelten sich die Begleitumstände. Aber auch der Leichenfund von Eger war der Mordkommission nicht entgangen. Sollte Zimmermann auch für dieses Verbrechen verantwortlich sein?

Der geständige Täter wurde nach Berlin gebracht und im Polizeipräsidium am Alexanderplatz geschärften Verhören unterzogen. Sie sollten sich bald als erfolgreich erweisen. Es fiel Zimmermann, nachdem er bereits einen Mord und ein schweres Sittlichkeitsverbrechen gestanden hatte, nicht schwer, drei weitere Morde zu gestehen und sie zu schildern.

Zimmermann gesteht die übrigen Morde

Zwei Wochen nach der Entführung in Aken fuhr Zimmermann mit dem Zug nach Stralsund und von da, einer spontanen Laune folgend, am 9. Juni nach Prenzlau in der Uckermark. Hier sollte er seinen ersten Mord verüben.

Sogleich nach seiner Ankunft begab er sich zum Marktplatz. Dort hatte die Organisation »Kraft durch Freude« eine Veranstaltung für die Prenzlauer organisiert, bei der Gaukler und Künstler auftraten und ihre Kunststücke vorführten. Zimmermann sah sie sich bis zum späten Abend an. Die sehr milde Nacht verbrachte er in den städtischen Anlagen.

Am nächsten Morgen, es war der 10. Juni, trank er in der Bahnhofswirtschaft mehrere Flaschen Bier und Schoppenwein und ging, schon nicht mehr ganz nüchtern, zurück in die Stadtmitte. Da überkam es ihn plötzlich: ein unwiderstehliches Verlangen nach einem weiblichen Wesen, nach einem kleinen Mädchen mit kurzem Rock. Zunächst aber kehrte er nacheinander in mehrere Gaststätten ein und trank ein halbes Dutzend Glas Weißwein, die er dann noch mit mehreren Gläschen Kognak ergänzte. *»Wenn ich auch noch nicht berauscht war, so geriet* *ich doch infolge des vielen Alkohols in einen geschlechtlichen Rauschzustand«*, gab er später zu Protokoll. *»Ich habe kein geschlechtliches Vergnügen an erwachsenen Frauen oder Mädchen, die vielleicht älter sein konnten wie 10 Jahre. In diesem Zustand reizen mich Mädchen um 7 und 8 Jahre herum, und zwar reizte mich in der Hauptsache der Gedanke, daß sie völlig unberührt und vollkommen unschuldig waren. Eine gewisse Rolle hat auch das kurze wippende Röckchen und die sonstige Bekleidung gespielt.«*

Zimmermann, nunmehr in sexuelle Hochspannung verfallen, hielt sich eine Zeitlang auf dem Marktplatz auf. Kleine Mädchen kamen ihm entgegen, er musterte sie von oben nach unten, doch gefielen sie ihm nicht, waren nicht nach seinem Geschmack! Als er in eine Seitenstraße einbog, *»stand da ein kleiner brauner Lockenkopf«* inmitten anderer spielender Kinder. Das Mädchen schien nicht älter als sieben Jahre alt zu sein. Eine Weile beobachtete er es, fühlte, wie seine Erregung stieg. Um sich zu beruhigen, rauchte er erst mal eine Zigarre. Dann trat er an die Kleine heran und fragte sie nach dem Weg zum Bahnhof. Diesen könne sie ihm zeigen, sagte der Lockenkopf, denn sie habe viel Zeit. Fröhlich faßte sie ihren Mörder an der Hand und ging mit ihm mit, denn der Mann hatte ihr als Belohnung Bonbons versprochen! Wie sie denn heiße und wie alt sie sei, fragte er. Sie gab zur Antwort: Inge Winkler, sieben Jahre alt.

Am Prenzlauer Bahnhof angekommen, meinte Zimmermann, dies sei nicht der, den er meine. Er meine einen weiter draußen, außerhalb der Stadt. Inge sagte nun, in Blindow, einem Dorf nördlich von Prenzlau, befinde sich noch einer, sie könne ihn dort hinführen. Also verließen Mann und Kind die Stadt in nördlicher Richtung und schlugen einen Feldweg ein. Es war ein recht warmer Tag und der lange Fußmarsch für das Kind mühsam. Doch die verlockende Aussicht auf Süßigkeiten als Belohnung siegte über die körperliche Anstrengung.

Als sie an eine Wegkreuzung gelangten, erblickte Zimmermann zur Rechten ein sich weit hinziehendes Roggenfeld. Es schien für seine Zwecke ideal zu sein! Zunächst gingen sie den schmalen Weg am Feld entlang. Dann schaute sich Zimmermann um. Weit und breit war niemand zu sehen! Also packte er das Mädchen, hob es hoch und trug es rasch etwa sechs Meter tief in das wogende Roggenfeld hinein. Da es darin nur eine Gefälligkeit sah, weil es doch so müde war, wehrte es sich nicht gegen diese Behandlung. Zimmermann setzte Inge schließlich auf den Boden, holte aus seinem Rucksack eine kleine Flasche Kognak und setzte sie an die Lippen. Inge sah ihm dabei fröhlich zu.

Kaum hatte Zimmermann ausgetrunken, übermannte ihn sein Trieb. Er legte die widerstandslose Kleine nieder, wobei er ihr seinen Rucksack unter den Kopf legte, zog ihm den Schlüpfer aus und entkleidete sich selbst bis aufs Unterhemd. Die Berührung des Kinderkörpers erregte ihn aufs höchste. Er versuchte in sie einzudringen, doch scheiterte dies, weil sich Inge plötzlich zur Wehr setzte und wild um sich schlug und trat.

Das brachte ihn in erst recht in Ekstase: er kam zum Höhepunkt. Zugleich verfiel er in einen unkontrollierbaren Mordrausch. Mit beiden Händen umklammerte er nun den Hals des völlig verängstigten Mädchens und drückte so lange zu, bis alles Leben aus ihm gewichen war. *»Ich habe dann das Kind zum zweiten Male gebraucht, aber richtig gebraucht.«* Zimmermann drang in das tote Kind ein und vergewaltigte es. Dabei ging er mit solch roher Gewalt vor, daß dem Kind die Geschlechtsteile zerrissen wurden. Danach riß er der Toten die Kleider vom Leibe und legte diese einige Meter entfernt ab, brachte die Leiche in Hockstellung und fesselte sie mit einem mitgeführten Bindfaden. Er warf schließlich einen letzten Blick auf sein Opfer und entfernte sich. Der Prenzlauer Bahnhof war sein Ziel. Im Wartesal kam er allmählich zur Besinnung. Er sagte sich, daß er ein richtiges Scheusal sei und daß so etwas nie wieder vorkommen dürfe, wie er zu Protokoll gab.

Am selben Nachmittag fuhr er mit dem Zug nach Stralsund zurück und von dort nachts mit dem Schnellzug nach Hamburg. Er wollte sich so rasch und so weit wie möglich vom Tatort entfernen, wie er später aussagte. Denn immerhin handelte es sich um seinen ersten Mord.

Eine Woche hielt es ihn in der Hansestadt, dann packte ihn wieder die »Wanderlust«. Er löste eine Schnellzugkarte nach Berlin, wo er sich einen Tag lang aufhielt und Vergnügungsstätten aufsuchte. Dann fuhr er mit der Kleinbahn in die brandenburgische Provinz nach Jüterbog und von da weiter nach Treuenbrietzen. Diese Kleinstadt kannte er, war er doch vom dortigen Amtsgericht im Februar 1937 wegen Diebstahls im Rückfall zu einem Jahr und sechs Monaten Zuchthaus verurteilt worden. Den Abend verbrachte er im Kino und in Lokalen.

Obwohl es bereits Nacht war, wanderte er auf der Landstraße in nordwestlicher Richtung nach dem etwa sechs Kilometer entfernten Dorf

Linthe, wo er mehrere Stunden in einer Gastwirtschaft verbrachte und zahlreiche Glas Bier konsumierte. Am Nachmittag dieses 22. Juni lief er, einen Koffer in der Hand und einen Rucksack auf dem Rücken, dreieinhalb Kilometer weiter bis zum Dorf Rottstock. Dort befand sich ein Bahnhof mit Anschluß nach der Reichshauptstadt. Auf halbem Wege setzte er sich unter einen schattigen Baum und leerte eine Viertelliterflasche Kognak. Er trug stets mehrere dieser Fläschchen bei sich, um sich zu gegebener Zeit in Stimmung zu versetzen, wie er angab.

Als er gegen 15 Uhr die Dorfstraße entlangging, bemerkte er linkerhand in einem bis an die Straße heranreichenden Kiefernwäldchen ein kleines Mädchen. Sein Haar war in zwei Zöpfen geflochten, es trug ein Körbchen unter dem rechten Arm und sammelte ganz in sich versunken Kieferzapfen. Da geriet Zimmermann wieder in eine seiner unkontrollierbaren Stimmungen, war nicht mehr zu halten. Er erinnerte sich an seine in Prenzlau geübte Methode, ging auf das Mädchen zu und fragte es nach dem Bahnhof. Freundlich willigte das Kind ein, ihm den Weg zu zeigen. Ingrid Karzek heiße es und sei acht Jahre alt. Und bis zum Bahnhof sei es nicht weit. Zimmermann versprach Ingrid Süßigkeiten und ein paar Groschen als Belohnung.

Also gingen Ingrid und der »freundliche Onkel« die Dorfstraße weiter. Unterwegs stellte das Mädchen den Korb mit den gesammelten Zapfen in einem Vorgarten ab, um sich nicht unnötig damit zu belasten. Dort wohne sie, sagte sie zu Zimmermann. Dieser nickte freundlich, und beide setzten ihren Weg in Richtung des Nachbarorts Brück fort. Bald überquerten sie die Bahngleise. Ingrid zeigte nach rechts und erklärte, dort liege der Bahnhof. Doch Zimmermann bog nach links in einen Fuhrweg ein. Er müsse nämlich vorher noch ein Paket abholen, das Ingrid tragen solle. Als sich das Mädchen weigerte und einwandte, da gebe es aber kein Haus mehr, beruhigte Zimmermann sie: doch, da gebe es noch ein Forsthaus, und von da müsse er das Paket abholen.

Ingrid schien beruhigt, sagte, man könne ja nicht alles wissen, und ging bereitwillig mit. Einige Minuten lang wanderten sie den Fuhrweg hinunter, der gleich neben der Bahnlinie in ein Waldstück führte. Um das Kind in Sicherheit zu wiegen, holte Zimmermann aus seinem Rucksack ein Lederfutteral mit einem Fernglas darin hervor und hängte es ihm um. Bald sah er in der Ferne einen Spargelschlag, an dem mehrere Menschen arbeiteten. Doch schienen diese die beiden nicht wahrzunehmen. Nachdem er sich vergewissert hatte, daß man ihnen nicht nachsah, führte er das Mädchen tiefer in den Wald. An einem Wassergraben machte er halt, setzte sich hin, öffnete den Koffer, holte zwei Stück Kuchen heraus und reichte sie dem Mädchen. Während Ingrid aß, rauchte er eine Zigarre und leerte eine halbe Flasche Kognak, denn die Zeit war gekommen ...

Auf einmal sagte er zu ihr, sie solle ihren Schlüpfer ausziehen. Sie weigerte sich nun entschieden, zum erstenmal mußte sie Angst bekommen haben. Also riß er ihr mit Gewalt den Schlüpfer herunter. Ingrid wehrte sich verbissen, schlug um sich und kratzte ihm ins Gesicht. Doch Zimmermann, nun völlig außer Kontrolle wie immer in einer solchen Situation, warf sie auf den Rücken, spreizte ihr mit Gewalt die Beine auseinander und legte sich auf sie. Ihre verzweifelten Schreie verstummte er, indem er ihr den Mund zuhielt. Die Penetration gelang ihm jedoch nicht, wohl weil Ingrid wild um sich strampelte.

Zimmermann mußte sie nun zum Schweigen bringen, bevor jemand auf das Geschehen aufmerksam wurde. Er umklammerte mit beiden Händen ihren Hals und drückte ihr kräftig die Kehle zu. Sie strampelte eine kurze Weile, dann war sie still, lag wie leblos da. Plötzlich aber merkte er, daß sie noch atmete. Er versuchte erneut, sie zu vergewaltigen, und es gelang ihm diesmal.

Da er befürchtete, des Weges daherkommende Leute könnten das Kind finden, trug er es zum Wassergraben und legte es mit dem Gesicht nach unten ins seichte Wasser. Wie die Obduktion ergab, ertrank dabei das vermutlich nur in Bewußtlosigkeit gefallene Kind. Hierauf ging Zimmermann über Feldwege zu dem benachbarten Städtchen Brück und kaufte sich, als sei nichts geschehen, in einem Laden Brause und Zigarren. Später löste er am Bahnhof eine Fahrkarte nach Berlin. Ihm kam jetzt erst voll zu Bewußtsein, daß er *»es wieder getan«* hatte, er mußte den Ort so schnell wie möglich hinter sich bringen.

Von Berlin fuhr er mit dem Nachtzug über Stettin und Stralsund nach Hamburg zurück. In der Anonymität der Millionenstadt fühlte er sich wieder sicher.

Doch die Ruhe währte nicht lange. Eines Tages hörte er in einem Lokal an der Reeperbahn ein Gespräch am Nachbartisch mit. Man sprach von Polizeirazzien, die in der vergangenen Nacht an verschiedenen Stellen Hamburgs durchgeführt wurden. Galten sie vielleicht dem Mann, der für die drei

Mädchenmorde verantwortlich war, nämlich ihm? War man ihm auf die Spur gekommen? Möglich wäre es. Und er verspürte plötzlich den Drang, Hamburg zu verlassen, und zwar so schnell und so weit wie möglich.

Zimmermann fuhr zunächst nach dem bayerischen München, der »Stadt der Bewegung«, die schien ihm weit genug weg von Nord- und Mitteldeutschland. Dort besichtigte er die Sehenswürdigkeiten der Stadt, will sogar im Theater gewesen sein, ging in Freibädern baden, immerhin war es sommerlich warm. Die drei scheußlichen Morde lagen weit hinter ihm, so schien es dem Serienmörder. Hier in München, inmitten der großen Menschenmassen, fühlte er sich sicher, hier konnte er wieder so richtig durchatmen.

Doch dann packte ihn erneut die Reiselust. Er faßte den Entschluß, nach Eger zu fahren, in jene alte nordböhmische Stadt*, die seit ihrer Eingliederung ins Deutsche Reich im Oktober 1938 zum Reichsgau Sudetenland gehörte. Eger lag nicht weit von der Grenze zum Land Sachsen entfernt. Am 30. Juni löste er eine Fahrkarte und fuhr über Regensburg in die Stadt nahe dem böhmischen Bäderdreieck**. Am Abend kam er an und übernachtete im Wartesaal des Bahnhofs.

Zimmermanns letzter Mord

Am nächsten Morgen, es war Sonntag, der 1. Juli, betrat er nacheinander mehrere Lebensmittelgeschäfte, wurde aber, da er nicht über gültige Lebensmittelkarten verfügte, überall abgewiesen. So suchte er statt dessen ein Café auf und trank Wein. Da hatte er bereits den Entschluß gefaßt, sich wieder ein *»Mädchen zu holen«*. Bislang hatte es geklappt, ohne daß man ihm auf die Spur gekommen war. Hier in Eger würde es sogar noch leichter sein. In den folgenden Stunden suchte er noch mehrere andere Lokale auf und trank abwechselnd Bier, Wein und Kognak. Schon nicht mehr ganz Herr seiner Sinne, lief er kreuz und quer durch die rund 36.000 Einwohner zählende Stadt und hielt Ausschau nach einem geeigneten Opfer. Er fand zunächst keines.

Um die Mittagszeit, es war inzwischen recht warm geworden, setzte er sich in einer Grünanlage auf eine Bank und rauchte mehrere Zigarren.

---

* Der heutige tschechische Name ist Cheb.

** Bestehend aus Karlsbad, Marienbad und Franzensbad.

Unweit von Prenzlau fiel die kleine Inge Winkler dem Mörder zum Opfer.
Postkarte, 1934

Eger um 1940. Blick zur Kaiserburg und der Pfarrkirche.

Bald darauf begab er sich in die Gegend des Bahnhofs. Auf einem unweit davon gelegenen Fußweg überholten ihn, der er gemächlich entlangschlenderte, mehrere Personen. Darunter auch ein kleines Mädchen, das sofort sein eindeutiges Interesse erweckte. Obwohl immer wieder Passanten vorübergingen, fand er den Mut, das Kind anzusprechen. Ob es ihm nicht ein Paket tragen könne, fragte er es dreist. Ja, antwortete das Mädchen, denn Zimmermann lockte wieder mit Süßigkeiten, die er ihm kaufen wolle. Die achtjährige Erika Blatzky, so war ihr Name, schien keinerlei Einwände zu haben. *»Auch dieses Mädchen war, wie alle vorhergehenden, ruhig und willfährig. Ich muss immer wieder darüber staunen, dass die Mädchen so ohne weiteres mit mir mitgegangen sind«*, sollte Zimmermann später zu Protokoll geben.

Erika und der »hilfebedürftige« Fremde gingen also über die Bahngleise aus der Stadt hinaus, ließen die Vororte und deren letzten Häuser hinter sich und befanden sich schon bald inmitten von Feldern. Nur noch vereinzelt kamen ihnen Fußgänger entgegen. Diese schienen keine Notiz von dem Mann und seiner kleinen Begleiterin zu nehmen, die brav händchenhaltend neben ihm herging. Anscheinend hatten sich hier im Egerland die beiden ein paar hundert Kilometer nördlich im Altreich

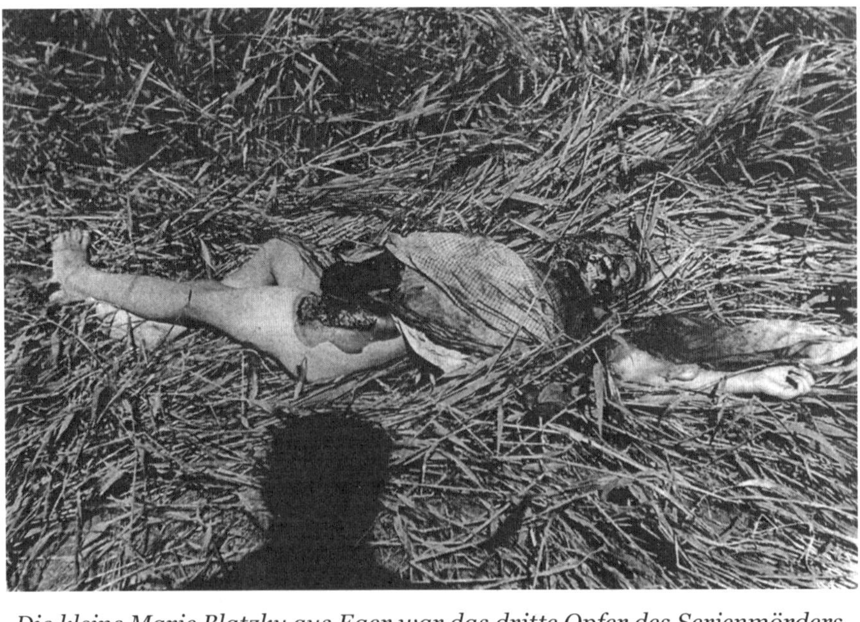

Die kleine Marie Blatzky aus Eger war das dritte Opfer des Serienmörders.

verübten Mädchenmorde noch nicht herumgesprochen. Zimmermann fühlte sich von Minute zu Minute sicherer.

Sie gelangten zu dem kleinen, wenige Kilometer von Eger entfernten Dorf Matzelbach und gingen ein Stück die leere Dorfstraße entlang. Zimmermann war sehr zuversichtlich, daß man beiden keine große Beachtung schenken würde, sollte ihnen jemand entgegenkommen. Nach einer Weile bogen sie rechts in einen nach dem Dorf Oberschön führenden Feldweg ab, der eine Anhöhe hinaufführte. Auf halber Höhe hielt Zimmermann plötzlich inne und schaute sich um. Sein Blick fiel auf die wogenden Getreidefelder zu seiner Rechten. Weit und breit war keine Menschenseele zu sehen. Jetzt und hier oder nie, muß es ihm durch den Kopf gegangen sein. Er nahm das Mädchen wieder bei der Hand, ging ein paar Meter in das fast mannshohe Kornfeld hinein und setzte sich hin. Geduldig schaute Erika Blatzky ihm zu, wie er eine Zigarre rauchte, ja, sie fragte nicht einmal nach den Süßigkeiten, die er ihr versprochen hatte.

Zimmermann packte nun das Mädchen, zog ihm das Röckchen hoch und dann den Schlüpfer herunter. Es wehrte sich kaum, ließ ihn gewähren, glaubte wohl, der Mann wolle ein ihm noch unbekanntes Spiel spielen. Nun wieder geschlechtlich erregt, legte er sich auf die Kleine und versuchte in sie einzudringen. Erst jetzt schrie sie laut vor Schmerzen auf. Die Penetration gelang bei diesem ersten Mal, wie schon in den beiden anderen Fällen, nicht. Frustriert ließ Zimmermann von ihr ab, sah sich verängstigt um, denn Erika schrie nun laut um Hilfe. Er mußte sie zum Schweigen bringen, die Schreie konnten wohl gehört werden.

Zimmermann ging es blitzschnell durch den Kopf, daß ja ein Rasiermesser in der Tasche steckte. Er hatte es mal vor langer Zeit gekauft und trug es stets bei sich. Rasch holte er es heraus, setzte es dem Kind an den Hals und brachte ihm damit mehrere tiefe Schnitte an der Kehle bei. Blut entströmte Erikas Halse, und während sie röchelte, drang er erneut in die Sterbende ein und vergewaltigte sie nun vollends. Als er sich wenig später wieder über das Mädchen beugte, stellte er fest, daß es bereits tot war. *»Ob ich das Kind mit dem Rasiermesser noch an einem anderen Körperteil verletzt habe, weiss ich heute nicht mehr«*, sagte Zimmermann später aus. Doch fanden sich im Bereich des Unterleibes zahlreiche Schnitte und Stiche, die von einem Rasiermesser herrührten. Wie ein Besessener muß der Mörder das kleine Mädchen nach dem Eintritt des Todes verstümmelt haben.

Zimmermann kehrte auf demselben Weg, wie er gekommen war, wieder nach Eger zurück. Inzwischen war es Abend geworden. Er suchte ein Lokal auf, wo er eine Brause bestellte. Als er bezahlen wollte, erschrak er: Er hatte Blut an den Händen. Dem Verkäufer aber schien dies nicht weiter verdächtig zu sein, er sprach ihn nicht darauf an. Zimmermann suchte einen öffentlichen Brunnen auf, wusch sich die Hände. In einer anderen Gaststätte trank er mehrere Glas Weißwein und begab sich zum Bahnhof. Dort erkundigte er sich nach dem nächsten Nachtzug nach Berlin. Man teilte ihm mit, daß dieser erst am Morgen ginge. Solange wollte er aber nicht warten, sein Verlangen, den Schauplatz seiner dritten Untat so schnell wie möglich hinter sich zu lassen, war zu groß!

Statt dessen nahm er den nächsten Nachtzug nach dem ebenfalls an der Elbe gelegenen Nachbarstädtchen Bodenbach. In der Zugtoilette schaute er in den Spiegel und bemerkte die kleinen Blutspritzer im Gesicht! Sie wirkten noch verräterischer als die Blutflecken an den Händen! Aber auch darauf war er bislang nicht angesprochen worden. Von Bodenbach fuhr er über Dresden nach Magdeburg, wo er in den Abendstunden des 2. Juli ankam. Die Nacht verbrachte er auf einer Bank schlafend im Bahnhofswartesaal.

In der Elbestadt sollte er schon wenige Stunden später seinen nächsten und auch letzten Mord begehen, den Mord an der kleinen Hildegard Michaelis.

Auf seine abnorme Vorliebe für kleine Mädchen angesprochen, erklärte Zimmermann, er sei bis zum Frühjahr normal veranlagt gewesen. Doch dann habe ihn eine Kuh beim Melken getreten und ihm dabei einen Hoden weggerissen. Im Kieler Krankenhaus sei er operiert worden, und danach sei der Geschlechtstrieb ausgeblieben. Nach und nach habe sich dann der Trieb zu kleinen Mädchen entwickelt und sei im Frühjahr 1940 so stark geworden, daß er begann, nach ihnen Ausschau zu halten.

Diesem widersprach ein medizinisches Gutachten. Mit Sicherheit müsse der abnormale Trieb schon lange vor dem Unfall vorhanden gewesen sein. Keinesfalls könne die Operation als dafür ursächlich angesehen werden. Wichtiger noch, und zwar für den Strafprozeß: Die Voraussetzungen des § 51 Absatz 1 StGB lägen bei Zimmermann keinesfalls vor, er habe zu jeder Zeit die Tragweite seiner Verbrechen erkennen können. *»Er hat sich*

Berlin, Alexanderplatz. Postkarte, Mitte der 1930er Jahre

aber, statt seine Neigungen von vornherein zu bekämpfen, von diesem Trieb in absoluter Skrupellosigkeit völlig leiten lassen und schliesslich, wie es seine eigene Schilderung zeigt, den Zustand, in dem er, wie er wusste, zu seinen grauenhaften Taten fähig war, durch gewaltsame Berauschung mit Alkohol selbst immer wieder herbeigeführt. Aus der Schilderung des Tatherganges, aus der Darstellung, wie er jedenfalls den Plan fasste, sich wieder ein Opfer zu suchen, wie er dann zunächst Alkohol trank, um sich in die nötige Spannung zu bringen, und wie er schliesslich noch kurz vor der Ausführung der Tat jeweils an dem Ort, an dem er das Verbrechen auszuführen beschloss, sich für sein grauenhaftes Vorhaben gleichsam innerlich vorbereitete, geht ausserdem hervor, dass der Angeschuldigte nicht nur vorsätzlich, sondern auch mit Überlegung die Sittlichkeitsverbrechen und die dabei von ihm schon von vornherein in seine Gedanken eingeschlossene Tötung seiner Opfer beging«, hieß es im Bericht der Berliner Staatsanwaltschaft.

Zimmermanns Tötungsverbrechen waren also Gewaltverbrechen im Sinne der Verordnung gegen Gewaltverbrecher vom 5. Dezember 1939. Das bedeutete, daß er vor ein Sondergericht gestellt würde und somit den Tod zu erwarten hatte! Die Staatsanwaltschaft Berlin beantragte bereits am 15. Juli, Termin zur Hauptverhandlung vor dem Sondergericht I bei dem Landgericht Berlin anzuberaumen*. Die Anklage lautete auf Verbrechen gegen § 176 Ziffer 3 StGB – geschlechtlicher Mißbrauch von Kindern sowie gegen § 211 StGB – Mord.

Der Justizapparat arbeitete mit der seit Kriegsbeginn gewohnten Schnelligkeit. Zimmermanns wenig erfreulichen Tage waren damit unweigerlich gezählt.

Zimmermann vor dem Sondergericht

Bereits am 18. Juli 1940, also eine Woche nach seiner Festnahme, stand der Mann, der wochenlang Mitteldeutschland in Angst und Schrecken versetzt hatte, vor dem Sondergericht I, das im Landgericht in Moabit tagte. Landgerichtsdirektor Boeckmann und seine beiden Beisitzer, Landgerichtsrat Rebeschke und Ritzerow, hatten über eine Kindesmordserie zu verhandeln, wie sie im Dritten Reich relativ selten war.

In seiner Anklagerede führte der Staatsanwalt dem Gericht nochmals die furchtbaren Morde vor Augen. Nichts sei unterlassen worden, dieses »Scheusal« zur Strecke zu bringen. Und Zimmermann sei insoweit sehr gefährlich gewesen, weil er über beträchtliche Geldmittel verfügte und somit nach Begehung der Morde den Tatort mit dem Schnellzug rasch hinter sich bringen konnte.

Die Beweisaufnahme nahm mehrere Stunden in Anspruch. Als Zeugen waren drei Kriminalkommissare und ein Kriminalrat geladen, während zwei medizinische Sachverständige, Dr. Müller-Heß und Dr. Hallermann, die Obduktionsbefunde der vier Leichen vortrugen. Sie erklärten, daß die Geständnisse des Angeklagten hinsichtlich der Tatausführung aufgrund der medizinischen Befunde absolut glaubwürdig seien. Zimmermann sei außerdem voll geständig.

Auf den Mord an Inge Winkler angesprochen, erhob sich Zimmermann und sagte: *»Als ich nachher* [nach der Ermordung des Mädchens] *beim Mittagessen in Prenzlau saß, da sagte ich mir, du bist doch eigentlich ein Scheusal, und so etwas darf nicht wieder vorkommen.«***

---

* Seit Kriegsbeginn wurden, nach Aufhebung der Schwurgerichte, fast alle Kriminalfälle vor dem Sondergericht verhandelt, um eine Verkürzung des Verfahrens und eine rasche Aburteilung zu ermöglichen.

** *Berliner Lokal-Anzeiger*, 19. Juli 1940, Morgenausgabe.

Der Vorsitzende: *»Es ist aber doch wieder vorgekommen, und nicht nur einmal.«*

Der Angeklagte: *»Jawohl, ich hatte zwar den Entschluß gefaßt, es nicht mehr zu tun, aber ich konnte nicht anders, wenn es über mich kam.«* Dann erhob er seine Stimme und rief laut in den Gerichtssaal: *»Und ich hätte es immer wieder von neuem getan, wenn ich nicht gefaßt worden wäre!«*

Staatsanwalt Platzer als Vertreter der Berliner Staatsanwaltschaft war davon überzeugt, daß Zimmermann den Typus des Gewaltverbrechers darstelle: Bei seinen schweren Gewalttaten habe er einer Schuß-, Hieb- oder Stichwaffe gleich gefährliche Mittel angewandt, nämlich in drei Fällen Würgegriffe und in einem Fall ein Rasiermesser. Der Angeklagte könne sich auch nicht darauf berufen, daß er bei Begehen der Verbrechen nicht zurechnungsfähig gewesen sei. Auch der reichliche Alkoholgenuß vor den Morden könne die Taten nicht entschuldigen. Zudem war er bei jeder der Taten nicht so berauscht, daß er sich nicht an die jeweiligen Einzelheiten erinnern konnte! Zudem hatte er bei den ersten Verhören den Alkoholmißbrauch nicht erwähnt und ihn erst später, wie es schien, zur Verteidigung vorgetragen. Es sei also nicht erwiesen, daß er vor den Morden überhaupt Alkohol zu sich nahm. Platzer zog auch Parallelen zum Fall Seefeld.* Da die Hauptverhandlung einwandfrei ergeben habe, daß er als Täter aller verhandelten Verbrechen in Frage kam, forderte er den Kopf Zimmermanns, denn nur sein Tod könne die vier furchtbaren Mädchenmorde sühnen.

Das Urteil:

»Der Angeklagte wird wegen Verbrechens gegen § 1 der Verordnung gegen Gewaltverbrecher vom 5. Dezember 1939 in Verbindung mit Mord und Sittlichkeitsverbrechen in vier Fällen zum Tode verurteilt.

Ihm werden die bürgerlichen Ehrenrechte auf die Dauer aberkannt.

Die Kosten des Verfahrens hat der Angeklagte zu tragen.«

In seiner Urteilsbegründung betonte der Vorsitzende, es sei nur der unermüdlichen Zusammenarbeit der verschiedenen Kriminalpolizeistellen

* Adolf Seefeldt lockte vom Beginn bis zur Mitte der 1930er Jahre im Land Mecklenburg und in der preußischen Provinz Brandenburg mindestens zwölf kleine Jungen mit Süßigkeiten an sich, verging sich an ihnen und ermordete sie anschließend. Dieser Serienmörder wurde 1936 in Schwerin hingerichtet.

Todesstrafe für den vierfachen Kindesmörder / Ein Scheusal in Menschengestalt wurde ausgemerzt

Blitzschnell hat das Richtschwert der deutschen Justiz gegen den 34jährigen Kindesmörder Rudolf Zimmermann zugeschlagen und damit ein Scheusal ausgemerzt, das nicht wert ist, ein Menschenantlitz zu tragen. Acht Tage nach seiner Verhaftung in Salzwedel wurde der furchtbare Unhold, dessen Untaten die Erinnerung an die scheußlichsten Verbrechen aller Zeiten wachrufen, seiner gerechten Strafe zugeführt. Das Berliner Sondergericht verurteilte ihn entsprechend dem Antrag des Staatsanwalts wegen Mordes und Sittlichkeitsverbrechens in vier Fällen, begangen unter den erschwerenden Voraussetzungen der Gewaltverbrecherverordnung zum Tode und zum dauernden Verlust der bürgerlichen Ehrenrechte. — Der siebenmal vorbestrafte Schwerverbrecher nahm das Urteil völlig gleichmütig auf.

Eitel und selbstgefällig schilderte der Angeklagte vor Gericht seinen Lebenslauf und seine scheußlichen Verbrechen, völlig unberührt von dem namenlosen Leid, das er den betroffenen Eltern zugefügt hat. Er spricht kurz und abgehackt, dabei gewandt und klar und sucht sich durch häufige Verwendung von Fremdwörtern wichtig zu machen. Ueberhaupt läuft seine ganze Verteidi-

der nachdrücklichst vor Fremden zu warnen. Dieser Appell sei nicht ungehört verhallt, wie der Umstand beweise, daß der Verbrecher vor seiner letzten Tat in Magdeburg stundenlang vergeblich versucht habe, mit einem Kinde in Berührung zu kommen. Er wurde dadurch besonders gefährlich, daß er aus seiner sonstigen verbrecherischen Betätigung über erhebliche Geldmittel verfügte und so nach seinen einzelnen Taten mit dem Schnellzuge in entfernte Gegenden des Reiches flüchten konnte, so bis nach Eger im Sudetenland.

Auch bei seiner Festnahme nach einem Einbruch in ein Wäschegeschäft war er im Besitz größerer Geldmittel, so daß er zweifellos die Serie seiner Kindermorde fortgesetzt hätte, wenn er nicht bei der Abholung seines auf dem Bahnhof Salzwedel aufgegebenen Koffers verhaftet worden wäre. Darin befanden sich mehrere Kleidungsstücke, die er nach der Beschreibung von Zeugen bei seinen früheren Verbrechen getragen hatte.

Aehnlich wie vor Jahren der Schweriner Knabenmörder Seefeld, hat auch Zimmermann seine Opfer dadurch an sich gelockt, daß er ihnen Schokolade oder Geldgeschenke versprach. Die scheußlichen Verbrechen des vierfachen Kindesmörders haben ihre gerechte Sühne gefunden,

Berliner Morgenpost, *19. Juli 1940.*

zu verdanken, daß der Verurteilte nicht zu einer dauernden Gefahr für die Öffentlichkeit wurde.

Die *Berliner Morgenpost* schrieb am nächsten Tag: *»Blitzschnell hat das Richtschwert der deutschen Justiz gegen den 34jährigen Kindesmörder Rudolf Zimmermann zugeschlagen und damit ein Scheusal ausgemerzt, das nicht wert ist, ein Menschenantlitz zu tragen.«* Und der *Berliner Lokal-Anzeiger: »Nur mit Erschütterung war es möglich, der Verhandlung gegen diesen Verbrecher zu folgen, der vier blühende Kinderleben kalt und grausam vernichtete und das Gemüt eines fünften Kindes mit einer furchtbaren Erinnerung belastet hat. In dem Raume der Anklagebank des Sondergerichts stand der Angeklagte, eine zwergenhafte Erscheinung mit häßlichem Vogelgesicht, und schilderte in kurzen, abgehackten Sätzen ohne jegliche Bewegung seine grauenhaften Verbrechen.«*

Der vierfache Mädchenmörder Rudolf Zimmermann trat im Morgengrauen des 20. Juli 1940, nur zwei Tage nach seiner Aburteilung, im Berliner Strafgefängnis Plötzensee seinen letzten Gang an. Man führte ihn in den niedrigen Ziegelbau, der seit 1937 als zentrale Richtstätte diente und in dem das Fallbeilgerät fest installiert war. Nach den üblichen Formalitäten sauste das Messer herab und trennte ihm den Kopf vom Rumpf. Die abscheulichen Morde an vier kleinen Mädchen hatten ihre angemessene Sühne erfahren.

»Der Schrecken der Mark Brandenburg« war einer von zwei Mördern, die an diesem Morgen ihre Verbrechen mit dem eigenen Tode sühnten: Auch der Berliner Gattenmörder Hugo Matzke war vom Berliner Sondergericht zum Tode verurteilt worden. Fünf weitere Verurteilte, die vom Reichskriegsgericht beziehungsweise dem Volksgerichtshof wegen todeswürdiger Delikte wie Wehrkraftzersetzung, Landesverrat und Fahnenflucht zum Tode verurteilt worden waren, starben ebenfalls unter dem Fallbeil, ein sechster einem vom Berliner Sondergericht wegen Raubes verhängten Todesurteil zufolge.

Die Gartenlaube, in der Gerda Ditter ermordet wurde.

PAUL OGORZOW – DER UNHEIMLICHE S-BAHN-MÖRDER VON BERLIN

PREUSSEN, BERLIN (1940–1941)

Im Herbst 1940 begann im Osten Berlins eine Mordserie, die als die »Berliner S-Bahn-Morde« in die deutsche Kriminalgeschichte eingehen sollte. Acht Frauen fielen ihr zum Opfer, ehe ein Dreivierteljahr später der Täter überführt und abgeurteilt werden konnte.*

Fünf der Morde wurden auf einem bestimmten Abschnitt der elektrischen Schnellbahn Berlins, auch S-Bahn genannt, begangen. Drei weitere Morde verübte der Täter entlang dieses S-Bahn-Streckenabschnitts beziehungsweise in einem Laubengebiet ganz in der Nähe eines S-Bahnhofs.

Im Jahre 1940 stand das nationalsozialistische Regime auf dem Höhepunkt seiner Macht, der Erzfeind Frankreich war besiegt, Belgien, die Niederlande und Luxemburg sowie die nordischen Staaten Dänemark und Norwegen standen seit dem Frühjahr unter deutscher Kontrolle. Und die Reichshauptstadt Berlin war das Zentrum der neuen »Ordnungsmacht« Deutschland.

Am späten Abend des 20. September 1940, einem Freitag, stand die neunundzwanzigjährige Gerda Kargoll auf dem Bahnsteig des S-Bahnhofes Rahnsdorf. Rahnsdorf war ein Ortsteil des Berliner Stadtbezirks Köpenick. Frau Kargoll, eine Arbeiterin aus dem Bezirk Schöneberg, hatte einen feucht-fröhlichen Abend mit Bekannten in Köpenick verbracht und dabei zu tief ins Glas geschaut. Zu vorgerückter Stunde war sie von Bekannten zum Bahnhof Köpenick gebracht worden und dann versehentlich in die falsche, nämlich stadtauswärts fahrende Stadtschnellbahn gestiegen, obendrein während der Fahrt auch noch eingeschlafen. Als sie ihren Irrtum bemerkte, hatte der Zug bereits die Station Rahnsdorf erreicht. Dort war die Frau ausgestiegen und wartete nun auf den stadteinwärts fahrenden Gegenzug. Da ihre Fahrkarte dritter Klasse nur für die Strecke von Köpenick nach Schöneberg galt, sie aber

* Ausgewertete Tageszeitungen: *Berlin-Lichtenberger Tageblatt* (später: *Karlshorst-Lichtenberger Nachrichten*), *Berliner Lokal-Anzeiger*, *Berliner Morgenpost*, *Berliner Volkszeitung*, *Völkischer Beobachter* (Berliner Ausgabe), *Das 12-Uhr-Blatt*.

aus Zeitgründen keine neue lösen wollte, fürchtete sie natürlich eine der häufigen Kontrollen.

Die Beleuchtung auf dem Bahnsteig war wegen der kriegsbedingten Verdunkelung* auf ein Minimum reduziert. Der Mann, der sie plötzlich ansprach und sie unverblümt fragte, woher sie komme, trug eine Uniform und eine Mütze, doch nähere Einzelheiten konnte sie im Dunkeln nicht erkennen. Und gleich darauf lief auch schon der stadteinwärts fahrende S-Bahn-Zug mit seinen rot-gelben Wagen ein; Frau Kargoll und der uniformierte Mann bestiegen ein Abteil der zweiten Klasse, die in der Regel, vor allem abends, nur von wenigen Fahrgästen benutzt wurde. Im Gegensatz zu den Abteilen der dritten Klasse, die zwar nur mit Holzbänken ausgerüstet, dafür aber viel preiswerter waren, gab es in der zweiten Klasse gepolsterte Sitze, und sie war nicht so voll. Sie fühlte sich in der Gegenwart eines Uniformierten, dazu noch eines Beschäftigten der Reichsbahn, wie es schien, sicher. Müde ließ sie sich in den Sitz fallen, sie war von der Feier etwas benommen. Der uniformierte Mann nahm ihr gegenüber Platz. Als sich der Zug um 23.18 Uhr in Bewegung setzte und wenig später mit sechzig Stundenkilometern durch die Nacht fuhr, wurde die Frau rasch von Müdigkeit übermannt und versank in einen kurzen Schlaf.

Plötzlich schreckte sie hoch: Der Zug hatte mit einem Ruck gehalten. Da nahm sie in dem dunklen Abteil mit seiner Notbeleuchtung auch schon den mit ihr fahrenden Mann in Uniform und Mütze wahr. Er stand direkt vor ihr, sagte aber nichts, er schien sie nur anzustarren. Im Abteil befanden sich keine weiteren Fahrgäste. Frau Kargoll fragte ihn, auf welcher Station sie sich befänden. In Wuhlheide, antwortete der Unbekannte.

Im selben Augenblick schlossen sich auch schon automatisch die zweiflügeligen Schiebetüren, der Zug setzte sich wieder in Bewegung und nahm an Geschwindigkeit auf. Da beugte sich der Mann zu ihr herunter, packte sie am Hals und begann, sie mit beiden Händen zu würgen. Mit Leibeskräften und laut schreiend setzte sich Gerda Kargoll zur Wehr,

* In der Nacht vom 25. auf den 26. August 1940 griff die britische Royal Air Force erstmals die Reichshauptstadt an, als Vergeltung für den tags zuvor erfolgten Luftangriff der deutschen Luftwaffe auf London. Sie richtete in den Bezirken Lichtenberg und Pankow lediglich geringfügige Schäden an. Der nächste Angriff in der Nacht des 29. August auf Kreuzberg forderte allerdings zwölf Todesopfer.

stieß ihm mit den Knien in den Unterleib, schlug ihm mit beiden Fäusten ins Gesicht. Vergeblich: Der Mann umfaßte sie mit aller Kraft und zerrte sie zur Abteiltür, ergriff den Türgriff und schob den einen Türflügel auf, so daß der andere automatisch folgte. Gerda Kargoll nahm noch ganz kurz den Luftzug wahr, auch daß ein weiterer Zug vorbeirauschte. Was dann geschah, daran konnte sie sich nicht mehr erinnern.

Wenige Augenblicke später kam sie wieder zu sich: Sie lag, immer noch stark benommen und mit leichten Schmerzen auf dem Hinterteil, auf einem Sandhaufen neben dem Bahndamm. Dieser Sandhaufen inmitten des ansonsten harten Schotterbettes sollte ihr das Leben retten, ja sogar ernsthafte Verletzungen verhindern. Neben ihr lag ihre Handtasche, die sie an dem Lederriemen immer noch über dem Arm trug. Sie tastete sich ab, stellte zu ihrer Erleichterung keine ernsthaften Verletzungen fest und rappelte sich hoch. Immer den Gleisen folgend, wobei ihr das Mondlicht eine große Hilfe war, gelangte sie nach wenigen Hundert Metern schließlich zur nächsten Station, dem Bahnhof Karlshorst, wo man sich sofort um sie kümmerte.

Der Aufsichtsbeamte des S-Bahnhofs Berlin-Karlshorst verständigte telefonisch sofort das 256. Polizeirevier in Karlshorst und berichtete von dem Vorfall, vergaß nicht zu erwähnen, daß das Opfer nur leicht verletzt sei. In einem Taxi brachte ein Beamter der Bahnpolizei die junge Frau aufs Polizeirevier, wo man sie augenblicklich in den Vernehmungsraum führte. Niemandem war entgangen, daß sie stark nach Alkohol roch, also war ein wenig Vorsicht geboten! Es kam immer wieder vor, daß Betrunkene die Polizei mit erfundenen Geschichten narrten. Mit zunächst stockender Stimme, dann aus sich heraussprudelnd schilderte Gerda Kargoll dem etwas ungläubig dreinschauenden Vernehmungsbeamten, was ihr widerfahren war. Ob sie unsittlich berührt worden sei? Sie verneinte, daran könne sie sich nicht erinnern. Er bat sie um eine Beschreibung des Täters, doch außer daß er Uniform sowie eine Schirmmütze trug, war sie zu näheren Angaben nicht in der Lage, da sowohl der Bahnsteig als auch das Abteil ja verdunkelt waren. Sie schätzte das Alter des Mannes aber auf etwa dreißig und seine Größe auf 1,60 bis 1,65 Meter. Ein Raubüberfall lag aller Wahrscheinlichkeit nicht vor, denn außer ihrer Fahrkarte fehlte nichts. Es schien schon sehr seltsam, daß die Frau den angeblichen Sturz aus einem etwa sechzig Stundenkilometer fahrenden Zug von einigen wenigen Hautabschürfungen und einer geringfügigen

Gehirnerschütterung abgesehen unbeschadet überstanden hatte, ja nicht einmal ihre Kleidung Spuren des Sturzes davongetragen hatten. Und wenn sie denn tatsächlich aus dem Zug gefallen war, hätte es nicht sein können, daß Gerda Kargoll in ihrem alkoholisierten Zustand die Tür zu früh geöffnet hatte? Trotz seiner anhaltenden Zweifel vermerkte der Vernehmer in seinem Bericht: »Mordversuch«.

Gerda Kargoll wurde in der Nacht in ein Krankenhaus überführt, wo sie vier Wochen verblieb. Nach ihrer Entlassung litt sie noch häufig an starken Kopfschmerzen, doch überwog die erfreuliche Tatsache, daß sie trotz des Sturzes aus dem relativ schnell fahrenden Zug am Leben geblieben war. Immerhin kam es beinahe täglich zu tödlichen Unfällen auf dem S-Bahn-Netz, die auf die Verdunkelungsmaßnahmen zurückzufahren waren.

Die Ermittlungen sollten nicht von Erfolg gekrönt sein, doch wurden weitere Überfälle dieser Art in den folgenden Wochen nicht gemeldet. Statt dessen hielten die außerordentlichen militärischen Erfolge der Wehrmacht jedermann in ihrem Bann. Das Deutsche Reich befand sich auf dem Zenit seiner militärischen Macht, ein beträchtlicher Teil Europas war bezwungen und stand unter der Kontrolle des nationalsozialistischen Regimes.

Mord in der Gartenlaube

Die Gartenkolonie Gutland I mit ihrer Nachbarkolonie Gutland II war Teil eines ausgedehnten Komplexes anderer Laubenkolonien, der gleich hinter dem S-Bahnhof Rummelsburg begann und sich fast zwei Kilometer bis zum Betriebsbahnhof Rummelsburg erstreckte. Er gehörte zum Ortsteil Friedrichsfelde, der wiederum dem östlichen Berliner Stadtbezirk Lichtenberg unterstand. Dieses idyllisch anmutende Gartengelände mit seinen Bäumen und Sträuchern, seinen von dichten Hecken gesäumten Wegen und den vielen, meist aus Holz gebauten Wohnlauben erstreckte sich entlang der Bahnschienen, im Norden von dem Ortsteil Friedrichsfelde, im Osten von Karlshorst, im Süden von der S-Bahn-Strecke von Rummelsburg nach Karlshorst und im Westen von dem Ortsteil Lichtenberg begrenzt. Hier lebten unter anderem viele Beschäftigte der Reichsbahn, hier wurde viel Obst und Gemüse angebaut, in den Kriegsjahren ein sehr wichtiger Faktor für die Selbstversorgung.

Um die Mittagszeit des 4. Oktober 1940, einem Freitag, begab sich Konrad Braun, ein Angestellter der Nationalsozialistischen Volkswohlfahrt (NSV)*, zur Laube 33 im Weg 5a. Dort wohnte Gerda Ditter, eine zwanzig Jahre alte Ehefrau, die bereits zwei Kinder besaß. Helga war eineinhalb Jahre alt, während der kleine Wolfgang erst vier Monate zählte. An diesem Tage sollten der Frau die Kinder abgenommen werden, weil sie trotz wiederholter eindringlicher Ermahnungen der NSV weiterhin ein unwirtschaftliches Leben führte, so daß das Wohl der Kinder gefährdet schien. Ihr Ehemann diente als Wehrmachtssoldat in Potsdam und kam daher selten nach Hause, dennoch hielt sich das Opfer von Männerbekanntschaften fern.

Braun hatte den Auftrag, die beiden Kleinen ins Waisenhaus zu bringen. Er betrat durch eine Eisengittertür das kleine, von einem Maschendrahtzaun begrenzte Grundstück und ging auf die etwa fünf Meter entfernte Wohnlaube zu. Die Eingangstür war unverschlossen. Nach kurzem Zögern betrat Braun das Gebäude und sah im ersten Augenblick zunächst einmal nichts, da sämtliche Fenster trotz der Tageszeit immer noch zugehängt waren. Hier stimmte etwas nicht! Als sich seine Augen an die Dunkelheit gewöhnt hatten, tastete er sich in die Küche vor und stieß mit den Füßen sofort an etwas Weiches. Er zündete ein Streichholz an und prallte vor Schreck fast zurück. Vor ihm kauerte eine Frau in einem grünen Kleid, umgeben von einer großen Blutlache, in seltsam verrenkter Haltung, mit dem Rücken an einen Wäschekorb gelehnt. Ihr rechter Fuß ruhte unter einem kleinen Tisch, die rechte Hand auf einer Bank. Es konnte sich nur um die Hausbewohnerin Gerda Ditter handeln, und ganz offensichtlich war sie tot.

Ohne sich die Leiche näher anzuschauen oder sich um die Kinder zu kümmern, verließ Braun schnellstens die Laube und benachrichtigte das 257. Polizeirevier in Friedrichsfelde, das umgehend mehrere Kriminalbeamte schickte. Gemeinsam mit Braun betraten sie die Laube und nahmen die Tote sowie den Küchenraum in Augenschein, wurden aber sogleich durch das leise Wimmern eines Kindes abgelenkt, das aus dem als Wohn- und Schlafzimmer dienenden Nebenraum drang. Weil die

* Die NSV war eine Organisation der NSDAP und somit eine staatliche Wohlfahrtsorganisation. Nach Ausbruch des Krieges konzentrierte sie sich immer mehr auf die Kinder- und Jugendarbeit.

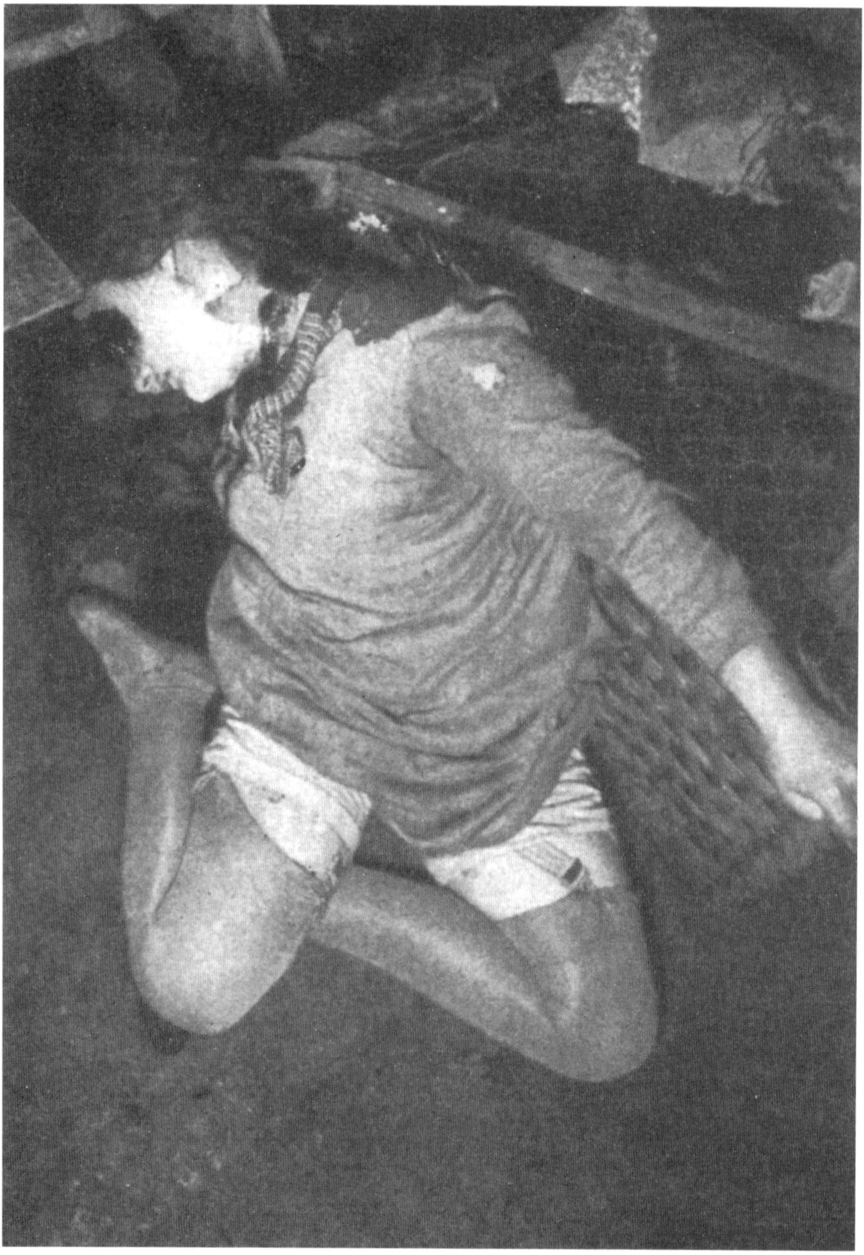

Die ermordete Gerda Ditter wurde in der Küche gefunden.

dahinführende Tür aber durch eine Ziehharmonika verstellt war und sich nicht öffnen ließ, liefen sie nach draußen, drückten kurzerhand das Laubenfenster ein und verschafften sich so Zutritt in die Wohnstube. In einem Kinderbett lag das ältere, in einem Kinderwagen das jüngere Kind, beide waren zum Glück unversehrt. Für die Beamten ein erschreckender Gedanke: Während die Mutter brutal umgebracht wurde, lagen im Nebenzimmer ihre Kinder friedlich in ihren Betten und schliefen. Die Kleinen wurden im Laufe des Nachmittags der Obhut der NSV übergeben und in einem Heim untergebracht.

Kurz nach 14 Uhr traf auch die Mordkommission der Berliner Kriminalpolizei am Tatort ein und nahm die Ermittlungen auf. Sie besahen sich die Leiche. Gerda Ditter befand sich in sitzender Stellung in der Mitte des Küchenraums, ihre Beine waren angewinkelt und halb gespreizt, während beide Hände zu Fäusten geballt waren. Der Kopf hing nach halbrechts, die linke Halsseite war mit Blut verschmiert, auch die linke Schulter ihres grünlichen Wollkleides war mit Blut durchtränkt.

Der ebenfalls herbeigezogene Arzt Dr. Dolgner stellte als Todesursache eine etwa drei Zentimeter lange Stichwunde an der linken Halsschlagader fest. Vermutlich war der Tod unmittelbar nach der Stichverletzung eingetreten, doch waren nach dem ersten Augenschein keinerlei Spuren eines Abwehrkampfes vorhanden. Auch ließen die in der Küche befindlichen geordneten Gegenstände nicht die Vermutung zu, es könne zu einem erbitterten Kampf gekommen sein.

Als Zeitpunkt des Todes mutmaßte er die Zeit um Mitternacht. Spuren einer Vergewaltigung konnte der Arzt nicht feststellen, auch befanden sich die Kleider in einem geordneten Zustand. Da auch ein Raubmord ausschied, die Frau lebte ohnehin in ärmlichen Verhältnissen, rätselte man über die Beweggründe zu der scheußlichen Tat. Der Ehemann kam als Täter nicht in Betracht, da er sich als Schütze in der Rekrutenausbildung in Potsdam befand und zur Tatzeit keinen Ausgang hatte.

Unter der Bank, auf der die rechte Hand ruhte, fand man ein kleines Küchenmesser. Es zeigte jedoch keinerlei Blutspuren und schied nach eingehender forensischer Untersuchung als Tatwaffe aus.

Die Befragung der in der Nachbarschaft lebenden Laubenbewohner ergab keinerlei Anhaltspunkte: Sie hatten am Abend und in der Nacht weder etwas Verdächtiges gesehen noch gehört. Jedoch war Gerda Ditter letztmalig am Vortag gegen 17 Uhr gesehen worden, als sie Einkäufe auf dem Wochenmarkt in Lichtenberg-Friedrichsfelde tätigte. Da befand sie sich in Begleitung eines Mannes, der nicht näher beschrieben werden konnte. Doch erwähnten mehrere Laubenbewohner, daß sich in den vergangenen Tagen in der Kolonie Gutland II ein Mann herumgetrieben und in der Dunkelheit insbesondere alleingehende Frauen belästigt habe. Dieser Mann könne durchaus der Mörder sein! Er wurde als etwa fünfunddreißig bis vierzig Jahre alt und etwa 1,65 bis 1,70 Meter groß beschrieben. Auffallend waren seine blaue Schirmmütze und seine kurze Joppe.

Eine am 5. Oktober im Gerichtsmedizinischen Institut von deren Leiter, dem siebenundvierzigjährigen Medizinalrat Dr. Waldemar Weimann* durchgeführte Leichenschau ergab, daß der Täter Frau Ditter auch erheblich am Hals gewürgt und dabei ihr Zungenbein gebrochen hatte. Erst dann brachte er ihr den tödlichen Halsstich bei. Bei der Tatwaffe handelte es sich vermutlich um ein sehr scharfes und sehr spitzes Messer. Auch Weimann konnte keinerlei Spuren entdecken, die auf eine wie auch immer geartete Gegenwehr des Opfers hinwies. Der Angriff auf die ahnungslose Frau mußte also ohne irgend eine Vorwarnung und sehr plötzlich erfolgt sein.

Am Montag, dem 7. Oktober, setzte die staatliche Kriminalpolizei-Leitstelle Berlin für die Aufklärung des Verbrechens oder für Hinweise, die zur Ermittlung des Täters führten, eine Belohnung in Höhe von eintausend Reichsmark aus. Sie wollte vor allem wissen, wer den sich in der Kolonie herumtreibenden Unbekannten gesehen hatte, und bat außerdem um Einzelheiten über den Lebenswandel der Ermordeten.

---

* Er hatte im Jahre 1930 das Gerichtsmedizinische Institut in Berlin gegründet und galt in den 1940er Jahren als einer der führenden Gerichtsmediziner Berlins.

Ungeklärte Überfälle in der Laubenkolonie

Ein weiterer Umstand beunruhigte die Polizei. Seit dem Herbst 1938 trieb in den Laubenkolonien in Friedrichsfelde ein Sittlichkeitsverbrecher sein Unwesen, war es immer wieder zu nächtlichen Überfällen auf alleingehende Frauen gekommen, stets in den späten Abend- oder frühen Morgenstunden. Sechsundzwanzig solcher Überfälle wurden bis zum September 1940 gezählt, ohne daß man den Täter hatte fassen können. Wegen der kriegsbedingten Verdunkelung konnten die Opfer keine genaue Personenbeschreibung abgeben. Er nutzte dabei die Verdunkelungsmaßnahmen aus. Alle Opfer wurden zunächst mit einer Taschenlampe oder einer Fahrradlampe angeleuchtet, einige unsittlich berührt, andere tätlich angegriffen, so manche sogar vergewaltigt, andere wiederum wurden durch Messerstiche verletzt.

Der Unbekannte wurde als dreißig bis vierzig Jahre alt beschrieben und soll 1,65 bis 1,70 Meter groß gewesen sein. Bei allen Überfällen trug er Zivilkleidung, wobei vor allem die Schirmmütze auffiel. Außerdem führte er meist ein Fahrrad mit sich. Es bestand immerhin die entfernte Möglichkeit, daß diese nächtlichen Überfälle und der Mord in der Laube Nr. 33 zusammenhingen, glaubte die Mordkommission Ditter.

Die jüngste Überfallserie begann am 13. August 1939, zwei Wochen vor Ausbruch des Krieges. Da wurde in der Kolonie Friedrichsfelde in Lichtenberg spät abends die einundvierzigjährige Ehefrau Lina Budzinski nahe ihrer Laube von einem Mann verfolgt. Als er sie eingeholt hatte, blendete er sie mit einer Taschenlampe und versetzte ihr mit einem Gegenstand einen heftigen Schlag auf den Kopf, so daß sie zu Boden sank. Auf dem Erdboden liegend, erhielt sie noch zwei Messerstiche in die linke Genickseite, die sie schwer verletzten. Sie kam jedoch mit dem Leben davon.

In einer Oktobernacht des Jahres 1939 sprach der Unbekannte in der Laubenkolonie eine Ehefrau an und forderte sie auf, mit ihm spazierenzugehen. Sie schrie laut auf und rief ihren Mann zu Hilfe, der nur wenige Meter hinter ihr ging. Er und sein Schwager liefen herbei und verprügelten den Sittenstrolch, ließen dann aber von ihm ab!

In der Nacht vom 13. auf den 14. Dezember 1939 wurde in derselben Gegend auch die neunzehnjährige Hertha Jablinski von einem Mann verfolgt. Sie versuchte fortzulaufen, doch holte der Unbekannte sie ein und brachte ihr vier Messerstiche bei, von denen drei sie am Ohr verletzten, einer am Hals. Als sie laut aufschrie, flüchtete der Täter, ohne sein Ziel erreicht zu haben.

Am frühen Morgen des 27. Juli 1940 befand sich die fünfundzwanzigjährige Ehefrau Gertrud Nieswandt auf dem Heimweg in ihre Gartenlaube, als sie von einem Mann angesprochen wurde. Instinktiv fing sie zu schreien an, doch drückte der Täter ihr ein Tuch vor das Gesicht und versetzte ihr Messerstiche in die Halsgegend und in den Oberschenkel, ehe er flüchtete.

Und genau einen Monat vor dem Überfall in der S-Bahn bei Karlshorst, am späten Abend des 21. August 1940, ging die vierzigjährige Ehefrau Julia Schuhmacher durch den Bahntunnel an der Zobtener Straße, nachdem sie die Station Rummelsburg verlassen hatte. Plötzlich blendete ein Unbekannter sie mit einer Taschenlampe an und schlug sie mit einem Gegenstand, der ein Bleikabel oder ein Bleirohr gewesen sein mochte, bewußtlos. Er zerrte die Frau etwas abseits und verging sich an ihr.

Eine genaue Beschreibung des Täters konnten die Frauen nicht abgeben, dafür war es zu dunkel. Nicht besonders groß soll er gewesen sein.

Doch trotz der in allen Berliner Tageszeitungen veröffentlichten Pressenotizen, in der Gartenkolonie und den umliegenden Wohngebieten ausgestellten Plakate und wochenlanger unermüdlicher Bemühungen der Mordkommission Ditter verliefen die Ermittlungen im Sande. Etwa dreißig Männer, die man für die Begehung der Taten für fähig hielt, wurden festgenommen. Unter ihnen befanden sich einige Laubeneinbrecher, sie mußten aber nach eingehenden Vernehmungen wieder laufengelassen werden.

Genau vier Wochen später kam es zu einem weiteren Verbrechen, und zwar nicht weit vom Tatort in der Laubenkolonie entfernt.

Der zweite Mordversuch

Montag abend, der 4. November 1940. Auf dem Bahnsteig des S-Bahnhofes Friedrichshagen an der Linie S3 im Berliner Bezirk Köpenick standen nur wenige Fahrgäste, zumeist Arbeiter, die von der Tagschicht kamen und nun auf den nach Erkner fahrenden Zug warteten. Der Bahnhof war verdunkelt, um den Bombergeschwadern der Royal Air Force, die nun Nacht für Nacht erwartet wurden, kein Ziel zu bieten. Unter den

Wartenden befand sich auch die neunundzwanzigjährige Elisabeth Bendorf. Die ledige Reichsbahnangestellte, noch immer in ihrer Uniform, hatte soeben ihren Dienst am Fahrkartenschalter im Bahnhof Friedrichshagen beendet und befand sich auf dem Heimweg zu ihrer Wohnung im Ortsteil Köpenick, nur zwei Stationen weiter.

Eine Stimme sprach sie von hinten an. Sie drehte sich um und sah sich einem kleingewachsenen Mann gegenüber, wohl nicht größer als 1,65 Meter. Er trug eine Uniform und eine Dienstmütze, möglicherweise war er ebenfalls ein Reichsbahnangestellter, doch war sein Gesicht wegen der äußerst schwachen Bahnsteigbeleuchtung nicht zu erkennen. Wie es ihr gehe, fragte sie der Unbekannte mit dem unverkennbaren ostpreußischen Dialekt, und ob sie mit ihm zusammenfahren wolle. Die Angestellte willigte ein, denn in Begleitung eines uniformierten Mannes fühlte sie sich sicher. Außerdem waren die Abteile zweiter Klasse mit ihren gepolsterten Sitzen weitaus komfortabler, dazu meist nur schwach besetzt. Als Reichsbahnerin besaß sie nur die Berechtigung, gratis in der dritten Klasse zu fahren.

Um 23.45 Uhr lief der stadtauswärts fahrende S-Bahn-Zug ein. Frau Bendorf und der Uniformierte bestiegen ein leeres, wie immer verdunkeltes Abteil, in dem die wenigen blau übermalten Glühbirnen nur ein sehr schwaches Licht verbreiteten, und setzten sich einander gegenüber. Sogleich waren beide in ein Allerweltsgespräch vertieft, während der Zug durch die Schwärze der Nacht der nächsten Station entgegenfuhr. In der Regel betrug die Fahrtzeit zwischen den einzelnen Bahnhöfen vier bis fünf Minuten. Als der Zug in den Bahnhof Hirschgarten einlief, wunderte sich die Angestellte, weshalb ihr Begleiter so ängstlich darauf achtete, ob jemand ins Abteil zustieg.

Der Zug setzte sich wieder in Bewegung, und niemand war zugestiegen! Man war immer noch allein. Dann nahm Elisabeth Bendorf nur noch flüchtig wahr, wie sich der Mann ihr gegenüber plötzlich erhob und mit dem rechten Arm ausholte, einen ihr unbekannten Gegenstand in der rechten Hand haltend. Und schon spürte sie einen heftigen Schlag auf den Kopf, der ihr kurz die Orientierung raubte, ihr wurde schummrig vor Augen, für wenige Sekunden verlor sie das Bewußtsein. Als sie wieder zu sich kam und die Situation begriff, setzte sie sich mit aller Kraft zur Wehr, versuchte seinen Schlägen auszuweichen. Nun schlug der Mann erneut zu, wieder und wieder. Dann trat er ihr gegen den Bauch und gegen den

Kopf. Mit jedem Schlag, mit jedem Tritt wuchs der Schmerz, der Kopf drohte ihr zu zerspringen. Sie nahm noch wahr, wie der Mann sie zur Tür schleifte, während sie sich verzweifelt an seine Füße klammerte, um ihn aufzuhalten. Wie er die Messinggriffe der Tür auseinanderriß, sie öffnete. Wie er sich mit heftigen Fußtritten von ihr befreite. Sie verspürte kurz den kalten Fahrtwind, dann verlor sie das Bewußtsein.

Gegen 23.50 Uhr vernahmen Reisende und Bahnbeamte auf dem Bahnhof Hirschgarten schrille Schreie, die von einer Frau zu stammen schienen. Zwei Beamte liefen daraufhin die Gleise entlang in die Richtung der Schreie. Etwa 150 Meter in Richtung der Station Köpenick stießen sie, etwa drei Meter vom Gleis entfernt, auf eine im Bahngleisschotter liegende Frau, die vor Schmerzen wimmerte und stöhnte. Als sich die Männer über sie beugten, verlor sie das Bewußtsein.

Sie trugen die Verletzte zum Bahnhof und lagerten sie in einem der Räume, wo man erste Hilfe leistete. Ihr Haar war blutverschmiert, und als man ihr den Hut abnahm, den sie noch immer trug, entdeckte man erhebliche Verletzungen im Schädelbereich. Da die Handtasche fehlte und sie nicht ansprechbar war, vermochte man zunächst nicht, die Frau zu identifizieren. Wenig später wurde sie von der Feuerschutzpolizei ins Köpenicker Krankenhaus überführt. Dort stellte man neben der Schädelverletzung auch sehr schwere Brust- und Rückenprellungen fest. Dem Anschein nach mußte sie eine Minute nach Verlassen des Bahnhofs aus dem Abteil gefallen sein ... oder sie wurde gestoßen!

Am nächsten Morgen fanden Streckenarbeiter beim Abgehen der Strecke eine schwarze Damenhandtasche, die verschiedene Gebrauchsgegenstände und Bargeld enthielt, wie auch weitere persönliche Besitzgegenstände. Der Täter mußte sie, nachdem er die Frau aus dem Zug gestoßen hatte, im Abteil aufgesammelt und hinterhergeworfen haben. Ein Personaldokument lautete auf den Namen Elisabeth Bendorf, wohnhaft in Berlin-Köpenick. Im Verlaufe des Vormittags entdeckte ein Bahnbeamter in einem Abteil zweiter Klasse des Zuges, der am Vorabend die Strecke von Erkner zum Ostkreuz fuhr, ein schweres Bleikabel, das zwischen den Polstern steckte. Es war etwa vierzig Zentimeter lang. Er übergab es der Kriminalpolizei.

Noch am selben Morgen wurde die Mordkommission Ditter verständigt, handelte es sich doch bereits um den zweiten Mordversuch in einem fahrenden S-Bahn-Zug innerhalb von sechs Wochen, nur vier Kilometer vom Tatort des ersten Bahnüberfalls entfernt. Als sie das gefundene

Bleikabel, eher ein Kabelende, begutachteten, war den Ermittlern sofort klar, daß es sich dabei durchaus um die Tatwaffe vom Überfall der vergangenen Nacht handeln könne. Nun galt es herauszufinden, wo dieses Kabel hergestellt und wo es verwendet wurde. Zu diesem Zwecke schalteten sie das Kriminaltechnische Institut ein.

Nachfragen bei der Herstellerfirma ergaben, daß es sich um ein Stück des hundertvierpaarigen Telefonkabels handelte, das man im Mai 1939 entlang der von Ostkreuz nach Wuhlheide führenden S-Bahn-Strecke verlegt hatte. Bei dem zwischen den Polstern gefundenen Stück handelte es sich einwandfrei um ein Kabelende, das beim Verlegen im Bereich des Reichsbahnbetriebsbahnhofes Rummelsburg abgeschnitten worden war, wie anhand der Fabrikationsnummer auf der Muffe festgestellt werden konnte. Ungeklärt war jedoch noch, wie dieses Kabelende in die Hände des Täters gelangt war. Und zum erstenmal eröffnete sich den Ermittlern die Möglichkeit, daß es sich bei dem Täter um einen Eisenbahnbediensteten handeln könne. Immerhin hatten die überlebenden Frauen ausgesagt, sie seien von einem Mann in Eisenbahner- oder einer ähnlichen Uniform überfallen worden. Konnte es vielleicht ein Bahnbediensteter sein, der die Taten nach Schichtende oder sogar während des Dienstes begangen hatte? Immerhin nahm diese Möglichkeit nun konkrete Züge an.

Der Zustand des Opfers war dermaßen ernst, daß die kriminalpolizeiliche Befragung im Köpenicker Krankenhaus erst acht Tage später stattfinden konnte. Wie erwartet, ergab sie kaum neue Hinweise auf den Täter. Aber es wurde nun zur Gewißheit, daß Gerda Kargolls Aussagen sechs Wochen zuvor, sie sei absichtlich aus der fahrenden S-Bahn gestoßen worden, der Wahrheit entsprachen.

Das nächste Verbrechen ließ nur vier Wochen auf sich warten. Und es sollte in jener schicksalhaften Nacht nicht das einzige bleiben.

Zwei Morde in einer Nacht

Die Prinz-Heinrich-Straße* verlief in ostwestlicher Richtung bis in die Gegend des S-Bahnhofs Karlshorst, und zwar parallel zu den Bahngleisen des S-Bahn-Abschnitts Ostkreuz–Erkner. Nur die Südseite war bebaut,

* Sie war Teil eines ab 1895 rechteckig angelegten, »Prinzenviertel« genannten Straßennetzes und wurde 1951 in Wandlitzstraße umbenannt.

Der Tatort in der Prinz-Heinrich-Straße.

während die Nordseite durch einen niedrigen Stakettenzaun begrenzt wurde. Hinter dem Zaun erstreckte sich das ausgedehnte Bahngelände mit Abstellgleisen, vor allem aber den Gleisen der Fernbahnstrecke Berlin–Frankfurt/Oder und der S-Bahn-Linie Ostkreuz–Erkner.

Ein Bahnarbeiter und seine Ehefrau waren an diesem Morgen des 4. Dezember 1940, gegen 4.30 Uhr, in der Prinz-Heinrich-Straße auf dem Wege zum Bahnhof Karlshorst. Im Bereich der Abbiegung zur Prinz-August-Wilhelm-Straße vernahm das Paar aus der Dunkelheit ein leises Stöhnen. Der Mann leuchtete mit seiner Taschenlampe die Umgebung ab und sah dann auch schon gleich neben dem Lattenzaun, der die Straße vom Bahndamm trennte, eine auf dem feuchten Erdboden des Gehsteiges liegende Frau. Sie gab nur noch sehr schwache Lebenszeichen von sich und schien erheblich verletzt zu sein, auch waren ihre Haare und ihr Gesicht, das konnte der Arbeiter deutlich erkennen, blutverschmiert. Sofort eilte das Paar zum nächsten zuständigen 256. Polizeirevier in Karlshorst und meldete den schaurigen Fund.

Wenig später trafen zwei Revierbeamte ein und leuchteten mit ihren Taschenlampen die Frau ab. Sie mochte etwa zwanzig Jahre alt sein, lag auf dem Bauch, die Beine leicht gespreizt, und wies unverkennbar zwei schwere blutige Wunden am Kopf auf, auch das Gesicht war mit Blut beschmiert. Ihr Schlüpfer war zerrissen, anscheinend lag eine Sexualtat vor. In unmittelbarer Nähe des Opfers war auf dem Boden ein großer Blutfleck sichtbar, ein weiterer im unteren Bereich des Zaunes. Spuren von Schuhen vor dem Zaun deuteten darauf hin, daß die junge Frau hier überfallen und niedergeschlagen worden war. Persönliche Gegenstände wie Handtasche oder Aktentasche wurden nicht vorgefunden, doch lag ihr Hut jenseits des Zaunes auf dem Bahngelände.

Die Überfallene wurde umgehend in einer Autodroschke* zum nächstgelegenen Krankenhaus gefahren. Der Arzt stellte bei dem Opfer eine fünf Zentimeter lange Wunde über der linken Stirnseite und eine acht Zentimeter lange Wunde am Hinterkopf fest. Letztere war so tief, daß das Gehirn freigelegt war. Der zerrissene Schlüpfer wie auch eine kleine Wunde im Genitalbereich deuteten auf ein Sexualverbrechen hin. Schlimmer noch: Das Opfer schwebte in akuter Lebensgefahr, und es schien fraglich, ob es den Tag überleben würde! Fast sämtliche Bekleidungsstücke waren mit Blut durchtränkt. Als Zeitpunkt des Verbrechens wurde zwei Uhr morgens vermerkt.

Als die Polizei die Bewohner der dem Fundort gegenüberliegenden Häuser befragte, gab eine Bewohnerin an, sie habe am Vorabend gegen 23.30 Uhr in ihrem Wohnzimmer ein von der Straße herkommendes Stöhnen vernommen. Sie habe geglaubt, daß junge Leute Alarmsirenen nachahmten, und sich nicht weiter darum gekümmert. Gegen Mitternacht habe das Stöhnen dann ganz aufgehört. Sonst hatte niemand in dem angrenzenden Wohnbereich diese Laute vernommen.

Im Mantel des Opfers fand man später einen Straßenbahnschein, der laut Stempel gegen Mitternacht benutzt worden war. Dies war ein wichtiger Umstand, konnte er doch die Tatzeit eingrenzen. Schon bald sollte sich auch die Identität des Opfers herausstellen: Es handelte sich um die erst neunzehnjährige Irmgard Frese. Sie war in den Telefonwerken in Schöneweide beschäftigt und am Vorabend mit ihrem Chef zu einem Stelldichein in einem Hotel zusammengetroffen. Gegen 0.30 Uhr hatte sie am Bahnhof Oberschöneweide eine Straßenbahn der Linie 69 nach Karlshorst bestiegen, die sie in die Nähe ihrer Wohnung im Wilkesweg

* Die Vorgängerin des heutigen Taxis.

in Karlshorst bringen sollte. Auf dem Fußweg zu ihrer Wohnung mußte sie gegen zwei Uhr dem Täter in die Arme gelaufen oder aber von ihm aufgelauert worden sein.

Es sollte an diesem Morgen nicht bei diesem einen Opfer bleiben. Etwa einen Kilometer hinter dem Bahnhof Karlshorst, auf halbem Wege zum Betriebsbahnhof Rummelsburg beim Kilometerstein 6,045, machte gegen 8.40 Uhr ein Hilfsweichenwärter eine schaurige Entdeckung, als er auf eine weibliche Leiche stieß. Sie lag lang ausgestreckt und mit gespreizten Beinen rechts vom stadteinwärts führenden S-Bahn-Gleis.*

Gegen neun Uhr morgens fand sich die Berliner Mordkommission am Fundort ein. Inzwischen hatte ein leichtes Schneegestöber eingesetzt.

Der Schädel der Frau war vollkommen zertrümmert, so daß das Gehirn hervorgetreten war. Anhand der rings um die Leiche verstreuten Gegenstände sowie der Handtasche gelang es, sie als die sechsundzwanzig Jahre alte Elfriede Franke zu identifizieren, eine im Ortsteil Wilmersdorf wohnende Krankenschwester. Offensichtlich war sie aus dem fahrenden Zug gefallen, wohl absichtlich gestoßen worden. Allerdings schien kein Raubmord vorzuliegen, denn am Handgelenk der Toten schimmerte ein goldenes Armband. Wenige Schritte von der Toten entfernt wurde ein Stück der Schädeldecke gefunden, unweit davon weitere kleinere Splitter. Ihre Sanitätstasche lag etwa zwanzig Schritte von der Leiche entfernt.

Zwei Morde in einer Nacht, und das nur wenige Hundert Meter voneinander entfernt, das war schon ungewöhnlich!

Bald nach der Mordkommission traf auch der Leiter des Gerichtsmedizinischen Instituts, Professor Weimann, ein. Er stellte Tod durch Schädelzertrümmerung fest, bemerkte, daß die Frau kurz vor Mitternacht ihr Leben verloren haben könne. Die Kleidung war, von Spuren des Sturzes einmal abgesehen, unversehrt, ergab also keinen Anhaltspunkt für ein Sexualverbrechen. Näheres konnte nur eine Obduktion ergeben, die so bald wie möglich erfolgen sollte.

* Andere Quellen besagen, daß die Tote bereits gegen Mitternacht gefunden wurde. In den Erinnerungen des Gerichtsmediziners Dr. Weimann ist von der Ausleuchtung des Fundortes mit starken Scheinwerfern die Rede, auch sei er mitten in der Nacht von der Kriminalpolizei aus dem Schlaf geklingelt worden. Der Autor folgt hier dem von den Behörden genehmigten Bericht in der Tagespresse und dem Bericht der Revierpolizei, die eindeutig von 8.40 Uhr als Zeitpunkt des Leichenfundes sprechen.

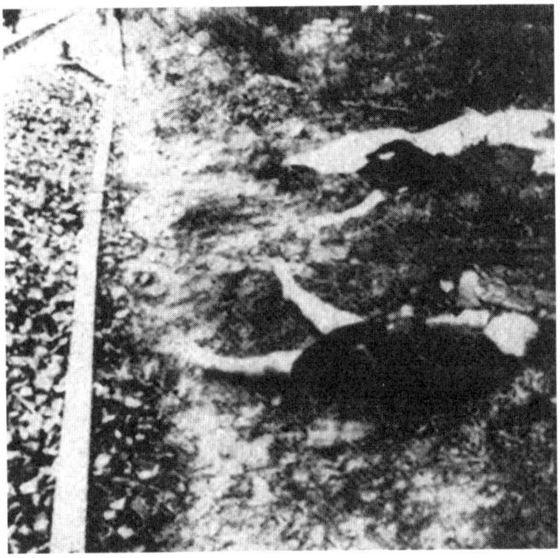

Die neben den Gleisen liegende Leiche des ersten Zugopfers, Elfriede Franke.

Die Leiche der ermordeten Krankenschwester wurde noch am Vormittag von Professor Weimann im Gerichtsmedizinischen Institut obduziert. Der Mediziner stellte am Schädel eine komplizierte Überlagerung von Brüchen und Verletzungen fest. Sie mochten daher rühren, daß die Frau mit dem Hinterkopf auf die relativ harte Grasnarbe des Bahnkörpers aufgeprallt war. Biegungsbrüche im vorderen Schädeldach stammten mit Sicherheit nicht vom Sturz aus den fahrenden Zug, eher von Schlägen mit einem stumpfen Gegenstand. Da die Kopfhaut im Bereich dieser Brüche nicht aufgeplatzt war, mochten sie von einem glatten Schlagwerkzeug herrühren, also einem eher runden Gegenstand ohne scharfe Kanten. Aller Wahrscheinlichkeit nach war die Frau bereits tot, als sie neben dem Bahngleis aufprallte.

Inzwischen war es auch gelungen, die letzten Bewegungen des Opfers festzustellen. Die Krankenschwester hatte am Vorabend im St.-Antonius-Krankenhaus in Karlshorst eine Bekannte besucht und war dann gegen 22 Uhr zum Bahnhof Karlshorst gegangen, um die S-Bahn zu ihrer Wohnung in Wilmersdorf zu nehmen. Im Zug mußte sie dann überfallen und aus dem Abteil gestoßen worden sein.

Während die Ermittlungen im Falle Franke fortgesetzt wurden, bemühten sich die Ärzte, die in der Prinz-Heinrich-Straße überfallene junge Frau am Leben zu erhalten. An ihrem Bett wachte eine Kriminalbeamtin und wartete darauf, daß sie wieder zu Bewußtsein kam und sie mit der Vernehmung beginnen konnte. Sie wartete vergeblich, denn abends, kurz nach 20 Uhr, erlag die junge Frau ihren schweren Verletzungen.

Am selben Abend führte Professor Weimann die Obduktion, die zweite an diesem Tage, durch. Er stellte Tod durch Hirnblutung infolge schwerer Schädelbrüche fest, verursacht vermutlich durch Schläge mit einem stumpfen, nicht kantigen Gegenstand. Außerdem fand er Spuren einer Vergewaltigung. Denselben Verdacht hinsichtlich des Täterwerkzeugs hatte er wenige Stunden zuvor auch im Falle der aus der S-Bahn gestürzten Elfriede Franke abgegeben. Ein Zusammenhang zwischen beiden Verbrechen schien immer wahrscheinlicher.

Als der Kriminalkommissar das Institut aufsuchte, um den Befund der zweiten Leiche entgegenzunehmen, hielt er Professor Weimann das vier Wochen zuvor sichergestellte Bleikabel entgegen. Nach Ansicht des Gerichtsmediziners konnte es sich hierbei durchaus um die Mordwaffe

Irmgard Frese war eines von zwei Mordopfern in derselben Nacht.

handeln. Den Ermittlern stellte sich die Frage, warum der Täter Frauen aus einem fahrenden Zug stieß. Raubmord schien ausgeschlossen zu sein, da der Täter bei allen Opfern nichts geraubt hatte. Handelte er vielmehr aus sexuellen Motiven heraus?

Die Ermittler hatten zu klären, ob die Morde an Frau Franke und Frau Frese im Zusammenhang standen. Kam für beide Verbrechen derselbe Täter in Frage? Die Frese war im Gegensatz zu den in der S-Bahn überfallenen Frauen vergewaltigt worden. Zwei Morde durch denselben Täter innerhalb weniger Stunden an zwei verschiedenen Tatorten, wenn auch in derselben Gegend, nur rund vierhundert Meter Luftlinie voneinander entfernt: dies schien zunächst völlig abwegig. Hier mochte es sich um einen Zufall handeln, die Vorgehensweise war zu unterschiedlich. Wenn es sich aber um denselben Mörder handelte, bedeutete dies eine alarmierende Steigerung seiner Verbrechen: zwei Frauen in einer Nacht in demselben Ortsteil. Möglicherweise war der Triebtäter bei der Krankenschwester nicht zum Ziel gekommen und suchte sich sein nächstes Opfer, die junge Irmgard Frese. Auch der bislang unaufgeklärte Mord an Gerda Ditter in der Laubenkolonie zwei Monate zuvor wie auch die ebenfalls unaufgeklärten zahlreichen Sittlichkeitsverbrechen an Frauen in der Gartenkolonie waren nicht in Vergessenheit geraten.

Noch im Verlaufe des 4. Dezember wurde die Bevölkerung von dem Mord an der Krankenschwester Franke durch Plakate informiert, die in den Bahnhöfen des S-Bahn-Abschnitts Ostkreuz–Erkner ausgehängt wurden. Von Hinweisen auf die anderen Morde beziehungsweise Mordversuche sah man zunächst ab, um die »Volksgenossen« nicht zu beunruhigen.

Die Jagd nach dem Mörder

Im Reichskriminalpolizeiamt am Werderschen Markt in Berlin, der Zentralstelle für alle kriminalpolizeilichen Angelegenheiten des Deutschen Reiches, herrschte fieberhafte Aktivität. Zwei Morde und zwei Mordversuche in der S-Bahn, die bislang unaufgeklärte Bluttat in der Laubenkolonie, dazu noch die vielen Sittlichkeitsverbrechen, und alle begangen entlang der S-Bahnstrecke im Bereich Karlshorst und Rummelsburg beziehungsweise der unweit davon gelegenen Laubenkolonie. Man beauftragte den Chef der Berliner Kriminalpolizei, Kriminalkommissar

Wilhelm Lüdtke, mit den Ermittlungen in den bislang unaufgeklärten Bahnmorden.

Die Tagespresse, die sich auf Anordnung des Reichspropagandaministers Goebbels in ihrer Berichterstattung weitgehend zurückhalten mußte und auf die meist spärlichen Pressemeldungen der Polizei angewiesen war* sowie Aufrufe an die Bevölkerung veröffentlichte, sprach nun zunehmend vom »S-Bahn-Mörder«, und als solcher sollte er später in die Berliner Kriminalgeschichte eingehen. Es war dem Chef der Deutschen Polizei, Heinrich Himmler, wie auch dem Chef der deutschen Kriminalpolizei, Reichskriminaldirektor Arthur Nebe**, daran gelegen, den Mörder so rasch wie möglich zu fassen, ehe die bereits von den andauernden, mit vielerlei Einschränkungen verbundenen Kriegsverhältnissen geplagten Bewohner der Viermillionenstadt Berlin unruhig wurden und möglicherweise eine kaum zu kontrollierende Panik um sich griff. Die Kriegswirtschaft war stark von arbeitenden Frauen abhängig; in den meisten Fällen standen ihre Ehemänner im Krieg. Viele Frauen arbeiteten spät abends oder nachts in Fabriken und benutzten auf dem Heimweg das S-Bahn-Netz. Die Mordserie konnte durchaus Auswirkungen auf ihre Arbeitsmoral haben. Immer mehr Arbeiterinnen zögerten, die S-Bahn zu benutzen, vor allem, wenn das Abteil leer war. Aber auch auf den Zufahrtswegen zu den Bahnhöfen oder auf den Seitenstraßen konnte der Täter im Schutze der kriegsbedingten Verdunkelung zuschlagen.

Die Tatsache, daß ein Serienmörder die Reichshauptstadt verunsicherte und noch nicht gefaßt worden war, war dem Regime sehr unangenehm, bedeutete es doch, daß es Schwächen zeigte und seine Bevölkerung vor derartigen Tätern nicht zu schützen vermochte. Reichspropagandaminister Goebbels verbot der Presse, mehr als nur das Allernotwendigste zu berichten. Es mußte jegliche Panik vermieden werden.

Die Gegend um Rummelsburg kristallisierte sich dabei immer mehr als Mittelpunkt der mörderischen Aktivitäten des Täters heraus.

---

* Zum Fall Büngener erschien in den großen Tageszeitungen nur eine sehr kurze Mitteilung, wonach die Frau tot neben den Gleisen gefunden worden sei.

** Arthur Nebe, geboren 1894, arbeitete ab 1933 für die Gestapo, wurde 1935 mit der Leitung des preußischen Landeskriminalamtes betraut und 1937 als Reichskriminaldirektor zum Chef der deutschen Kriminalpolizei ernannt. 1944 unterhielt er Kontakte zu der Widerstandsgruppe des 20. Juli und wurde am 3. März 1945 in Plötzensee hingerichtet.

In den nächsten Tagen glich das Gelände zwischen dem S-Bahnhof Karlshorst und dem Betriebsbahnhof Rummelsburg einer belagerten Festung. Zahlreiche Kriminalbeamte wurden unauffällig eingeschleust, und etwa fünftausend Reichsbahnangehörige, die auf rund dreißig Dienststellen verteilt waren, unterzog man einer eingehenden Überprüfung: Schichtbeginn und Schichtende sowie Einsatzort an den Tattagen, Vorstrafen wegen Sittlichkeitsvergehen, auffallendes Benehmen und so weiter. Doppelstreifen der Polizei wie auch der NSDAP patrouillierten Nacht für Nacht durch die Gegend.

Man setzte zudem als Frauen verkleidete Kriminalbeamte ein, ging dann später dazu über, in den zwischen Ostkreuz und Erkner verkehrenden Zügen spät abends und den frühen Morgenstunden junge, gutaussehende Kriminalassistentinnen in leere Abteile zweiter Klasse zu setzen, gleichsam als »Lockvögel« und stets in Reichweite männlicher Kollegen, die im Ernstfall rasch zu Hilfe eilen und womöglich endlich den unheimlichen Mörder überwältigen würden. Die Kontrollsperren auf den Bahnhöfen waren abends zum Teil mit Kriminalbeamten in Eisenbahneruniform besetzt, und sie musterten, so gut es in der Dunkelheit möglich war, jeden männlichen Passagier in den Zwanzigern bis in die Fünfziger. Und gelegentlich wurde das gesamte Überwachungsgebiet hermetisch abgeriegelt, jeder Fußgänger, jeder Radfahrer systematisch kontrolliert. Auch die Laubenkolonien gerieten immer mehr in den Blickpunkt der polizeilichen Maßnahmen.

Die überlebenden und auch die in der Laubenkolonie sittlich belästigten Frauen beschrieben übereinstimmend den Täter als einen Mann in Uniformmantel, nur konnte keine mit Gewißheit sagen, um welche Uniform es sich handelte. Weit und dunkel soll er gewesen sein, mit breitem Kragen, aber ohne Knöpfe. Hierbei mochte es sich um einen Rangierermantel der Reichsbahn handeln. Daher musterte man in den Abteilen und auf den Bahnsteigen jeden Mann, der eines dieser Kleidungsstücke trug. Jede Auffälligkeit konnte entscheidend sein.

Die Herkunft des zwischen den Abteilsitzen gefundenen Bleikabels war ja bereits geklärt. Es handelte sich um das mit einer Bleimuffe versehene Endstück eines Telefonkabels der Deutschen Telephonwerke und war im Mai 1939 geliefert worden, um auf der Strecke vom Bahnhof Ostkreuz nach dem Bahnhof Wuhlheide verlegt zu werden. Die Kabelabfallstücke wurden nach der Verlegung in einem Altmateriallager des

Bahnbetriebswerkes Rummelsburg aufbewahrt, und zu diesem Lager hatten nur Reichsbahnangehörige Zutritt. Dies schränkte den Kreis der Verdächtigen zwar ein, doch eine Überprüfung der Tausenden von Bahnangehörigen würde sich als sehr personalintensiv erweisen. Einer der an der Kabelverlegung eingesetzten Arbeiter jedoch schied nach weiteren Ermittlungen als Täter aus.

Trotz all dieser aufwendigen Maßnahmen wollte sich kein Erfolg einstellen, konnte man des unheimlichen Mörders nicht habhaft werden. Nur schon seit langem gesuchte Kleinkriminelle blieben in den Polizeinetzen hängen, so daß man zumindest das Gefühl hatte, die Mühen seien nicht völlig umsonst gewesen.

Das nächste Verbrechen ließ jedoch nicht lange auf sich warten.

Wieder ein S-Bahn-Mord

Am 22. Dezember 1940, einem Sonntag, befuhr ein Triebwagen die von Karlshorst nach Erkner führende S-Bahn-Strecke. Kurz nach zwölf Uhr mittags entdeckte der Fahrer auf halbem Wege zwischen den Bahnhöfen Friedrichshagen und Rahnsdorf, etwa 150 Meter vom Stellwerk Müggelsee entfernt, einen Körper. Er lag unweit des Kilometersteins 16,870 zwischen den Gleisen. Sofort hielt er an und eilte zu der Stelle, an der er die Leiche gesehen hatte. Seine erste Vermutung war, sie habe sich in Selbstmordabsicht vor einen Zug geworfen.

Zwei herbeigerufene Revierbeamte sahen, daß die Tote in einem flachen Graben zwischen den Stromschienen der beiden Fahrtrichtungen lag und durch die Berührung mit einer Stromschiene vermutlich Verbrennungen erlitten hatte. An den blonden Haaren klebte Blut. In ihrer Manteltasche steckte ein ärztliches Attest, das die Frau als die dreißigjährige Verkäuferin Elisabeth Büngener aus Berlin auswies. Diese Bescheinigung machte die Polizisten stutzig: Unter den Papieren befand sich das Attest eines Nervenarztes, daß Frau Büngener wegen schwerer seelischer Depressionen nicht zum Dienst in der Rüstungsindustrie herangezogen werden dürfe. Schon mehrmals habe sie Selbstmordabsichten geäußert. Es bestand kaum noch ein Zweifel, daß die Frau Selbstmord begangen hatte. Außerdem lag sie im Gegensatz zu den anderen S-Bahn-Opfern zwischen den Gleisen. Der Sturz mußte sich gegen acht Uhr ereignet haben.

Noch in der Mittagszeit erschien Dr. Weimann am Fundort und stellte in einem ersten Befund neben mehreren Arm- und Beinbrüchen auch schwere Schädelverletzungen fest. Auch er war sich zunächst nicht sicher, ob hier Fremdverschulden vorlag. Die am selben Tag durchgeführte Obduktion zerstreute aber rasch den Verdacht auf Selbstmord. Beim Sturz aus dem Zug hatte die Frau eine schwere Verbrennung am Körper erlitten, aber was Weimann stutzig machte, war die Tatsache, daß das Schädelbein stark zertrümmert war. Die Verletzungen konnten unmöglich vom Sturz herrühren, mußten ihr absichtlich durch stumpfe Gewalteinwirkung beigebracht worden sein. Die rechte Lunge war zerrissen, aber das konnte auf den Sturz zurückgeführt werden, ebenso wie die Arm-, Bein- und Rippenbrüche. Ob die noch im Zug begangene Schädelzertrümmerung den Tod verursachte oder aber der darauffolgende Sturz, konnte jedoch nicht abschließend geklärt werden. Ein Sexualdelikt war ausgeschlossen und als Tatwaffe kam ein Gegenstand wie das Bleikabel in Betracht, das im Zusammenhang mit der Ermordung der Elfriede Franke und der Irmgard Frese erwähnt wurde. Parallelen zum Tod der beiden Frauen drei Wochen zuvor drängten sich geradezu auf, zumal der ersteren vor dem Sturz der Schädel eingeschlagen worden war.

Als man später die Strecke absuchte, entdeckte man etwa dreihundert Meter entfernt im leichten Schnee ein vermutlich der Toten gehörendes Einkaufsnetz mit zwei Pfefferkuchen und mehreren Äpfeln sowie ihre Handtasche, deren Inhalt über einen längeren Streckenabschnitt verteilt war. Nur: Wenn die Frau Selbstmord begangen hatte, wie kam es, daß ihre Habseligkeiten nach ihr aus dem Zug geworfen wurden? Sollte es sich hier wieder um das »Werk« des berüchtigten S-Bahn-Mörders handeln? Die Anzeichen sprachen jedenfalls dafür.

Warum aber hatte der Täter sein Treiben in die Morgenstunden verlegt? Besaß er etwa von den gegen ihn ergriffenen nächtlichen Maßnahmen Kenntnis? Und man erinnerte sich: Um sechs Uhr morgens endete die Nachtschicht in Betriebswerk Rummelsburg.

Nun wurde die Mordkommission doch noch eingeschaltet, denn der Verdacht, es könne sich um die Tat des seit Wochen gejagten S-Bahn-Mörder handeln, erhärtete sich immer mehr.

Die weiteren Ermittlungen ergaben, daß die Büngener die vorangegangene Nacht bei einer Bekannten verbracht und sich gegen 7.30 Uhr im Bahnhof Friedrichstraße eingefunden hatte. Sie war mit ihrem als

Kanonier dienenden Ehemann verabredet, und die Eheleute wollten sich gegen 8.45 Uhr auf dem Bahnhof Fürstenwalde, drei Stationen hinter Erkner, treffen. Die Tat mußte kurz nach 8.03 Uhr verübt worden sein, als der Zug soeben den Bahnhof Friedrichshagen verlassen hatte.

Da die Frau im Gegensatz zu den anderen Opfern während des morgendlichen Berufsverkehrs ermordet worden war, sah sich die Mordkommission gezwungen, die Überwachung des fraglichen S-Bahn-Abschnittes auch auf die späten Morgenstunden auszudehnen. Man setzte verstärkt junge schlanke, als Frauen verkleidete Kriminalbeamte ein, weil sich die Leitung der weiblichen Kriminalpolizei weigerte, die Beamtinnen mit Schußwaffen auszurüsten. Diese Beamten, einige aufreizend gekleidet, jedoch alle bewaffnet, fuhren in leeren Abteilen der zweiten Klasse, doch vergriff sich niemand an ihnen, ja sprach sie nicht einmal an. Vermutlich hatte der Mörder die Männer in Frauenkleidern erkannt und sich rasch davongemacht.

Nur einmal wäre der Täter beinahe in die Falle gelaufen. Eine junge Kriminalbeamtin saß abends allein in einem Zweite-Klasse-Abteil, als sich ihr ein Mann in einem schwarzen Uniformmantel und einer Eisenbahnermütze näherte. Dann aber schreckte er zurück, als ob er Gefahr wittere, und strebte rasch der Wagentür zu, während die Frau sofort aufstand und vor die zweite Wagentür trat. Obwohl auf den Bahnsteigen in der Höhe, in der die Abteile der zweiten Klasse hielten, Kriminalbeamte postiert waren, konnte der Unbekannte entwischen: Er war noch vor dem Einlaufen des Zuges abgesprungen und im Dunkeln über die Gleisanlagen entkommen, vermutlich in Richtung Betriebsbahnhof Rummelsburg.

Trotz der Weihnachtstage entwickelte die Mordkommission eine fieberhafte Aktivität. Zahlreiche Beamte gingen die Schichtzeiten und erneut die Personalakten der rund fünftausend Reichsbahnbeamten durch. Dies erwies sich als sehr schwierig, weil wegen der Kriegsverhältnisse ein starker Wechsel in den Dienststellen und eine ständige Verschiebung des Personals stattgefunden hatten. Reichsbahner, die früher in der Umgebung des Betriebswerkes Rummelsburg beschäftigt waren, wurden nun in Dienststellen im Westen Berlins eingesetzt, wohnten aber weiterhin im Bereich der gefährdeten Strecke. Man konzentrierte sich auf Beschäftigte mit gewissen Verhaltensauffälligkeiten sowie auf deren Schichten, um zu sehen, ob sie Gelegenheit besaßen, die Morde zu begehen. Immerhin bestand die Möglichkeit, daß der Täter seine Verbrechen kurz vor Schichtbeginn oder kurz nach Schichtende beging.

Frauen wurden erneut eindringlich gewarnt, allein in leeren Abteilen der zweiten Klasse zu fahren, nur in Begleitung ihnen vertrauter Personen. Schon drei Frauen waren dem unheimlichen Mörder auf beziehungsweise neben der S-Bahn zum Opfer gefallen, und da war ja auch noch die bislang ungeklärte Bluttat an Gerda Ditter in der Laubenkolonie Gutland II. Ging sie auf das Konto desselben Täters? Und eine andere Frage quälte Kommissar Lüdtke: Warum wurden seit dem ersten S-Bahn-Mord keine weiteren Sittlichkeitsverbrechen aus den Laubenkolonien mehr gemeldet? Hatte sich der Täter dieser Verbrechensserie nun aufs Morden verlegt? Und es war Lüdtke nicht entgangen, daß die Tatzeiten der Kolonieüberfälle mit denen der Morde übereinstimmten, daß die Überfälle also fast nur nachts verübt wurden.

Die Abstände zwischen den S-Bahn-Morden wurden immer kürzer. Wann würde der unheimliche Täter wieder zuschlagen? Immerhin war es Weihnachtszeit und das neue Jahr 1941 war auch nur noch Tage entfernt.

Ohne einen weiteren Mord sollte das Jahr 1940 jedenfalls nicht enden.

Der fünfte Mord

Am 29. Dezember, wieder einem Sonntag, gegen 9.20 Uhr vormittags sah ein in der S-Bahn stadtauswärts fahrender Reisender zwischen dem Betriebsbahnhof Rummelsburg und der Station Karlshorst eine Frau am Bahndamm liegen. Bei der Ankunft auf dem Bahnsteig in Karlshorst setzte er die Aufsichtsbeamtin davon in Kenntnis. Diese und ein in der Bahnmeisterei beschäftigter Reichsbahnangestellter machten sich in Begleitung des Fahrgastes sofort auf den Weg und gingen die stadteinwärts führende Strecke ab.

Auf dem schmalen, schneebedeckten Weg neben dem Bahndamm des stadteinwärts führenden Gleises beim Kilometerstein 502/03, etwa zweihundert Meter hinter dem Betriebsbahnhof Rummelsburg in Richtung Karlshorst, lag das nächste Sturzopfer. Am Fundort hatten sich bereits zwei andere Reichsbahnbedienstete eingefunden. Die auf dem Rücken liegende Frau bewegte hin und wieder die Hände und drehte leicht den Kopf, war aber nicht ansprechbar. An der linken Kopfseite war ganz deutlich eine stark blutende Wunde sichtbar, sie mußte bei dem Sturz aus dem Zug eine Schädel- und weitere Verletzungen davongetragen haben. Vorsichtig legten die Bahnbeamten die Frau auf eine Trage, brachten sie zum Betriebsbahnhof Rummelsburg, luden sie dort in den nächsten S-Bahn-Zug und fuhren sie bis zum Bahnhof Rummelsburg. Von dort trugen sie die Schwerverletzte ins Kaiserin-Auguste-Viktoria-Krankenhaus.

Zur selben Zeit war die bereits verständigte Revierpolizei eingetroffen, die vorsichtshalber auch die Mordkommission verständigte. Kriminalkommissar Zach nahm eine genaue Untersuchung des Fundortes vor. In einiger Entfernung vom Fundort der Frau lagen ihre Habseligkeiten verstreut, unter anderem ihre Schuhe, Handschuhe und ein Regenschirm. Der Inhalt ihrer Handtasche war den Bahndamm entlang verteilt, die Tasche selbst lag dreihundert Meter entfernt. Dies ließ ihn stutzig werden, denn eine Selbstmörderin würde die Gegenstände im Abteil lassen. Jemand mußte sie der aus dem Zug Gestoßenen hinterhergeworfen haben. Außerdem war es für eine Frau sehr schwierig, die Tür während der Fahrt aufzubekommen.

Am Abend erlag die Frau ihren schweren Verletzungen, ohne das Bewußtsein wiedererlangt zu haben. Anhand der aufgefundenen Papiere wurde sie als die sechsundvierzigjährige, in Köpenick wohnhafte Postaushelferin Gertrud Siewert identifiziert. Da ihr Dienst im Berliner Fernsprechamt um sieben Uhr begann, hatte sie gegen sechs Uhr auf dem Bahnhof Köpenick den stadteinwärts fahrenden Zug bestiegen. Zwischen den Stationen Karlshorst und Rummelsburg war sie von dem Mörder überfallen und aus dem fahrenden Zug gestoßen worden, vermutlich gegen 6.20 Uhr. Daß es sich nämlich erneut um einen Mord handelte, daran bestand kaum noch ein Zweifel.

Dr. Weimann obduzierte die Tote am selben Abend. Neben schweren inneren Verletzungen, so hatte sie Scheiden- und Darmrisse davongetragen, konstatierte der Mediziner auch schwere Arm- und Beinverletzungen. Alle diese Verletzungen waren auf den Sturz zurückzuführen. Außerdem war ihr Schädel zertrümmert, doch war ihr Tod nicht auf die Kopfverletzungen zurückzuführen, sondern auf die beim Sturz erlittenen inneren Verletzungen. Zu diesem Zeitpunkt konnte der Mediziner noch nicht mit genauer Sicherheit sagen, ob die Frau durch Fremdeinwirkung oder durch einen unglücklichen Sturz ums Leben gekommen war. Doch lag die Vermutung nahe, daß sie wie die Frauen zuvor während der Fahrt im Abteil überfallen und dann hinausgestoßen wurde. Die Abstände zwischen den Bahnmorden wurden also immer kürzer ...

Der letzte S-Bahn-Mord lag erst sieben Tage zurück, ein Umstand, der die Mordkommission beunruhigte. Unter allen Umständen mußte eine Panik in der Viermillionenstadt vermieden werden, daher waren die polizeilichen Pressemitteilungen sehr knapp, verrieten keinerlei Einzelheiten. Die in den dreißiger Jahren üblichen reißerischen Mordberichte, für die vor allem die Berliner Tageszeitungen bekannt waren, hatten seit Kriegsbeginn im September 1939 zu unterbleiben.

Ein weiteres Verbrechen

Doch zunächst sollten weitere Morde die Ermittler nicht zur Ruhe kommen lassen: Das Jahr 1941 war gerade vier Tage jung, als am Vormittag des 5. Januar, wieder ein Sonntag, der Kriminalinspektion Lichtenberg mitgeteilt wurde, man habe wieder eine Frau gefunden, die aus dem fahrenden Zug »gefallen« war.

Ein Zugführer der Strecke Erkner–Ostkreuz hatte gegen 9.30 Uhr kurz vor Erreichen des Bahnhofs Wuhlheide auf den Gleisen eine weibliche Person bemerkt und dies dem Bahnhofspersonal mitgeteilt. Ein Weichenwärter eilte sofort zu der bezeichneten Stelle. Die Frau lag zwischen dem stadtauswärts in Richtung Bahnhof Köpenick führenden S-Bahngleis und den Fernbahngleisen, sehr nahe an der Stromschiene, zeigte trotz ihrer stark blutenden Verletzungen am Hinterkopf und an den Beinen wie auch am Hals aber noch Lebenszeichen. Sie mochte zwischen zwanzig und dreißig Jahre alt sein. Möglicherweise war sie nicht aus der S-Bahn, sondern aus dem Fernzug gefallen ... oder hinausgestürzt worden, woraus geschlossen werden konnte, daß sie vielleicht nicht dem teuflischen S-Bahn-Mörder zum Opfer gefallen war. Sollte dieser einen Nachahmer gefunden haben? Die Schwerverletzte wurde umgehend zum Bahnhof Wuhlheide gebracht und von dort ins Königin-Elisabeth-Krankenhaus in Schöneweide transportiert.

Noch am Vormittag suchte die Mordkommission die Fundstelle ab und eilte dann ins Krankenhaus, doch zu ihrem Bedauern war die nur 1,50 Meter große Frau nicht vernehmungsfähig. Der behandelnde Arzt teilte mit, die Unbekannte sei im sechsten Monat schwanger. Ihre Verletzungen seien so schwerwiegend, daß an ihrem Aufkommen gezweifelt werden mußte.

Da sie keinerlei Ausweispapiere bei sich trug, setzten sich die Ermittler mit der Vermißtenstelle im Polizeipräsidium in Verbindung; anhand der Personen- und Bekleidungsbeschreibung hoffte man, ihre Personalien feststellen zu können. Ihre abgearbeiteten Hände deuteten zumindest darauf hin, daß sie einer manuellen Arbeit nachging.

Am späten Nachmittag des 7. Januar erlag die Frau ihren schweren Verletzungen, und Dr. Weimann führte noch am selben Tag die Obduktion durch. Unter anderem hatte das Opfer einen schweren Schädelbruch und Gehirnverletzungen davongetragen, die aber nicht von Schlägen mit einem stumpfen Objekt stammen konnten, sondern von dem Aufprall zwischen den Gleisen. Außerdem fanden sich in der linken Halsgegend Verletzungen, die auf Würgegriffe zurückzuführen waren. Dies war eine ganz neue Erkenntnis, denn bei allen anderen Opfern waren Schädelverletzungen konstatiert worden, die von wuchtigen Schlägen mit einem Gegenstand stammten.

Am Tag darauf wurde die Frau als die siebenundzwanzigjährige verheiratete Hedwig Ebauer aus Köpenick identifiziert. Sie arbeitete als Postaushelferin im Postamt O 17 in Friedrichshain und benutzte täglich die S-Bahn vom Bahnhof Köpenick zum Schlesischen Bahnhof*. An jenem Sonntag hatte sie ihre Telefonschicht um 5.45 Uhr beendet und bald darauf für die Heimfahrt einen Frühzug der S-Bahn Richtung Erkner bestiegen. Sobald der Zug die Station Wuhlheide verlassen hatte, mußte die Frau gegen 6.20 Uhr angegriffen und aus dem Wagen gestoßen worden sein, also kurz vor ihrem Zielbahnhof Köpenick!

Dies war nun schon der vierte Sonntags-Mord und die Abstände wurden immer kürzer, ohne daß man konkrete Hinweise auf den Täter hatte. Nur eines galt als gesichert: Er mußte in den Reihen der vielen tausend Reichsbahnangestellten zu finden sein, vor allem aber bei jenen, die in dem gefährdeten Streckenabschnitt beschäftigt waren und auch in der näheren Umgebung wohnten. Daher wurden alle Dienststellenleiter insbesondere im fraglichen Gebiet angewiesen, das ihnen unterstellte Personal vertraulich zu überprüfen.

---

* Im Jahre 1950 in Ostbahnhof umbenannt.

Die Fahndung wird ausgedehnt

Noch am 7. Januar 1941 rief Reichskriminaldirektor Nebe alle an den Ermittlungen beteiligten Beamten zu einer Dienstbesprechung ins Reichskriminalpolizeiamt, um die weitere Vorgehensweise zu erörtern. Das zwangsläufige Ergebnis war eine noch rigorosere Fahndung nach dem Serienmörder als zu Dezemberbeginn. Es sollte die größte in der Berliner Kriminalgeschichte werden.

Die gesamte rund fünfzehn Kilometer lange S-Bahn-Strecke zwischen Ostkreuz und Erkner wurde seit dem 7. Januar so gut wie lückenlos überwacht. Sechzig Polizeibeamte wurden eingesetzt, darunter auch weibliche, sie saßen abends, nachts und früh morgens in den Abteilen der zweiten Klasse, patrouillierten unauffällig auf den Bahnsteigen und in den Ausgängen der Bahnhöfe. Unterstützt wurden sie von Mitarbeitern der Bahnpolizei. Jeder zwischen Erkner und Ostkreuz verkehrende S-Bahnzug war mit zwei Beamten in Zivil besetzt, je ein Beamter fuhr in der zweiten Wagenklasse am vorderen beziehungsweise am hinteren Ende des Zuges mit. Sie hatten die Aufgabe, auf alle männlichen Personen zu achten, auf die die Täterbeschreibung zutraf, und sie gegebenenfalls festzunehmen. Die Tätigkeit dieses Sonderkommandos begann um 20 Uhr und endete am nächsten Morgen um 7.30 Uhr. Mit Ausnahme der Morgenstunden, in denen der Berufsverkehr einsetzte, verkehrten die Züge lediglich im Zehnminutentakt, daher war es unmöglich, alle Züge zu überwachen.

In regelmäßigen Abständen wurde die gesamte im Gefahrenbereich liegende Bahnstrecke hermetisch abgeriegelt, jeder ein- und aussteigende männliche Passagier einer genauen Kontrolle unterzogen. Kriminalbeamte in Reichsbahnuniform kontrollierten an den Ausgängen die Fahrkarten, musterten dabei jeden Passagier. Die Reisenden bekamen von alledem nichts mit. Polizeistreifen in Uniform, unterstützt von verschiedenen Parteigliederungen, überprüften Haus für Haus, Laube für Laube das gesamte Siedlungsgebiet samt der Laubenkolonie in Friedrichsfelde, ein Gebiet, in dem immerhin achttausend Menschen lebten.

Junge Kriminalbeamte tarnten sich als Reichsbahnangehörige, ließen sich unter die Arbeiter des Betriebswerkes Rummelsburg einschleusen, um dort verdeckt zu ermitteln. Vor allem belauschten sie ihre Gespräche beim Streckendienst und im Werk. Eine kleine unbedachte Äußerung konnte den großen Durchbruch erzielen, so hoffte man.

Das Sonderkommando wurde Ende Januar um mehrere Beamte verkleinert, doch immer noch fuhren in den Zügen fünf als Frauen verkleidete Kriminalbeamte mit. Zwar wurden mehrere Verdächtige aufgegriffen, sie mußten aber nach eingehenden Verhören wieder freigelassen werden, weil sie als Täter mit Sicherheit nicht in Frage kamen. Man schrieb es diesen intensiven Überwachungsmaßnahmen zu, daß es auf der S-Bahn-Strecke während dieses Zeitraums zu keinem weiteren Mord kam.

Außerdem wurden im Gebiet der Reichsbahn, sowohl in jeder Dienststelle als auch auf den Bahnhöfen, in grellen Farben leuchtende Anschläge angebracht. Sie wiesen auf die Mordserie und die anderen Angriffe in der S-Bahn hin, warnten die weiblichen Reisenden, auf der Hut zu sein, und riefen die Bevölkerung zur Mithilfe auf, vor allem verdächtige Vorgänge sofort zu melden. Zugleich wurden dreitausend Reichsmark ausgelobt.

Die überlebenden und auch die in der Laubenkolonie sittlich belästigten Frauen beschrieben übereinstimmend den Täter als einen Mann in Uniform, nur konnte keine mit Gewißheit sagen, um welche Uniform es sich handelte. Es konnte sich um diejenige eines Reichsbahners handeln, diese Möglichkeit erschien die wahrscheinlichste, oder aber um eine SS-Uniform. Andere Beschreibungen sprachen von einem weiten, dunklen Mantel mit breitem Kragen und ohne Knöpfe. Hierbei mochte es sich um einen Rangiermantel der Reichsbahn handeln. Daher musterte man in den Abteilen und auf den Bahnsteigen jeden Mann, der eines dieser Kleidungsstücke trug. Jede Auffälligkeit konnte entscheidend sein.

Mit Genehmigung des Reichsministers für Volksaufklärung und Propaganda Goebbels, der unter anderem für das Pressewesen verantwortlich war, wiesen die Berliner Tageszeitungen erstmalig am 7. Januar auf die Verbrechensserie hin, ohne Einzelheiten anzugeben. Seit einiger Zeit treibe ein Mann auf der Stadtbahnstrecke zwischen dem Betriebsbahnhof Rummelsburg und Erkner *»sein Unwesen«* und überfalle Frauen. Bislang habe er den Opfern nichts entwendet. Er wurde beschrieben als 1,60 bis 1,65 Meter groß, von mittelstarker Figur, mit hängenden Schultern und nach vorn geneigtem Kopf, und er habe einen sehr nachlässigen, *»latschigen Gang«* an sich. Bekleidet sei er meist mit einem dunklen Rangierermantel und einer herabgezogenen, abgetragenen Eisenbahnermütze.

Zugleich gingen die Ermittler unter Kriminalkommissar Lüdtke nochmals alle Akten zu den bisherigen Mordfällen wie auch den Über-

Ueberfälle in der S-Bahn zwischen Rummelsburg und Erkner

Gewalttätiger Verbrecher wird gesucht

Die Kriminalpolizei fahndet nach einem Verbrecher, der verschiedentlich versucht hat, in S-Bahnzügen Frauen zu überfallen und sie aus dem Zuge zu stoßen. Der Mann treibt sein Unwesen in der Hauptsache zwischen dem Betriebsbahnhof Rumelsburg und Erkner. Er hat bei diesen Ueberfällen wiederholt Frauen gröblich mißhandelt. Hauptsächlich hat er es auf Frauen abgesehen, die allein in einem Abteil 2. Klasse fahren. Bis jetzt hat er seinen Opfern bei den Ueberfällen nichts entwendet.

Der gefährliche Mensch ist 1,60 Meter bis 1,65 Meter groß, von mittelstarker Figur, er hat hängende Schultern, nach vorn geneigten Kopf und nachlässigen (taschigen) Gang. Er trägt dunklen Mantel (vielleicht einen Rangierermantel, wie er bei der Eisenbahn üblich ist) und Eisenbahnermütze, die er über den Hinterkopf gezogen hat. Möglicherweise sind bisher nicht alle Ueberfälle, die der Verbrecher verübte, zur Kenntnis der Kriminalpolizei gelangt. Volksgenossen, die verdächtige Beobachtungen gemacht haben oder auf der erwähnten Strecke noch machen, ebenso Personen, die einen Mann kennen, auf den die Beschreibung paßt, werden gebeten, die Kriminalpolizei von ihren Wahrnehmungen in Kenntnis zu setzen.

Anzeiger und Tageblatt, *7. Januar 1941.*

fällen in der Laubenkolonie durch, überprüften Zeugenaussagen und Hinweise aus der Bevölkerung. Er kam zu dem Schluß, daß der Täter vermutlich im Bahnbetriebswerk Rummelsburg beschäftigt war, die Beschreibung des Uniformmantels wie auch die nicht weit davon entfernten Tatorte unterstützten diese Annahme. Das riesige Gelände des Betriebswerkes grenzte im Norden an das Laubengelände, wo seit 1938 Dutzende von Frauen angefallen worden waren, zudem hielten alle S-Bahn-Züge von und nach Karlshorst auf dem Betriebsbahnhof Rummelsburg.

Ein Umstand ließ Lüdtke stutzig werden: Seitdem die erste Frau aus dem Zug gestoßen wurde, hatte man aus der Laubenkolonie keine Überfälle mehr gemeldet. Das konnte darauf schließen, daß es sich um ein und denselben Täter handelte!

Zunehmend wurden auch Parteigliederungen in die Maßnahmen eingebunden. Die NSDAP richtete sogar einen Lotsendienst ein: Vom Einbruch der Dunkelheit bis zum Morgen geleiteten Männer von SA-Formationen in dem ausgewiesenen Bezirk die zur Arbeit fahrenden und danach heimkehrenden Frauen. Auch das als zuverlässig geltende Parteimitglied Paul Ogorzow, ein Reichsbahnbeschäftigter im Betriebsbahnhof Rummelsburg, meldete sich freiwillig und wurde vor allem in den Nachtstunden zugeteilt. Sicher geleitete er ihm anvertraute, in Abteilen der zweiten Klasse reisende Frauen zu ihrem Zielbahnhof, oft auch vom Bahnhof bis vor ihre Haustür. Und so manches Mal erfuhr er Einzelheiten über die jeweils stattfindenden Maßnahmen zur Ergreifung des unbekannten Täters.

In den ersten Februartagen verteilten Kriminalbeamte Laufzettel an Frauen, die die S-Bahn benutzten. Darin wurden sie ermahnt, äußerste Vorsicht walten zu lassen und ohne eine ihnen vertraute Begleitung nie Abteile der zweiten Klasse zu benutzen. Fahrpersonal der Bahn wurde dazu angehalten, in den in Frage kommenden Zügen die automatischen Türschließer während der Fahrt geschlossen zu halten, um den Täter daran zu hindern, die Tür zu öffnen. Zugleich wurde die Belohnung für Hinweise, die zur Ergreifung des Serienmörders führten, von zehntausend auf 13.000 Reichsmark erhöht, in jenen Tagen eine beträchtliche Summe! Man hoffte, auf diese Weise einen potentiellen Mitwisser aus der Reserve zu locken.

Kriminalkommissar Lüdtke drängte darauf, auch über den Rundfunk auf die Mordserie hinzuweisen und nochmals alle die nachts und früh morgens verkehrende S-Bahn zwischen Ostkreuz und Erkner benutzenden Frauen zu warnen, doch verweigerte Reichspropagandaminister Goebbels, dem der Rundfunk unterstand, seine Zustimmung. Goebbels fürchtete um das Ansehen des nationalsozialistischen Staates, der nicht in der Lage sei, seine arbeitenden Frauen zu schützen.

Am 8. Februar, einem Sonnabend, wurde ein etwa vier Quadratkilometer großes Gebiet zwischen dem Betriebsbahnhof Rummelsburg und dem Bahnhof Karlshorst hermetisch abgeriegelt. Sechshundert Polizeibeamte kamen zum Einsatz. Zwei-Mann-Streifen gingen von allen Seiten konzentrisch in das Innere des Bereiches vor, und jeder Passant wurde kontrolliert. Weitere Beamte stießen in Abständen von zehn Metern an den Schienensträngen vor, und zwar bis zu zweihundert Meter Entfernung an beiden Seiten des Bahndamms zwischen Karlshorst und Rummelsburg. Innerhalb dieses praktisch lückenlos bewachten Gebietes war ein Entkommen für den Mörder schier aussichtslos, wenn er sich denn in ihm aufhielt. Doch außer ein paar Gelegenheitsdieben blieb der gesuchte S-Bahn-Mörder nicht im Netz hängen. Am Sonntag morgen durchkämmte man dann die Laubenkolonien Gutland I und II, ohne daß ein nennenswerter Erfolg zu verzeichnen gewesen wäre.

Nach dem letzten Mord Anfang Januar blieb es wochenlang ruhig. Es wurden keine weiteren Zwischenfälle gemeldet. Die Ermittler führten dies auf die intensivierten Fahndungsmaßnahmen zurück, die wohl den Täter abschreckten. Mit jedem weiteren Tag wuchs die Hoffnung, daß die Mordserie nun endlich aufgehört habe und der Täter früher oder später gefaßt werden würde.

Der siebte Mord

Da lief am Abend des 11. Februar 1941, einem Dienstag, gegen 23.15 Uhr die telefonische Schreckensmeldung beim Nachtdienst der Kriminalinspektion Lichtenberg ein: Leichenfund zwischen den Gleisen, Opfer weiblich!

Ein Hilfsweichenwärter beging die vom Betriebsbahnhof Rummelsburg nach Karlshorst führende Strecke, als er gegen 22.12 Uhr bei Kilometer 6,5 im Schein seiner Taschenlampe zwischen den S-Bahngleisen eine auf dem Bauch liegende Frauenleiche bemerkte, die vermutlich aus einem S-Bahn-Zug geworfen worden war. Sie lag auf den Bohlen des Gleisunterbaues, und zwar zwischen dem inneren Schienenstrang der von Karlshorst nach Rummelsburg führenden Strecke und der Stromschiene, die neben den Gleisen entlangführte. Um ihren Kopf herum hatte sich eine große Blutlache gebildet. Der Reichsbahner entfernte die Tote aus Gründen der Verkehrssicherheit von dem Bahnkörper und legte sie behutsam am Bahndamm ab. Dabei bemerkte er, daß die Schädeldecke völlig zertrümmert war, denn Blut und Gehirnmasse waren herausgetreten, es schien, als sei das Opfer mit dem Kopf auf eine Schwelle geprallt.

Die Mordkommission war noch vor Mitternacht zur Stelle und suchte den Fundort und seine nähere Umgebung ab. Etwa vierhundert Meter weiter in Richtung Karlshorst wurden der Hut der Frau sowie eine Einkaufstasche gefunden. Der Täter mußte diese Gegenstände wenige Sekunden nach der Frau aus dem Zug hinterhergeworfen haben, denn daß es sich hier eindeutig wieder um einen S-Bahn-Mord handelte, davon war jedermann überzeugt. Ausweispapiere fanden sich nicht bei der Toten. Vermutlich war sie zwischen 21 und 22 Uhr auf den Bahnkörper geworfen worden, denn ein anderer Hilfsweichenwärter hatte bei seiner Begehung des Streckenabschnitts gegen 21.30 Uhr nichts Auffälliges bemerkt. Später sollte man feststellen, daß der Zug genau um 22.02 Uhr den Bahnhof verlassen hatte.

Der Vorsteher des Betriebsbahnhofs hatte gleich nach Auffinden der Leiche das am Streckenende gelegene Bahnbetriebswerk Erkner benachrichtigt und angewiesen, alle aus Berlin einlaufenden Züge nach Beweismaterial abzusuchen. Auch die anderen Betriebswerke auf der Strecke von Erkner nach Potsdam setzte er in Kenntnis. Noch in derselben Nacht liefen zwei wichtige Meldungen ein: Das Bahnbetriebswerk Hundekehle in Berlin-Grunewald teilte mit, daß in dem Umlaufzug Nr. 2639 in einem Wagen zweiter Klasse ein Wollhandschuh und auf einem Sitzpolster ein großer Blutspritzer entdeckt worden seien. Im selben Abteil sei obendrein der äußere Türdrücker abgerissen. Dieser Zug hatte die Fundstelle auf der Fahrt stadteinwärts gegen 21.28 Uhr passiert. Und an dem Umlaufzug Nr. 2645, der die Fundstelle gegen 22.08 Uhr Richtung Erkner passiert hatte, bemerkte man an einem Wagen der dritten Klasse, und zwar an der Außenwand, mehrere vermeintliche Blutspritzer. Beide Wagen wurden daraufhin aus dem Verkehr gezogen. Der Erkennungsdienst und die Spurensicherung untersuchten die Wagen am nächsten Morgen, konnten aber kein Menschenblut feststellen. Somit schieden diese beiden Wagen als Tatwagen aus.

Dr. Weimann führte noch am Vormittag die Obduktion durch. Sein Befund: die Schläge mit dem stumpfen Gegenstand kombiniert mit den bei dem Sturz erlittenen Verletzungen führten zum Tode. Unter anderem hatte das Opfer schwere Arm- und Beinverletzungen davongetragen. Durch die Berührung mit der Schiene waren der Unbekannten auch schwere Verbrennungen am Rücken zugefügt worden. Der drei Monate alte Fötus hatte den Sturz nicht überlebt. Somit ging bereits das zweite schwangere Opfer auf das Konto des S-Bahn-Mörders. Als Todeszeit vermutete Weimann etwa 21.50 Uhr. Und erst im Laufe des Tages konnte die Ermordete als die achtunddreißigjährige Ehefrau Johanna Vogt aus dem Ortsteil Friedrichshagen identifiziert werden. Sie war bereits Mutter zweier Kinder im Alter von sechs und neun Jahren.

Die Mordkommission erfuhr auch Einzelheiten zu den letzten Stunden des Opfers. Es hatte am Nachmittag eine Frau aufgesucht, von der sie für 150 Mark eine gebrauchte Nähmaschine kaufen wollte. Am nächsten Tag sollte die Maschine an ihre Adresse in Friedrichshagen geliefert werden. Gegen 21 Uhr wurde Frau Vogt von dieser Frau zum Bahnhof Bellevue gebracht, wo sie den nächsten S-Bahn-Zug bestieg. Zu Hause ist sie nicht mehr angekommen.

Die Berliner Tageszeitungen berichteten am 14. Februar in knappen Zeilen über den neuen Mord und riefen die Bevölkerung auf, an der Fahndung mitzuwirken, vor allem verdächtige Beobachtungen zu melden. Und tatsächlich gingen in den Tagen darauf über 1500 Hinweise aus der Bevölkerung ein. Zwar ging man jedem einzelnen nach, doch konnten aus ihnen keine brauchbaren Erkenntnisse gewonnen werden.

Ab dem 20. Februar wurde wieder ein Sonderkommando der Kriminalpolizei eingesetzt, das mit zehn Beamten auf der gefährdeten Strecke in der Zeit von 21 bis sieben Uhr beziehungsweise sonntags bis acht Uhr morgens mitfuhr.

In der Mordkommission setzte sich zunehmend die nüchterne Erkenntnis durch, daß jegliche Überwachungs- und Begleitschutzmaßnahmen einen weiteren Mord nicht verhindern konnten. Sowohl Goebbels als auch Himmler und Heydrich drängten auf einen Fahndungserfolg. Der Chef der Kriminalpolizei, Arthur Nebe, fühlte sich in die Enge getrieben und verstärkte seinerseits den Druck auf Kriminalkommissar Lüdtke und seine Mitarbeiter. Also wurden die Fahndungsmaßnahmen nochmals verstärkt. Immer mehr Beamte in Zivil oder als Bahnbeschäftigte verkleidet fuhren in den S-Bahn-Zügen mit und hielten die Augen offen, bewachten die Bahnsteige und die Bahnhofsausgänge.

Längst war man davon überzeugt, daß der Täter unter den Beschäftigten der Reichsbahn zu suchen war. Offensichtlich hatte er Wind von den Fahndungsmaßnahmen bekommen und hielt sich nun bedeckt, denn in den folgenden Monaten kam es auf der S-Bahn zu keinen weiteren Verbrechen dieser Art. Von Mitte Februar bis Ende Juni überprüfte man nochmals die Personallisten der Beschäftigten des fraglichen Streckenbereichs, ging man nochmals die Vernehmungsprotokolle der befragten Reichsbahner durch und blieb schließlich an vier Männern hängen, denen man die Mordserie zutrauen konnte.

Einer hieß Paul Ogorzow, Parteigenosse und vor Jahren einmal SA-Oberscharführer. Er war in der letzten Zeit überwiegend als Hilfsweichensteller auf dem Stellwerk Vnk zwischen dem Stadtbahnhof Rummelsburg und dem Betriebsbahnhof Rummelsburg beschäftigt und versah nachts oft Bereitschaftsdienst. Ogorzow wohnte im dritten Stock eines vornehmen, aus der Gründerzeit stammenden Mietshauses in der Dorotheastraße in Karlshorst. Als die Ermittler ihn eines Tages vor Dienstbeginn aufsuchten, stach ihnen im Flur ein schwarzblauer Eisenbahnermantel ins Auge. Hatten die Zeuginnen nicht ausgesagt, der Täter trage einen derartigen Mantel? Da es aber zahlreiche Beschäftigte gab, die im Dienst einen solchen Mantel trugen, war dies noch kein endgültiger Beweis. Ogorzow besaß dazu noch ein ziemlich stichfestes Alibi: Zu den fraglichen Tatzeiten versah er seinen Schichtdienst, und es war einfach unvorstellbar, daß ein Reichsbahnbeschäftigter wie er, der als sehr zuverlässiger Arbeiter galt, sich während der Schicht einfach davonmachen würde, um Verbrechen zu begehen! Außerdem konnte man sich schwer vorstellen, daß dieser kleingewachsene, leise sprechende Mann der Typ eines Serienmörders war! Zwar hatte er sich Kollegen gegenüber oft abwertend über Frauen geäußert, dies allein aber machte ihn noch nicht zum Serienmörder.

Und noch immer rätselte man über die Motive des Mörders. Keines der Opfer war nach Angaben der Angehörigen beraubt worden, Raubmord schied also aus, und an den Frauen, die man am Bahnkörper entdeckt hatte, wurden keinerlei Anzeichen eines Sittlichkeitsverbrechens festgestellt. Da bei einigen Frauen keine Fahrkarte gefunden wurde, vermuteten die Ermittler, daß sich der Täter vielleicht als Fahrkartenkontrolleur ausgegeben habe, um sich den Opfern so unauffällig wie möglich nähern zu können.

Die beiden überlebenden Frauen hatten zwar, wegen der kriegsbedingten Verdunklung, eine recht dürftige Personenbeschreibung abgegeben, doch in einem waren sich beide völlig sicher: Der Unbekannte war nur etwa 1,65 Meter groß und fiel durch einen recht auffälligen Gang auf, der recht »latschig« wirkte.

Trotz der Sicherheitsmaßnahmen ereignete sich eines Nachts in der Laubenkolonie unweit der Station Karlshorst erneut ein Überfall auf eine Frau. Der Unbekannte schlug sie im Schutz der Dunkelheit nieder und versuchte sie zu vergewaltigen, doch mußte er von seinem Ziel ablassen, weil Passanten nahten.

Am 22. Juni 1941 griffen 153 Divisionen der deutschen Wehrmacht die Sowjetunion an, und die vielen Siegesmeldungen von der Ostfront verdrängten die S-Bahn-Morde zunehmend aus dem Bewußtsein der Berliner Bevölkerung. Die Mordkommission aber setzte zum endgültigen Schlag an, um den unheimlichen S-Bahn-Mörder endgültig zu fassen.

Ende Juni ließ der nunmehr fünfundfünfzigjährige Kriminalkommissar Lüdtke aus taktischen Gründen unter den Reichsbahnbeschäftigten des gefährdeten Gebiets absichtlich das Gerücht verbreiten, ab 1. Juli würden sämtliche Polizeistreifen und Posten zurückgezogen, die Überwachung werde also praktisch aufhören, weil man sich nichts davon verspreche. In Wahrheit aber gruppierte Lüdtke seine Mannschaft nur um. Auf diese Weise hoffte er, den Täter aus seinem Versteck herauszulocken, ihn zu einer weiteren Untat zu ermutigen, ihm somit eine Falle stellen zu können. Ihm war aber auch bewußt, daß er die Sicherheit vieler Frauen aufs Spiel setzte, sollte sein Plan nicht aufgehen. Und bald darauf sollte der endgültige Schlag gelingen, aber unter ganz anderen Umständen, als Lüdtke es sich erhofft hatte. Und Lüdtkes gutgemeintes taktisches Vorgehen sollte ein weiteres Menschenleben fordern.

Das letzte Verbrechen

Ein im Betriebsbahnhof Rummelsburg beschäftigter Kraftfahrer, der in der Laubenkolonie Gutland II unweit des S-Bahnhofs Rummelsburg im Ortsteil Friedrichsfelde wohnte, befand sich am frühen Morgen des 3. Juli 1941, einem Donnerstag, mit dem Fahrrad auf dem Weg zu seiner Arbeitsstelle im Betriebsbahnhof Rummelsburg. Gegen 4.30 Uhr, es war schon hell geworden, nahm er auf dem sandigen Interessentenweg, am Rande einer Begrenzungshecke und unweit eines Grundstückszaunes, einen menschlichen Körper wahr. Als er sich vorsichtig näherte, sah er mit Entsetzen, daß es sich um eine tote Frau in den mittleren Jahren handelte. Sie lag mit dem Rücken auf dem von der vergangenen Nacht noch regenfeuchten Erdboden, und ihr Kleid war bis in Brusthöhe hochgeschoben, während der Schlüpfer fehlte. Die Beine befanden sich in Spreizlage. Allem Anschein nach war sie Opfer eines Sittlichkeitsverbrechens geworden. Um ihren Kopf hatte sich eine Blutlache gebildet, das Gesicht war blutverschmiert. Über der rechten Schläfe klaffte eine tiefe Wunde, auch schien dem Opfer die Schädeldecke zertrümmert worden zu sein.

Rasch radelte der Arbeiter zum Bahnhof Rummelsburg und ließ von dort telefonisch das 257. Polizeirevier in Friedrichsfelde verständigen. Dieses setzte sofort die Mordkommission im Polizeipräsidium in Kenntnis.

Kommissar Lüdtke traf eine Dreiviertelstunde später am Fundort ein und untersuchte die Leiche. Die Totenstarre hatte bereits eingesetzt, das

Ein weiterer Mord in der Laubenkolonie. Es sollte der letzte des Serienmörders sein.

bedeutete, die Tat mußte gegen Mitternacht verübt worden sein. Daß der Fundort mit dem Tatort identisch war, daran bestand kein Zweifel. Auch fiel auf, daß er nicht weit von der Laube lag, in der im vergangenen Oktober die junge Gerda Ditter erstochen worden war, das erste Mordopfer in der Kolonie Gutland I. Noch am Morgen wurde die Leiche ins Gerichtsmedizinische Institut gebracht, um die Ergebnisse der Obduktion abzuwarten.

Die nähere Umgebung wurde genauestens abgesucht, doch hatte der Täter keinerlei Spuren hinterlassen, weder auf dem sandigen Laubenweg noch in den Hecken ringsherum. Auch wenn die Tat nicht im Bereich der S-Bahn begangen wurde, waren die Ermittler davon überzeugt, daß hier erneut der S-Bahn-Mörder zugeschlagen hatte. Offensichtlich schien ihm die S-Bahn-Strecke für sein Treiben neuerdings zu gefährlich, die Gefahr einer Entdeckung schien, trotz der durch Mundpropaganda verbreiteten Reduzierung der Fahndungsmaßnahmen, zu hoch. Und er mußte gewußt haben, daß eine lückenlose Überwachung des ausgedehnten Laubengeländes praktisch unmöglich war. Immerhin befand sich der Tatort rund siebenhundert Meter von der Bahnstrecke entfernt, auf die man sich in erster Linie konzentriert

Das Mordopfer Frieda Koziol.

hatte. Mit großem Bedauern registrierte die Mordkommission, daß die Verbreitung des Gerüchts, sämtliche Überwachungsmaßnahmen würden eingestellt werden, ein Fehler gewesen war, denn nun hatte der unbekannte Serienmörder ein weiteres Mal mit tödlicher Wirkung zugeschlagen. Daß allerdings dieser Mord zu seiner Überführung beitrug, sollte sich erst Tage später erweisen.

Die Befragung der Siedler in der Nachbarschaft ergab nichts Konkretes: Niemand hatte verdächtige Geräusche geschweige denn Schreie gehört, was bedeuten mochte, daß der Überfall ganz plötzlich und mit aller Wucht erfolgt sei. Eine durchaus plausible Theorie lautete, daß der Mörder dem Opfer auf seinem Heimweg vom nahe gelegenen S-Bahnhof gefolgt war und es dann überfallen hatte.

Trotz der ausgedehnten Fahndungsmaßnahmen war erneut eine Frau das Opfer des Serienmörders geworden. Ihr Tod hatte man nicht verhindern können, ein Umstand, der in der Mordkommission sowohl Betroffenheit als auch Wut auslöste.

Die Obduktion durch Dr. Weimann erbrachte keine wesentlichen neuen Erkenntnisse. Das Opfer hatte wuchtige Schläge ins Gesicht und auf die Schädeldecke erhalten, Todesursache aber war die Zertrümmerung der Schädeldecke mit einem schweren Gegenstand, also die »Handschrift« des unbekannten Triebtäters. Außerdem war die Frau vergewaltigt worden. Die Tat mußte bald nach Mitternacht erfolgt sein. Spuren einer Gegenwehr waren nicht feststellbar, das Opfer war also ganz plötzlich, ohne Vorwarnung, überfallen und ebenso rasch erschlagen worden. Vermutlich hatte sie den Angreifer nicht einmal zu Gesicht bekommen.

Bei der Toten handelte es sich, so stellte die Mordkommission am Tag darauf fest, um die vierunddreißigjährige geschiedene Frieda Koziol aus Friedrichsfelde. Sie lebte in der Laube 168 der benachbarten Kolonie Gartenland IV und war bereits wegen Diebstahls vorbestraft. Nachbarn sagten aus, die resolute Frau habe vor dem unheimlichen S-Bahn-Mörder nie Angst gezeigt, denn sie wisse sich zur Wehr zu setzen, sollte sie einmal angegriffen werden.

Der anfangs verdächtigte Ehemann schied rasch als Täter aus, obwohl er vor Zeugen damit gedroht hatte, ihr »die Knochen kaputtzutreten«. Er konnte ein einwandfreies Alibi nachweisen. Es wurden nun nochmals die Listen sämtlicher Mitarbeiter des Betriebswerkes überprüft, die vom 2. auf den 3. Juli Nachtschicht versahen.

Dabei gerieten acht Verdächtige ins Visier der Ermittler. Während sie noch im Verlauf des Donnerstags im Polizeipräsidium am Alexanderplatz vernommen wurden, führten Beamte bei ihnen eine Hausdurchsuchung durch, wobei man insbesondere auf blutbefleckte Kleidungsstücke achtete, denn angesichts der wuchtigen Schläge mußte der Täter reichlich Blutspritzer davongetragen haben.

Sechs Männer hatten zur Tatzeit dienstfrei und konnten ein einwandfreies Alibi nachweisen, zwei andere aber hatten um 22 Uhr den Nachtdienst angetreten und schieden daher ebenfalls aus ... oder etwa nicht? Unter ihnen befand sich der Hilfsweichenwärter Paul Ogorzow.

Dem Täter auf der Spur

Ein Bahnarbeiter des Reinigungsdienstes vertraute der Mordkommission an, er habe ein paar Mal beobachtet, wie ein Hilfsweichensteller während des Dienstes seinen Arbeitsplatz im Stellwerk verlassen habe, über den Zaun des Bahndammes geklettert und dann in Richtung Zobtener Straße verschwunden sei, wo das Laubengelände begann. Als er ihn deshalb zur Rede stellte, beichtete ihm der Mann, er suche heimlich eine ganz in der Nähe wohnende alleinstehende Frau auf, um sich mit ihr zu vergnügen. Die Beschreibung dieser Person traf durchaus auf Ogorzow zu, wie die Ermittler erstaunt feststellten.

Die Personalakte Ogorzows lieferte nichts Auffälliges: Er war einunddreißig Jahre alt, verheiratet und hatte zwei Kinder. Seit neun Jahren war er bei der Reichsbahn beschäftigt und hatte seinen Dienst stets zur vollen Zufriedenheit versehen. Bereits 1932 war er in die NSDAP eingetreten (Mitgliedsbuch Nr. 1 109 672), wurde bald SA-Mann und diente in dieser Organisation jetzt als Oberscharführer. Trotzdem verspürte Kriminalkommissar Lüdtke ein gewisses Unbehagen, zumal der Mann im Besitz eines Eisenbahnermantels war, wie er von den überfallenen Frauen beschrieben wurde. Als SA-Mann besaß er natürlich Kenntnis von den Fahndungsmaßnahmen der Kriminalpolizei gegen sich selbst und konnte entsprechend reagieren ... Auch fiel auf, daß er zu den fraglichen Tatzeiten seinen Dienst allein versah, daß er sich also ohne Schwierigkeiten von seinem Posten hätte entfernen können. Es wäre ein leichtes gewesen, das Stellwerk zu verlassen, zum nächsten Bahnhof zu gehen und einen S-Bahn-Zug zu besteigen.

Vorsorglich wurden sämtliche Kleidungsstücke Ogorzows sichergestellt und dem Kriminologischen Institut für eine chemischen Untersuchung übergeben.

Am Nachmittag des 10. Juli ließ Lüdtke den Reichsbahner von Kriminalbeamten aus seiner Wohnung in der Dorotheastraße abholen und zur Vernehmung ins Polizeipräsidium bringen. Er galt nun als Hauptverdächtigter. Als der Kriminalkommissar und Ogorzow allein im Dienstzimmer saßen, konfrontierte er ihn mit der Beobachtung eines seiner Mitarbeiter. Ogorzow zögerte anfangs, gab dann aber freimütig zu, daß er selbstverständlich das Stellwerk während des Dienstes verlassen müsse, um beispielsweise die Strecke abzugehen oder Signallaternen aufzuhängen. Ob er zu diesem Zwecke aber auch über den Zaun klettern müsse, wollte der Kommissar von ihm wissen. Kleinlaut räumte Ogorzow ein, daß er da eine Kriegerstrohwitwe kenne, die in einem der Siedlungshäuser in Rummelsburg neben dem Bahndamm wohne, sie habe ihn einmal angesprochen, als er eine Signallaterne aufhing, und ihn dann zu sich nach Hause eingeladen. Seitdem unterhalte er mit ihr ein Verhältnis und besuche sie manchmal während des Dienstes. Ja, er wisse, das sei gegen die Regeln, aber er sei nun mal ein Mann mit gewissen Bedürfnissen ...

Umgehend wurde die Frau nach den Angaben des Vernommenen noch am Abend in der Laubenkolonie Gutland II ausfindig gemacht. Zur großen Enttäuschung Lüdtkes, der sich bereits am Ziel seiner Ermittlungen wähnte, bestätigte sie die Angaben Ogorzows.

Schon wollte der Kommissar aufgeben und den Eisenbahner nach Hause schicken, als das Telefon klingelte. Das Kriminologische Institut meldete, man habe an der Reichsbahnuniform des Verdächtigten, sowohl an der Jacke als auch im oberen Bereich der Hose, sehr feine Blutspritzer festgestellt, die mit dem bloßen Auge nicht zu erkennen waren. Es handelte sich zwar zweifelsfrei um Menschenblut, dies reichte aber nicht für eine Blutgruppenbestimmung aus.

Lüdtke setzte daher das Verhör fort. Er teilte dem Verdächtigen den Befund des Instituts mit, doch Ogorzow war da um eine Antwort nicht verlegen. Das Blut stamme daher, daß er mit seiner Frau während der Menstruation, dazu noch in Uniform, verkehrt habe! Eine Behauptung, die später von Frau Ogorzow bestätigt wurde.

Nun wollte der Kommissar wissen, welchen Weg Ogorzow von seiner Wohnung zum Arbeitsplatz im Betriebswerk nehme. Oft mit dem

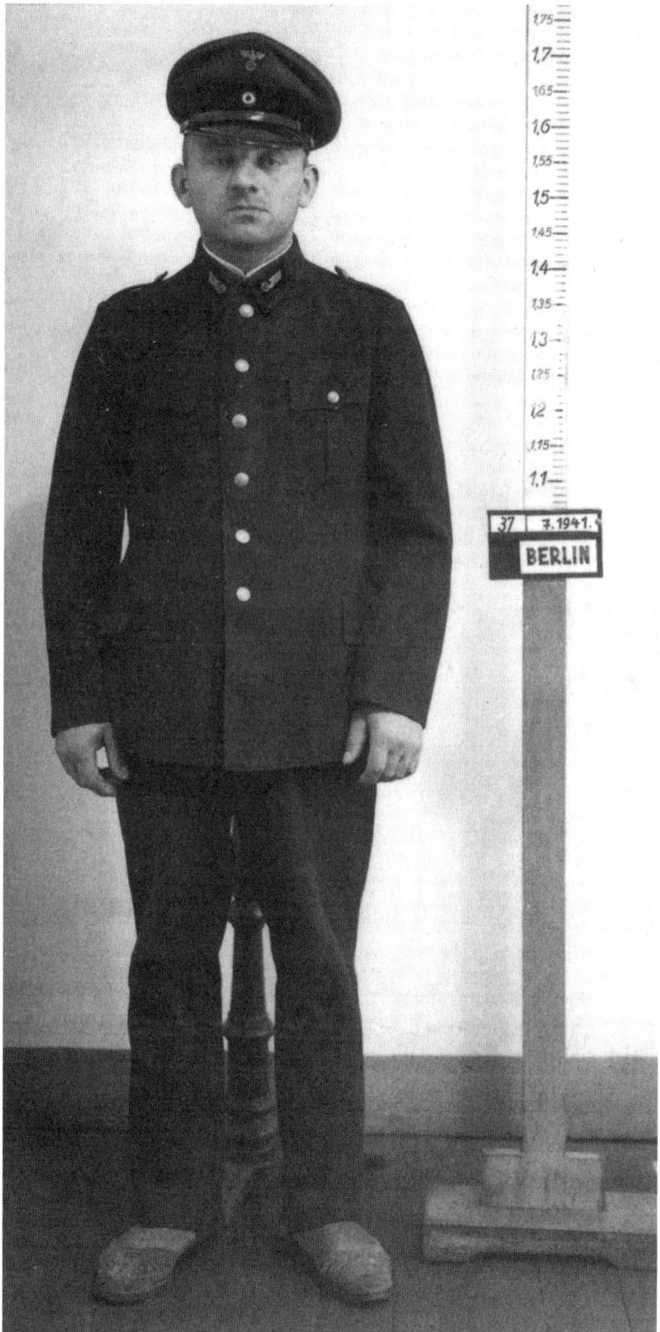

Der Serienmörder in Reichsbahnuniform auf einer Polizeiaufnahme.

Fahrrad, dann aber auch gelegentlich zu Fuß, war die nun etwas stockende Antwort. Und je mehr der Kommissar ihn befragte, desto zögerlicher wurden die Antworten. Die Frage, ob er über eine starke Dynamolampe an seinem Fahrrad verfüge, bejahte Ogorzow. Als Lüdtke aber von ihm wissen wollte, ob er mit seiner Fahrradlampe auch Frauen angeleuchtet habe, schwieg der Reichsbahner eine Zeitlang, gab dann aber zu, einmal eine Frau angeleuchtet zu haben, so ganz aus Versehen, aber die habe fürchterlich geschimpft, so daß er vorsichtshalber die Lampe ausgeschaltet habe und davongefahren sei. Dabei habe er in der Dunkelheit einen Mann angefahren. Das alles sei an der Unterführung der Kaulsdorfer Bahn geschehen, gab er zu, als der Kommissar nachhakte. Und Lüdtke wußte aufgrund der Anzeige der Frau, daß dies stimmte.

Lüdtke wurde hellhörig. An genau diesem Ort war damals eine Frau vergewaltigt worden! Ob er noch weitere Orte nennen könne, an denen er Frauen »aus Versehen« angeleuchtet habe? Ogorzow kam dieser Aufforderung, wenn auch zögerlich, nach und benannte weitere Stellen. Nur: auch hier war es entweder zu versuchter oder vollendeter Notzucht gekommen, wie Lüdtke natürlich wußte.

Im Morgengrauen des 11. Juli brach der Kommissar das Verhör ab und beraumte für den Vormittag eine Tatortbesichtigung im Laubengebiet in Rummelsburg an, und zwar mit Ogorzow. Er wurde aufgefordert, die einzelnen Tatorte zu bezeichnen. Drei Stunden lang ließen sich Lüdtke und weitere Beamte der Mordkommission zu den Stellen führen, die der Eisenbahner genannt hatte und an denen er die Frauen angeleuchtet haben wollte. Manchmal beschleunigte Ogorzow, immer unter den wachsamen Augen der Ermittler, seine Schritte, manchmal verlangsamte er sie. Lüdtke erkannte sofort, daß dies immer dann geschah, wenn man sich einem der Tatorte näherte, an denen eine Frau überfallen oder in einigen Fällen durch Messerstiche auch schwer verletzt wurde. Jede seiner Angaben wurde mit der jeweiligen Anzeige der betroffenen Frauen überprüft. In einem Falle verlegte er den Tatort einer »harmlosen Anleuchtung« in eine ganz andere Gegend. Eines aber stand fest: Unter den von Ogorzow angegebenen Stellen, an denen er die Frauen angeleuchtet habe, befanden sich zwei, an denen sich nachweislich Mordversuche ereignet hatten.

In der Laubenkolonie erwartete die Gruppe bereits eine der überfallenen Frauen, die fünfundzwanzigjährige Ehefrau Gertrud Nieswandt. Als sie Ogorzow erblickte, erstarrte sie vor Schreck: Sie erkannte ihn als den

Mann wieder, der sie in der Nacht vom 26. auf den 27. Juli 1940 überfallen und mit einem Messer am Hals verletzt hatte. Der Eisenbahner dagegen schien ungerührt, wandte sich ab und schwieg. Er schwieg auch, als man ihn zum Interessentenweg in Friedrichsfelde führte, in dem eine Woche zuvor Frieda Koziol so brutal vergewaltigt und ermordet worden war. Er meinte lediglich, dort sei er noch nie gewesen.

Eine zweite Frau aber war nicht in der Lage, ihn einwandfrei zu identifizieren, weil es zur Tatzeit zu dunkel gewesen sei.

Der S-Bahn-Mörder gesteht

Auf der Rückfahrt zum Polizeipräsidium zog Ogorzow, der jetzt sehr bedrückt schien, Kommissar Lüdtke beiseite, gab sich als Parteigenosse zu erkennen und sagte zu ihm, er müsse ihm helfen. Da sei eine Angelegenheit, die er mit ihm unter vier Augen besprechen wolle. Offensichtlich hatte ihn die Gegenüberstellung mit den von ihm überfallenen Frauen beeindruckt und verunsichert ...

Lüdtke wartete, bis sich beide wieder in seinem Dienstzimmer im Polizeipräsidium befanden. Dort las er ihm zunächst sämtliche in den Laubenkolonien begangenen Sittlichkeitsverbrechen vor, einschließlich der beiden im Oktober 1940 und jüngst an Frau Koziol begangenen Morde. Ogorzow schwieg eine Zeitlang. Nach längerem Vorhalt gab er schließlich zu: Ja, er sei für all diese Verbrechen verantwortlich! Er habe drei Morde, vier versuchte Morde und zwanzig Fälle von versuchter oder vollendeter Vergewaltigung verübt. Frau Ditter habe er mit einem Messer niedergestochen, die anderen beiden, Frau Frese und Frau Koziol, mit der bloßen Faust niedergeschlagen.

Ob er wirklich nur mit der Faust zugeschlagen habe, wollte Lüdtke wissen. Ogorzow bejahte dies zögerlich, er habe immer nur mit der Faust zugeschlagen. Der Kommissar wandte ein, daß die Verletzungen an den Schädeldecken der beiden Frauen unmöglich von Faustschlägen herrühren konnten. Ogorzow aber bestand beharrlich auf dieser Angabe, fügte aber noch hinzu, daß eine der Frauen vielleicht gewürgt worden sei, so genau könne er sich nicht mehr erinnern. Darauf herrschte längeres Schweigen.

Die Abenddämmerung hüllte das Verhörzimmer allmählich in Dunkelheit, als Lüdtke vorsichtig das Gespräch auf die S-Bahn-Morde lenkte,

Die fünf präparierten Schädel der S-Bahn-Opfer.

denn diese hatte er bislang noch nicht erwähnt. Er war sich völlig sicher, daß Ogorzow auch für diese als Täter in Frage kam. Mit langsamer Bewegung zog er eine der Schubladen seines Schreibtisches heraus und stellte sie auf die im Dunkeln liegende Oberfläche, fragte erneut mit drohender Stimme, womit er zugeschlagen habe.

Im selben Augenblick schaltete er die Schreibtischlampe ein, so daß sie die Tischoberfläche beleuchtete. Ogorzow erstarrte, schaute er doch auf fünf gelblich gebleichte Schädeldecken ... Es waren die präparierten Schädeldecken der fünf S-Bahn-Opfer! Alle wiesen ein eckiges Loch auf, ein Loch beinahe so groß wie eine Streichholzschachtel.

Der Kommissar wiederholte seine Frage, womit er zugeschlagen habe. Die Verletzungen in den Schädeln konnten unmöglich durch Schläge mit der bloßen Faust entstanden sein. Mit einem Bleikabel habe er zugeschlagen, entfuhr es jetzt dem sichtlich zermürbten Reichsbahner! Manchmal auch mit einer Eisenstange. Er wußte, daß weiteres Leugnen zwecklos war, die Ermittler schienen zu wissen, daß er auch für die Überfälle in der S-Bahn verantwortlich war!

Wenig später lag auch ein Geständnis über die fünf S-Bahn-Morde vor!

Zu dem Mord an der jungen Gerda Ditter, die er in ihrer eigenen Wohnung abstach, während ihre kleinen Kinder im Nebenraum schliefen, gab Ogorzow zu Protokoll:

Eines Tages Ende September 1940 erblickte er die junge Frau auf dem Bahnsteig des S-Bahnhofs Rummelsburg. Sie gefiel ihm. Ohne lange zu zögern, sprach er sie an und fragte sie nach einem kurzen Wortwechsel, ob er sie gelegentlich besuchen dürfe. Sie hatte ihm nämlich erzählt, daß ihr Mann beim Militär in Potsdam und daher nachts nicht zu Hause sei. Anscheinend war sie einer Affäre nicht abgeneigt, so schien es ihm. Die Laubenkolonie, in der sie wohnte, kannte er sehr gut, hatte er doch dort schon öfter Frauen aufgelauert und sie überfallen.

Kaum hatte er seinen Dienst an jenem Abend des 3. Oktober 1940 um 22 Uhr beendet, setzte er sich, noch immer die Uniform tragend, aufs Fahrrad und fuhr zur Kolonie Gutland II. Nach längerem Suchen fand er die Laube 33 im Weg 5a, und Gerda Ditter bat ihn bereitwillig herein. Weil im Wohnzimmer die Kinder schliefen, machte man es sich in der Küche bequem und begann zu plaudern, um sich näher kennenzulernen. Er vermied es peinlich, sie in Unruhe zu versetzen.

Kurz vor Mitternacht sprang er ganz plötzlich vom Küchenstuhl auf, umklammerte mit beiden Händen den Hals der Frau und drückte dabei so fest zu, daß ihr Zungenbein gebrochen wurde. Als er bemerkte, daß sie noch atmete, hielt er ihren Hals mit der linken Hand fest, zog mit der rechten ein kleines Taschenmesser, das er in einem Bahnhof gefunden hatte, aus der Uniformtasche und versetzte ihr einen Stich in die linke Halsseite. Dabei verletzte er die Halsschlagader; Gerda Ditter verblutete innerhalb kürzester Zeit. Unbemerkt verließ Ogorzow das Gartenhäuschen, warf unterwegs die Tatwaffe weg und kehrte zu Fuß die rund dreieinhalb Kilometer zu seiner Wohnung in Karlshorst zurück, in der Frau und Sohn bereits schliefen.

Seinen ersten S-Bahn-Mord beging er bekanntlich am späten Abend des 3. Dezember 1940. Nach Dienstende überkam ihn wieder der Drang, eine Frau zu überfallen. Und in seinem linken Jackenärmel trug er neuerdings eine etwa dreißig Zentimeter lange Eisenstange, die er auf dem Gelände des Betriebsbahnhofs Rummelsburg gefunden hatte. Er stellte sich, in seiner Reichsbahneruniform steckend, im Bahnhof Karlshorst auf den schwach beleuchteten Bahnsteig und wartete mit einer Reihe anderer Passagiere auf den stadteinwärts fahrenden S-Bahnzug. Unter ihnen befand sich auch eine Frau. Sie stand an der Stelle, wo der letzte ein Abteil zweiter Klasse enthaltende Wagen halten würde.

Ogorzow stellte sich ganz in ihre Nähe. Als der Zug gegen 22.25 Uhr einlief, stiegen beide ein, und er nahm unweit seines Opfers Platz. Die Frau schien sich in Gegenwart eines Uniformierten sicher zu fühlen. Zu seiner großen Erleichterung befand sich sonst niemand im Abteil, also für ihn eine günstige Gelegenheit. Kaum hatte sich die S-Bahn wieder in Bewegung gesetzt, erhob sich Ogorzow, zog seine Eisenstange aus dem Ärmel und näherte sich der nichtsahnenden Frau. Zwar stand ihm der Sinn nach einer Vergewaltigung, doch dazu war angesichts des kurzen Zeitabstands zum nächsten Bahnhof keine Zeit. Statt dessen schlug er mit aller Kraft zu, wieder und wieder, bis die Schädeldecke zerbrach. Er mußte sichergehen, daß sein Opfer augenblicklich die Besinnung verlor und sich nicht wehrte wie beim letztenmal. Ohne einen Laut sank Elfriede Franke zu Boden, während der Zug bereits dem Betriebsbahnhof Rummelsburg entgegenratterte. Rasch eilte der Mörder zur Abteiltür, schob mit dem Griff eine Türhälfte auf, so daß die andere ebenfalls zur Seite rollte, dann kehrte er zu dem leblos daliegenden Körper zurück, schleifte ihn an den Füßen zur geöffneten Tür und stieß ihn hinaus in die Dunkelheit. Sekunden später warf er die Sanitätstasche hinterher. Der Hilfsweichensteller Ogorzow hatte soeben seinen ersten S-Bahn-Mord begangen ...

Am Bahnhof Rummelsburg stieg er aus und nahm den ersten Zug zurück nach Karlshorst, wo er den Bahnhof in südlicher Richtung verließ. Er war frustriert, weil er nicht zu seinem eigentlichen Ziel, der Vergewaltigung seines Opfers, gekommen war. Auch das Hinauswerfen des Opfers hatte ihm keine Befriedigung verschafft. Nun mußte das nächste Opfer her, und zwar noch in derselben Nacht.

Nach kurzem Zögern bog er in die völlig im Dunkeln liegende Prinz-Heinrich-Straße ein, die parallel zu dem Bahnkörper verlief. Die Bewohner lagen längst im Bett. Diese Straße bot eine geeignete Stelle, um alleingehenden Frauen auf dem Wege zum oder vom Bahnhof aufzulauern. An einem Zaun hielt er an und lauschte auf das unverkennbare Rattern und das typische Motorengeräusch einfahrender S-Bahn-Züge, seine rechte Hand umklammerte die Eisenstange. Dann spitzte er die Ohren, ob weibliche Schritte zu vernehmen waren.

Es war bereits zwei Uhr morgens, als sich tatsächlich eine Frau näherte. Sie schien vom etwa dreieinviertel Kilometer entfernten Bahnhof zu kommen, denn nicht lange vorher war ein Zug eingelaufen. Ogorzow schaute sich um, nahm aber keinen weiteren Menschen wahr. Für ihn also eine ideale Gelegenheit. Dann sah er sie auch schon am Zaun entlanggehen, der die Straße vom Bahnbereich trennte. Kaum hatte sie die Stelle am Baum, an der er lauerte, erreicht, erhob er die Eisenstange und schlug einmal mit aller Wucht zu, so daß die junge Irmgard Frese bewußtlos zu Boden sank. Ogorzow verlor nun keine Zeit, er legte das Eisen auf den mit leichtem Schnee bedeckten Erdboden, zerriß ihr den Schlüpfer und vergewaltigte sie. Als er fertig war, hob er die Stange auf und versetzte seinem Opfer drei weitere wuchtige Schläge auf den Kopf, wobei er der Frau den Schädel zertrümmerte.

Ohne sich weiter um ihren Zustand zu kümmern, kehrte Ogorzow nach Hause zurück.

Am 22. Dezember 1940 endete sein Nachtdienst im Bahnbetriebswerk Rummelsburg um sechs Uhr früh. Es war noch dunkel, aber Ogorzow verspürte wieder einmal den Drang, sich mit Gewalt eine Frau zu nehmen. So begab er sich zum Bahnhof Karlshorst und wartete auf den stadtauswärts nach Erkner fahrenden Zug. Als er einlief, musterte es so gut es ging das an ihm vorüberhuschende Abteil zweiter Klasse, fand aber kein geeignetes Opfer. Dennoch bestieg er das Abteil und täuschte nach Abfahrt des Zuges vor, er schlafe. An jedem Bahnhof lauschte er aufmerksam, ob eine Frau einstieg, wurde aber immer wieder enttäuscht. Vermutlich hatten

S-Bahn-Frauenmörder zur Strecke gebracht

Auch die Frauenmorde Koziol, Ditter und Freese in Friedrichsfelde und Karlshorst aufgeklärt

Nach langer, unendlich mühseliger Kleinarbeit ist von der Berliner Kriminalpolizei jetzt jener unheimliche Verbrecher unschädlich gemacht worden, der in gewissen Zeitabständen seit etwa einem Jahre während der Dunkelheit in den S-Bahnzügen auf der Strecke von Ostkreuz nach Erkner, hauptsächlich in der Gegend von Karlshorst, sieben Frauen überfallen und aus den Abteilen hinausgeworfen hat. Fünf der bedauernswerten Opfer fanden dabei den Tod.

Bei dem gefährlichen Verbrecher handelt es sich um den 28 Jahre alten Eisenbahner Paul Ogorzow aus der Dorotheastraße in Karlshorst. Dem Verbrecher konnten ferner die beiden Frauenmorde in der dem dortigen Bahngelände benachbarten Friedrichsfelder Laubenkolonie Gutland 1 und 2, bei denen in der Nacht zum 8. d. M. die 35 Jahre alte Frieda Koziol und in der Nacht zum 4. Oktober 1940 die [illegible]jährige Ehefrau Gerda Ditter ermordet hat, sowie der Mädchenmord an der 19jährigen Irmgard Freese in der Prinz-Heinrich-Straße in Karlshorst in der Nacht zum 4. Dezember 1940 nachgewiesen werden. Auf das Konto dieses Unmenschen kommen weitere zahlreiche Sittlichkeitsattentate auf Frauen und Mädchen in der gleichen Gegend.

Bei den kriminalpolizeilichen Ermittlungen zur Aufklärung dieser Gewaltverbrechen überprüfte die damit beschäftigte Mordkommission der Berliner Kriminalpolizei weit über 5000 verdächtige Personen. Im Zuge derselben geriet vor einigen Tagen Ogorzo in den Verdacht, seine Hand dabei im Spiel gehabt zu haben. Unter anderem konnte festgestellt werden, daß er sich wiederholt heimlich von seinem Nachtdienst entfernt hatte. Er wurde überraschend festgenommen und in das Polizeipräsidium eingeliefert.

Mit seltener Hartnäckigkeit bestritt er zunächst jede strafbare Handlung. Im Laufe der Vernehmung gelang es jedoch, ihm das Gegenteil seiner Angaben zu beweisen, so daß er sich nach und nach zu Teilgeständnissen bequemte. Schließlich brach er zusammen und legte ein umfassendes Geständnis ab. Die Brutalität und Skrupellosigkeit des Gewaltverbrechers wird dadurch besonders gekennzeichnet, daß er es fertigbrachte, in der Nacht zum 4. Dezember 1940 zunächst die Krankenschwester Elfriede Franke aus einem fahrenden S-Bahn-Zuge zu stoßen und alsdann die auf dem Heimweg befindliche Irmgard Freese in der Prinz-Heinrich-Straße zu Karlshorst zu erschlagen. Zur Ausführung der Mordtaten benutzte Ogorzow, außer im Fall Ditters, die er mit einem Taschenmesser erstach, ein Bleikabel, einen Axtstiel oder eine Schienenlasche, mit denen er seine Opfer niederschlug. Die Mordwerkzeuge warf er nach der Tat fort.

Nach den Angaben des Sexualverbrechers will er zum Teil auch aus Haß gegen Frauen die scheußlichen Morde verübt haben. Die Vernehmung vor der Kriminalpolizei dauert zur Zeit noch an.

Karlshorst-Lichtenberger Nachrichten, *18. Juli 1941.*

sich die weiblichen Fahrgäste die überall ausgehängten Warnungen zu Herzen genommen.

Enttäuscht fuhr Ogorzow zum Bahnhof Ostkreuz zurück und nahm dann den wieder nach Erkner fahrenden Gegenzug. Während des ersten Streckenabschnittes saßen mehrere Personen, meist Männer, im Abteil. Sie alle stiegen nach und nach aus. Erst als der Zug Friedrichshagen verließ und der nächsten Station Rahnsdorf entgegenratterte, bemerkte er, wonach er all die Zeit suchte! Da saß tatsächlich rechts am Fenster in Fahrtrichtung eine Frau, sonst befand sich trotz des morgendlichen Berufsverkehrs niemand im verdunkelten Abteil. Er war mit ihr ganz allein. Sie war um die dreißig und schien eingenickt zu sein. Elisabeth Büngener sollte ihr Fahrtziel nicht erreichen.

Da der Zug bereits in etwa vier Minuten im nächsten Bahnhof Rahnsdorf einlaufen würde, mußte er schnell handeln. Er trat auf die Frau zu, riß sie aus ihrem leichten Schlaf und forderte die Fahrkarte. Ehe sie diese hervorgekramt hatte, packte er sie am Halse, holte sein Bleikabel, das er im Mantelärmel versteckt hielt, und versetzte ihr mehrere wuchtige Schläge auf den Kopf. Ohne sich zu überzeugen, ob sein Opfer noch lebte oder nicht, schleifte er es rasch zur Abteiltür, öffnete diese und stieß die Bewußtlose hinaus in die dunkle Winternacht. Ihre Handtasche warf er gleich hinterher.

Sein nächstes Opfer holte er sich genau eine Woche später.

Kaum war am Sonntag, dem 29. Dezember, die Nachtschicht beendet, verspürte Ogorzow erneut den Drang zum Töten. Auf dem Bahnsteig des Bahnhofes Karlshorst stehend, musterte er bei den einlaufenden Zügen die Abteile der zweiten Klasse. Bald bot sich ihm eine Gelegenheit. Er sah eine Frau, die trotz der eindringlichen Warnungen allein in der zweiten Klasse fuhr, und stieg zu. Kurz nach der Abfahrt trat er auf sie zu, sprach sie an, dann holte er sein Bleikabel aus dem Mantelärmel und schlug zu ... Kaum eine Minute später flog der Körper der sechsundvierzigjährigen Gertrud Siewert aus dem Zug, prallte auf den Weg neben dem Bahndamm. Bekanntlich überlebte sie sowohl die Schläge als auch den Sturz, jedoch nur um einen halben Tag.

Kurz nachdem er am Sonntag, dem 5. Januar 1941, die Nachtschicht beendet hatte, ging Ogorzow wieder auf die »Jagd«. Im Bahnhof Rummelsburg bestieg er die stadtauswärts fahrende S-Bahn und stieß schon bald in einem Abteil zweiter Klasse auf sein nächstes Opfer, die

Postaushelferin Hedwig Ebauer. Diesmal trug er das Bleikabel nicht bei sich. Kaum hatte der Zug den Bahnhof Wuhlheide verlassen, näherte er sich in dem verdunkelten Abteil der ahnungslosen Frau. Er packte sie und umklammerte mit seinen Händen ihren Hals. Unerwartet stieß er auf Widerstand, das Opfer setzte sich erbittert zur Wehr, so daß Ogorzow rasch handeln mußte, eher der Zug den nächsten Bahnhof, Köpenick, erreichte. Er trat mit den Füßen auf sie ein, schlug sie mit den Fäusten, bis ihr Widerstand erlahmte. Dann würgte er sie bis zur Bewußtlosigkeit. In gewohnter Schnelligkeit öffnete er die Abteiltür, schleifte die Frau dorthin und stieß sie in die dunkle Nacht. Er hatte seinen vierten Mord auf der S-Bahn vollbracht.

Dienstag, der 11. Februar. In den frühen, winterlich dunklen Abendstunden war Ogorzow wieder zum Schutz der alleinreisenden Frauen zugeteilt. Er war der einzige der Freiwilligen, der sich vor dem unbekannten S-Bahn-Mörder nicht zu fürchten brauchte. Er schien es zu genießen, an Maßnahmen mitzuwirken, die darauf hinausliefen, Frauen vor ihm selbst zu schützen. Dabei trug er meist das Bleikabel bei sich, für den Fall, daß sich doch eine günstige Gelegenheit zu einem Überfall ergab. Dies erwies sich als recht schwierig, denn es wurde genauestens vermerkt, welche Frau welchem Beschützer zugeteilt war. Ogorzow mußte sich sehr beherrschen, denn die Gelegenheit, seinem mörderischen Trieb nachzugeben, war mehr als einmal günstig.

Um zehn Uhr an diesem Abend endete seine »Beschützer«schicht auf dem Bahnhof Rummelsburg. Als er in seiner Eisenbahneruniform auf dem Bahnsteig stand und auf den nächsten stadtauswärts fahrenden Zug wartete, näherte sich ihm eine Frau in den vorgerückten dreißiger Jahren. Sie sprach ihn an, sagte ihm, sie fürchte sich vor dem S-Bahn-Mörder, ob es ihm etwas ausmache, sie in der S-Bahn bis zur nächsten Station Karlshorst zu begleiten. Ogorzow ließ sich nicht zweimal bitten ... Hier ergab sich die langersehnte Gelegenheit, wieder einmal zuzuschlagen. Dieser Begleitschutz sollte spontan stattfinden, war also nicht von der Partei organisiert. Niemand würde erfahren, daß er nach Beendigung seiner Begleitschicht eine weitere Frau »nach Hause« brachte.

Also bestiegen die Frau und ihr »Begleitschutz« das verdunkelte Abteil zweiter Klasse mit seinem trüben Licht. Kaum hatte der Zug den Bahnhof verlassen, erhob sich Ogorzow, holte sein Bleikabel aus dem Mantelärmel und schlug so kräftig zu wie er konnte. Um jede Gegenwehr zu verhindern, versetzte er ihr noch weitere Schläge auf den Kopf, so daß die Frau bewußtlos in ihrem Sitz zusammensackte. Die nächsten Handgriffe waren wohlgeübt: Abteiltür öffnen, das Opfer zum Ausgang schleppen und sie in die Finsternis stoßen, während der S-Bahn-Zug der Station Karlshorst entgegenratterte. Die neununddreißigjährige Johanna Vogt überlebte zwar die wuchtigen Schläge mit dem Bleikabel, doch verletzte sie sich beim Sturz so schwer, daß sie bald darauf starb, und mit ihr das ungeborene Kind.

Kurz nach Mitternacht am 3. Juli 1941 verließ Ogorzow heimlich seinen Dienst im Stellwerk Vnk und schlich sich heimlich in ein Gartengebiet ganz in der Nähe. Dort wohnte eine Kriegerstrohwitwe, mit der ein Verhältnis unterhielt. Zu seiner Enttäuschung war sie nicht zu Hause. So fuhr er kurz nach ein Uhr mit der S-Bahn zum Bahnhof Rummelsburg und stieg dort aus. Gleichzeitig verließen neun Frauen und ein Mann den Zug, gingen den verdunkelten Bahnsteig entlang und strebten durch die Fahrkartenkontrolle in der Schalterhalle dem Ausgang zu. Ogorzow folgte ihnen, dabei blieb sein Auge an einer der Frauen hängen. Sie schien ihm ein geeignetes Opfer zu sein, war sie doch zierlich gewachsen! Im Gegensatz zu den anderen Frauen schlug Frieda Koziol schnellen Schrittes eine Richtung ein, die direkt zum in völliger Dunkelheit liegenden Laubengebiet Gutland II mit seinen unübersichtlichen Büschen und Hecken führte. Vermutlich lebte sie in einem dieser ausgedehnten Laubengebiete.

Ogorzow, immer noch in seiner Arbeitsuniform, folgte ihr unauffällig. Am Interessentenweg in der Kolonie Gutland II näherte er sich ihr und sprach sie an. Ob er sie nach Hause begleiten solle, fragte er sie frech. Doch sie reagierte nicht und ging einfach weiter, wohl hoffend, der Mann würde von ihr ablassen. Neuerdings trug er wieder eine Eisenstange in der Manteltasche. Er holte sie heraus und versetzte der ahnungslosen Frau, gerade als sie eine dichte Hecke entlangging, einen wuchtigen Schlag auf den Hinterkopf. Ohne Aufschrei fiel sie zu Boden, und schon hagelten weitere Schläge auf ihren Kopf, wieder und wieder, bis ihr Schädel zertrümmert war. Nun zerriß Ogorzow ihr den Rock, schob ihn bis zur Höhe der Brust und vergewaltigte sie. Ob sie da schon tot war, konnte er den Ermittlern nicht mit Sicherheit sagen.

Er ließ sein Opfer dort, wo er es überfallen hatte, liegen, warf die Eisenstange am Bahndamm unweit des Bahnhofs Rummelsburg weg und kehrte zu Fuß nach Hause zurück. Er legte sich zu seiner Frau ins Bett, als sei nichts geschehen.

Mit der Verhaftung und dem Geständnis des S-Bahn-Mörders war ein Alpdruck von Berlin genommen worden, der unheimliche Serienmörder, der ein Dreivierteljahr die Bevölkerung Ostberlins terrorisierte, war endlich zur Strecke gebracht worden. Sowohl im Polizeipräsidium wie auch im Reichskriminalpolizeiamt und in Goebbels Propagandaministerium, dem die monatelange erfolglose Ermittlungsarbeit sehr peinlich war, atmete man auf. Und nicht nur die S-Bahn-Morde waren nunmehr aufgeklärt, sondern auch die drei anderen, vorwiegend in der Laubenkolonie begangenen Morde, die anfangs mit den Bahnmorden nicht im Zusammenhang gebracht wurden.

Ogorzow gestand, daß er sämtliche Überfälle mit der Absicht durchgeführt habe, den Geschlechtsverkehr mit den Opfern zu erzwingen. Doch verschiedene Male stieß er auf heftigen Widerstand, vor allem während der anfänglichen Überfälle in den Laubenkolonien 1939 und 1940. Während er anfangs die Opfer bei Widerstand würgte oder mit dem Messer mehr oder minderschwer mit einem Messer verletzte, bestieg er später die S-Bahn-Züge mit einem Bleikabel oder einer kurzen Eisenstange im linken Jackenärmel, zwei Werkzeuge, die er bei Bedarf rasch hervorholen konnte.

Warum er denn die Opfer in den S-Bahn-Zügen nicht vergewaltigt habe, wollte man von ihm wissen. Er gab an, daß es zwar stets sein Ziel gewesen sei, seinen Opfern Gewalt anzutun, doch konnte er diese Absicht nicht verwirklichen, weil die Fahrtzeit zwischen den einzelnen Bahnhöfen lediglich zwei bis drei, höchstenfalls vier Minuten betrug. Die Berührung der Frauen und der Akt des Hinausstoßens aus dem Zug verschafften ihm aber ein hohes Maß an Befriedigung. Der verzweifelte Widerstand der Opfer, die erbittert um ihr Leben kämpften, in Verbindung mit dem Rattern des S-Bahn-Zuges und dem Fahrtwind nach dem Aufschieben der Schiebetür, riefen in ihm Empfindungen von nie gekannter Gewalt hervor. Und die Frauen warf er aus dem Zug, um ein Wiedererkennen zu verhindern, um sie als Tatzeugen zu beseitigen.

Vor stämmigen Frauen aber habe er Angst gehabt, daher sei seine Wahl meist auf kleinere, zierliche Opfer gefallen. Als Motiv bezeichnete Ogorzow allgemeinen Haß auf Frauen, nachdem er sich vor mehreren Jahren eine Geschlechtskrankheit zugezogen hatte. Übrigens habe er es immer unterlassen, die Frauen auch zu berauben. Er gab an, dies sei ihm zu peinlich gewesen!

Auch daß er sich von den Überfällen in den Laubenkolonien abgewandt und der S-Bahn zugewandt hatte, dafür besaß er eine einleuchtende Erklärung. Eines Nachts fiel er nämlich eine vermeintlich alleingehende Frau an. Als diese zu schreien begann, eilten ihr Mann und dessen Freund herbei, die in einiger Entfernung hinter ihr hergingen. Ogorzow bezog dabei eine gehörige Tracht Prügel und konnte nur mit knapper Not entkommen. Nun beschloß er, Frauen zu überfallen, die allein in den S-Bahn-Abteilen saßen. Dies schien ihm weitaus weniger gefährlich, denn in Reichsbahnuniform würde er keinen Verdacht erwecken, wenn er zu ihnen stieg.

Daß Anfang des Jahres die Fahndungsmaßnahmen intensiviert wurden, war ihm nicht entgangen. Zwar erfaßte ihn immer wieder diese innere Unruhe, loszugehen und eine Frau zu überfallen, aber nach dem letzten Mord im Februar schien ihm dies zu gefährlich, denn in jedem ihm unbekannten Mann, dem er begegnete, witterte er einen getarnten Kriminalbeamten oder Polizisten. Die Maßnahmen hatten also durchaus ihren Zweck erfüllt. Allerdings fielen ihm die als Lockvögel eingesetzten weiblichen Kriminalbeamten wie auch die als Frauen verkleideten männlichen Beamten nicht auf, wie er in den Verhören zugab. Erst als das Gerücht verbreitet wurde, die Fahndungsmaßnahmen würden eingestellt werden, fühlte er sich sicher genug, erneut zuzuschlagen.

Ogorzow wurde am 29. September 1912 als uneheliches Kind einer Landarbeiterin in Muntowen geboren, einem kleinen Dorf im ostpreußischen Kreis Sensburg, und Paul Saga getauft, dann aber von dem Gutsarbeiter Ogorzow adoptiert. Als die Ogorzows 1928 in die Gegend von Nauen in der Provinz Brandenburg zogen, fand der junge Paul Anstellung als landwirtschaftlicher Arbeiter. Im April 1932 trat er der NSDAP bei, wurde aber bald darauf wegen Einbruchs zu einer neunmonatigen Freiheitsstrafe verurteilt, nach der Machtergreifung jedoch vorzeitig entlassen. 1934 wurde er von der Reichsbahn übernommen und bald darauf der Bahnmeisterei am Schlesischen Bahnhof in Berlin zugeteilt, wo er als Gleisarbeiter eingesetzt wurde. Kurz darauf zog sich Ogorzow einen Tripper zu. Ein jüdischer Arzt behandelte ihn, ihm warf er später vor, die Krankheit nur verschleppt zu haben, weil er Parteigenosse gewesen sei! Dadurch sei sein Geisteszustand beeinträchtigt worden sei. In seinem Geständnis gab er

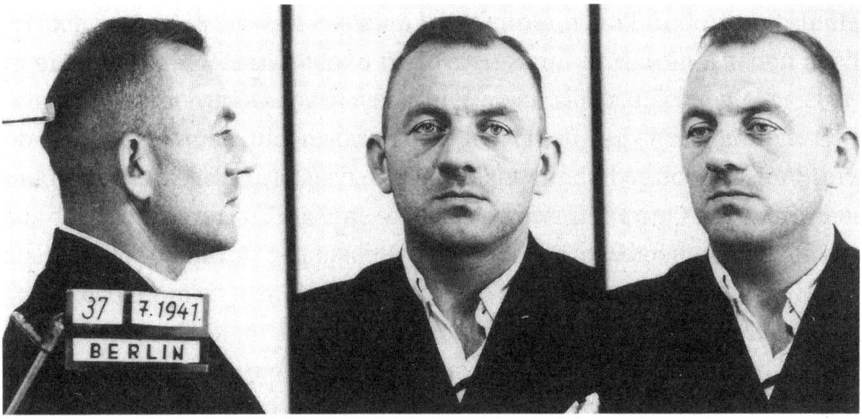

Paul Ogorzow gilt als einer der schlimmsten Mörder der Berliner Kriminalgeschichte.

später an, diese »nicht ausgeheilte« Krankheit habe letztendlich zu seinem Morddrang geführt, den er nicht beherrschen konnte.

Bald darauf wurde er zur Bahnmeisterei nach Karlshorst versetzt, später dann zum Betriebsbahnhof Rummelsburg, wo er zunächst als Rangierer tätig war, dann aber zum Hilfsweichenwärter ausgebildet wurde. Als solcher war Ogorzow auch zu Außenarbeiten verpflichtet; so mußte er die Gleise kontrollieren und die Signale überprüfen.

Im Juni 1937 heiratete er die um zwei Jahre jüngere Verkäuferin Gertrud, die bereits ein Kind in die Ehe brachte. Im selben Jahr wurde der gemeinsame Sohn geboren. Die Familie bezog nun in einem der oberen Stockwerke des vornehmen, aus der Gründerzeit stammenden Wohnhauses Dorotheastraße 24 in Karlshorst eine geräumige Wohnung. Die Ehe galt als überaus harmonisch, von Spannungen war nichts bekannt. Nichts in seinem Verhalten deutete darauf hin, daß er, der sich als liebevoller Ehemann und Vater zeigte, nachts sich in eine Bestie verwandelte und über einen langen Zeitraum Angst und Schrecken verbreitete.

Um die Morde in der fahrenden S-Bahn zu begehen, mußte sich Ogorzow an einen sehr engen Zeitrahmen halten. Die Intervalle zwischen den einzelnen Bahnhöfen betrugen in der Regel nur zwischen zwei und drei Minuten, in den entfernteren Außenbezirken auch mal vier Minuten. Er mußte sich daher nicht nur vergewissern, daß er sich mit seinem Opfer allein im Abteil befand, was wegen der sehr trüben Beleuchtung nicht einfach war, sondern die Überfälle auch sehr schnell und effektiv durchführen, ehe der Zug den nächsten Bahnhof erreichte und er dann womöglich bei seinem Vorhaben gestört würde. Denn obwohl die Abteilungen der zweiten Klasse am späten Abend sehr schwach besetzt waren, bestand immerhin die Möglichkeit, daß auf dem nächsten Bahnhof jemand zustieg und ihn auf frischer Tat ertappte.

Mit diesen Geständnissen war eine der schlimmsten Mordserien Berlins zum Abschluß gebracht worden. Und nicht nur die Frauen im Osten Berlins, auch der Chef der Sicherheitspolizei, Reinhard Heydrich, und der Generalleutnant der Polizei, Arthur Nebe, konnten aufatmen. Der Druck, der über ein halbes Jahr auf der Reichshauptstadt lastete, war gewichen.

Am 22. Juli, knapp zwei Wochen nach der Festnahme des Serienmörders, übersandte die Mordkommission Koziol, wie sie sich nach dem letzten Opfer nannte, ihren in fieberhafter Arbeit erstellten Schlußbericht in dreißig Aktenbündeln per Eilboten an die Generalstaatsanwaltschaft beim Landgericht Berlin. Am selben Tag kam auch das psychologische Gutachten hinzu, das Ogorzow volle Verantwortlichkeit für seine Verbrechen bescheinigte. Voraussetzungen für den Paragraphen 51 Strafgesetzbuch, nämlich Unzurechnungsfähigkeit, lagen nicht vor. Vielmehr sei er von gefühlskalter Natur ohne jegliche Nerven und Hemmungen, ihm ging es nur darum, den geschlechtlichen Trieb zu befriedigen. Zugleich wurde der Mörder aus der Polizeihaft ins Untersuchungsgefängnis in Moabit übergeführt, wo er seinem Prozeß entgegensah.

Kurzer Prozeß gegen den Serienmörder

Schon am nächsten Tag erhob der Generalstaatsanwalt Anklage gegen Paul Ogorzow wegen achtfachen Mordes und sechsfachen Mordversuches, sämtlich Verbrechen nach § 1 der Verordnung gegen Gewaltverbrecher vom 5. Dezember 1939 in Verbindung mit § 211 (Mord), und schickte die Anklageschrift umgehend an das Sondergericht III beim Landgericht Berlin, das in den Räumen des Kriminalgerichts in Moabit tagte. Die vielen Sittlichkeitsverbrechen wurden aus dem Anklagenkomplex herausgenommen, weil sie für die erwartete Höhe des Strafmaßes, die Todesstrafe, ohne Bedeutung waren. Die NSDAP hatte ihr serienmordendes Parteimitglied zwei Tage zuvor ausgeschlossen.

Todesstrafe für den Karlshorster Frauenmörder / Der Schrecken des Berliner Ostens unschädlich gemacht

Das Berliner Sondergericht verurteilte den 28jährigen Paul Ogorzow aus Karlshorst als Gewaltverbrecher und Volksschädling wegen Mord in acht Fällen und wegen Mordversuchs in sechs Fällen zum Tode und zum Verlust der bürgerlichen Ehrenrechte.

Damit hat eine Serie von schwersten Bluttaten ihre Sühne gefunden, die in dieser Ungeheuerlichkeit zu den schaurigsten Seltenheiten in der Kriminalgeschichte gehört. Im Laufe von nicht zwei Jahren, angefangen von dem ersten Gewaltverbrechen am 13. August 1939 bis zum letzten Mordfall am 3. Juli d. J., hatte diese Bestie in Menschengestalt acht Frauen umgebracht und sechs Mordversuche begangen. Von sieben Frauen, die von dem Unhold in gewissen Zeitabständen auf der Strecke von Ostkreuz nach Erkner aus fahrenden S-Bahnzügen herausgeworfen worden waren, fanden fünf den Tod, während zwei weitere schwerverletzt wurden. Neben vier Mordversuchen unweit des Betriebsbahnhofes Rummelsburg, kamen auf das Schuldkonto des Angeklagten noch drei vollendete Frauenmorde, die er in einem Laubengelände in Friedrichsfelde und in Karlshorst verübt hatte. Ebenso wie diese Taten hatte Ogorzow auch eingegangen war. Danach hatte sich der stark sexuell veranlagte Angeklagte vom Exhibitionisten allmählich zum Lustmörder entwickelt.

Die Opfer aus den S-Bahnzügen hatte er stets bis zur Tür geschleift und dann hinausgestoßen, um sich dadurch vor eventuellen unbequemen Zeugenaussagen zu sichern. Ein weiteres Merkmal für die eiskalte Ueberlegung des Angeklagten war ferner die Tatsache, daß er mitunter längere Zeit hin- und herfuhr, bis er endlich eine alleinfahrende Frau entdeckte; er konnte sich also durchaus beherrschen, so lange noch andere Personen in den Abteilen anwesend waren. Aus der kühlen Erwägung heraus, daß die 3. Wagenklasse stärker besetzt ist, wählte der Mörder stets als Schauplatz seiner schauerlichen Verbrechen die weniger besetzte 2. Klasse. Bevor er seine unheimlichen Fahrten antrat, bewaffnete er sich meist, wenn er seine Opfer nicht mit einem Messer oder einem grausamen Würgegriff wehrlos machte, mit einem schweren Bleirohr, das er im Jackenärmel verborgen bereit hielt. Im Verlaufe des harmlosen Gespräches, das er angeknüpft hatte, schlug er dann plötzlich unbarmherzig zu, und in wenigen Sekunden war dann die entsetzliche Tragödie beendet. In einer einzigen Nacht, als er bei seinem ersten Opfer, das er aus dem S-Bahnzug gestoßen hatte, zu keiner sexuellen Befriedigung gekommen war, hatte er in Karlshorst mitten auf der dunklen, unbelebten Straße einen zweiten Lustmord begangen.

Mit stumpfer Gleichgültigkeit und ohne Reue hörte der Mörder es mit an, wie eine ungeheuerliche Tat nach der anderen zur Sprache kam. Ebenso war auch sein Verhalten in der Voruntersuchung. Auf eine Frage, weshalb er die unglücklichen Frauen, die doch infolge der wuchtigen Schläge schon bewußtlos waren, noch aus dem Zuge gestürzt hatte, erwiderte der Unhold: „Ich mußte das Werk vollenden, damit die Sache nicht herauskommen konnte!" — Auf eine andere Frage erklärte er, daß er nachher meist A[illegible] und Reue verspürt hätte, besonders wenn die Zeitungen von seiner neuesten Untat berichteten.

Zu Beginn seiner Ausführungen brachte der Staatsanwalt zum Ausdruck, daß die Kriminalpolizei für ihre mühevolle Arbeit, die schließlich vom Erfolg gekrönt wurde, höchsten Dank und größte Anerkennung verdiene, denn dadurch sei von vielen Frauen — vornehmlich des Berliner Ostens — ein Schrecken genommen worden, der schon wie ein Alp auf ihnen lastete.

Der Vorsitzende kennzeichnete in seiner Urteilsbegründung den Angeklagten als einen außergewöhnlich rohen Menschen, der in keinem einzigen Falle auch nur eine Spur von Mitleid gezeigt habe. Es sei im Kriminalgericht bisher kein einziger Fall behandelt worden, bei dem eine derartige Gefühllosigkeit zutage getreten sei.

Als das Todesurteil gegen ihn verkündet wurde, verzog der Angeklagte sein Gesicht zu einer wehleidigen Grimasse und nahm gesenkten Kopfes die Urteilsbegründung entgegen.

Berliner Morgenpost, *25. Juli 1941.*

Das nun folgende gerichtliche Verfahren wurde rasch abgewickelt, angesichts der Ungeheuerlichkeit der Verbrechen war dies nicht anders zu erwarten. Die Öffentlichkeit wie auch die Parteiführung erwarteten eine umgehende Bestrafung des Mörders.

Bereits einen Tag später, am Vormittag des 24. Juli 1941, stand der Serienmörder Ogorzow vor dem Sondergericht. Das Beweisverfahren beschränkte sich lediglich auf die Zeugenaussagen jener sechs Frauen, die die Mordüberfälle des Angeklagten zum Teil schwerverletzt überlebt hatten, von zwei Kriminalbeamten, darunter Kriminalkommissar Lüdtke, und einem medizinischen Sachverständigen, der Ogorzow auf seinen Geisteszustand untersucht hatte.

Die Verhandlung zog sich sechs Stunden hin, angesichts der zu verhandelnden acht Morde eine recht kurze Dauer. Aber in den Kriegsjahren dauerten Prozesse vor dem Sondergericht auch bei Mordfällen nie länger als einen halben Tag.

Am Nachmittag gegen 16.40 Uhr verkündete der Vorsitzende Richter, Landgerichtsdirektor Mittendorff, das Urteil, wonach *»Im Namen des Deutschen Volkes«* in der *»Strafsache gegen den Hilfsweichenwärter Paul Ogorzow [...] für Recht«* erkannt wurde: *»Der Angeklagte wird als Gewaltverbrecher und Volksschädling wegen Mordes in acht Fällen und Mordversuchs in sechs Fällen zum Tode verurteilt. Die bürgerlichen Ehrenrechte werden ihm aberkannt. Er hat die Kosten des Verfahrens*

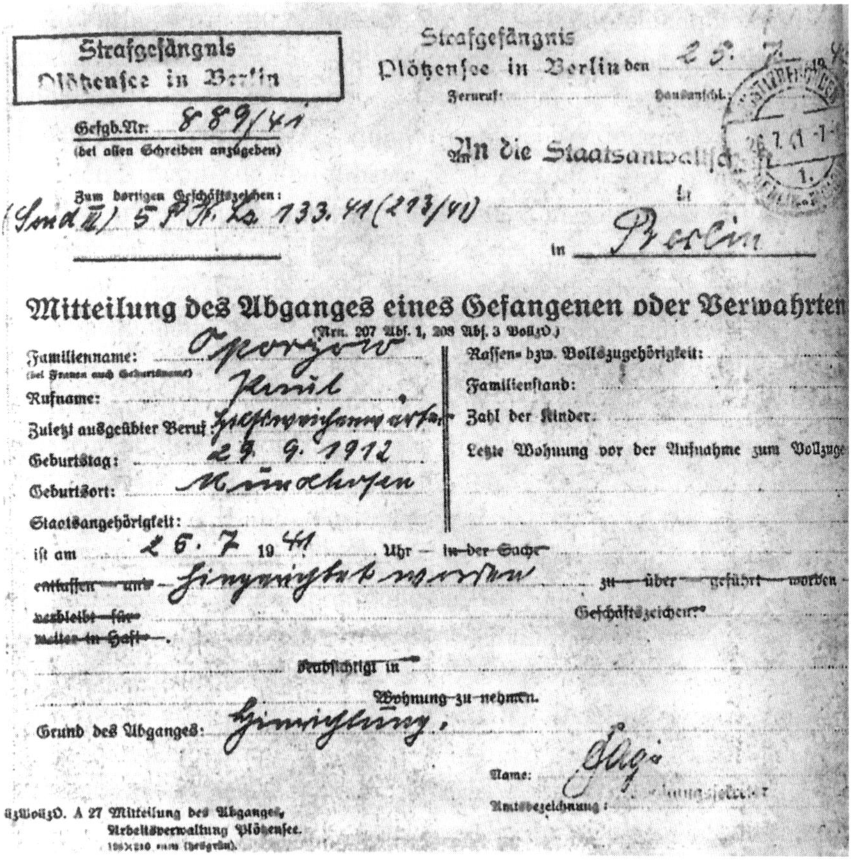

Strafgefängnis Plötzensee in Berlin

Gefgb.Nr.: 889/41
(bei allen Schreiben anzugeben)

Zum dortigen Geschäftszeichen: (Sond II) 5 P K Ls 133.41 (213/41)

Strafgefängnis Plötzensee in Berlin den 25.7.1941
Fernruf: Hausanschl.:

An die Staatsanwaltschaft
in Berlin

Mitteilung des Abganges eines Gefangenen oder Verwahrten
(Nrn. 207 Abs. 1, 208 Abs. 3 VollzO.)

Familienname: Ogorzow
(bei Frauen auch Geburtsname)
Rufname: Paul
Zuletzt ausgeübter Beruf: Hilfsweichenwärter
Geburtstag: 29.9.1912
Geburtsort: Muntowen
Staatsangehörigkeit:

Rassen- bzw. Volkszugehörigkeit:
Familienstand:
Zahl der Kinder:
Letzte Wohnung vor der Aufnahme zum Vollzuge

ist am 26.7.1941 Uhr — ~~in der Sache~~
~~entlassen und~~ hingerichtet worden ~~zu über geführt worden~~
~~verbleibt für~~ Geschäftszeichen
~~weiter in Haft~~.
~~beabsichtigt in~~
~~Wohnung zu nehmen.~~

Grund des Abganges: Hinrichtung.

Name:
Amtsbezeichnung:

StVollzO. A 27 Mitteilung des Abganges, Arbeitsverwaltung Plötzensee.

Die Hinrichtungsurkunde Ogorzows.

zu tragen.« Er sei der Meinung, daß *»eine solche Bestie aus der Volksgemeinschaft zu löschen«* sei.

Gefesselt wurde Ogorzow kurze Zeit später ins Strafgefängnis Plötzensee überführt, um dort seinen Tod zu erwarten. Eine Berufung war im Sondergerichtsverfahren nicht zulässig, es blieb nur ein Gnadengesuch an den Reichsjustizminister, aber da mochte sich Ogorzow keinen Illusionen hingegeben haben. Acht Morde an ehrbaren deutschen Frauen, dazu zahlreiche Sittlichkeitsdelikte, in dieser Hinsicht war er in den Augen der nationalsozialistischen Justiz geradezu prädestiniert für das Fallbeil. Der Reichsjustizminister lehnte eine Begnadigung noch am selben Tag ab.

Freitag, der 25. Juli 1941: Kurz vor sechs Uhr morgens wurde Ogorzow in den niedrigen Ziegelbau geführt, der seit 1937 als eine der zentralen

Hinrichtungsstätten diente. Als das Beil fiel, beendete es das Leben eines der schlimmsten Serienmörder der deutschen Kriminalgeschichte, der sogar die Sicherheitsbehörden des nationalsozialistischen Regimes in große Verlegenheit gebracht hatte. Der Mord an acht Frauen und zahlreiche Sittlichkeitsverbrechen waren gesühnt.

In derselben Stunde wie Ogorzow starben vier weitere Verurteilte unter dem Fallbeil: ein weiterer Mörder, der seine Ehefrau vergiftet hatte, zwei Männer wegen Wehrkraftzersetzung, Feindbegünstigung und Vorbereitung zum Hochverrat und ein Mann wegen Landesverrats.

Die Altstadt von Osnabrück, um 1930.

ANTONIN WIGNANIEC – DER POLNISCHE SERIENMÖRDER VON OSNABRÜCK

PREUSSEN, PROVINZ HANNOVER (1941–1942)

Die folgende Mordserie erregte wenig Aufsehen, weil es sich bei den Opfern und bei dem Täter um Polen handelte, also Angehörigen jener Ethnie, die in der nationalsozialistischen Ideologie als minderwertig dargestellt wurde. Die Meldungen in den Tageszeitungen waren daher sehr knapp bemessen.*

In der verlängerten Katharinenstraße im westlichen Randgebiet der westfälischen, aber zur preußischen Provinz Hannover gehörenden Großstadt Osnabrück befanden sich die Treibhaus- und Gemüsekulturen eines städtischen Gärtners. Wie andere Betriebe auch beschäftigte er im Sommer 1941 ein gewisses Kontingent an polnischen Fremdarbeitern, die sich zur Arbeitsleistung im Deutschen Reich, mehr oder weniger freiwillig, verpflichtet hatten. Sie sollten die zur Wehrmacht einberufenen Männer ersetzen, denn kurz zuvor waren deutsche Truppen in die Sowjetunion einmarschiert.

In den frühen Morgenstunden des 19. Oktober 1941, einem Sonntag, machten sich mehrere Polen an einem Komposthaufen zu schaffen. Dabei bemerkten sie neben dem Haufen eine Stelle im Erdreich, die ihnen verdächtig vorkam. Es schien, als sei hier etwas begraben worden. Sie begannen zu schaufeln und machten schon bald darauf eine gräßliche Entdeckung: Vor ihnen lag eine größtenteils entkleidete weibliche Leiche, die wohl erst vor wenigen Stunden oberflächlich in der Erde verscharrt worden war. Ihr Schädel wies fürchterliche Schlagwunden auf, er war beinahe vollständig zertrümmert. Offensichtlich rührten die tödlichen Verletzungen von einem Beil her. Nicht nur das: Am Hals fanden sich auch mehrere tiefe, vermutlich von einem Messer stammende Stiche. Die Arbeiter erkannten auch sofort, um wen es sich bei der Toten handelte,

* Ausgewertete Tageszeitungen: *Osnabrücker Tageblatt*, *Hannoverscher Kurier*, *Niedersächsische Tageszeitung*, *Verdener Anzeigenblatt*, *Westfälisches Volksblatt*. Die Gerichtsakten sind laut Auskunft des Niedersächsischen Landesarchivs in Hannover dem Zweiten Weltkrieg zum Opfer gefallen. Daher konnte der Fall nur noch aufgrund von Zeitungsmeldungen rekonstruiert werden, aber auch diese sind recht knapp gehalten.

nämlich um eine junge, gerade erst siebzehn Jahre alte Polin, die bei einem ganz in der Nähe lebenden Landwirt als Fremdarbeiterin beschäftigt war.

Die sofort verständigte Mordkommission nahm die Ermittlungen auf und konnte schon bald folgende Feststellung treffen: Die aus Warschau stammende Ludwika Kazanowska war erst vor wenigen Monaten nach Osnabrück gekommen und dort in der Landwirtschaft dienstverpflichtet worden. Man sagte ihr eine seit Juli bestehende Liebschaft mit einem ebenfalls in der Gärtnerei an der verlängerten Katharinenstraße beschäftigten Landsmann nach. Und ausgerechnet dieser Pole war seit eben jenem 19. Oktober verschwunden. Er hatte, ohne sich abzumelden, seinen Arbeitsplatz verlassen. Sollte er etwas mit der Bluttat zu tun haben?

Der Fremdarbeiter, Michal Auguscik, sechsundzwanzig Jahre alt und angeblich aus dem polnischen Budach Konezki stammend, wurde nun als Tatverdächtiger zur Fahndung ausgeschrieben. Seine Beschreibung lautete folgendermaßen: etwa 1,70 Meter groß, schlank, mit vollem Gesicht, dunkelblonden Haaren, dicken Lippen und dicker Nase. Er war außerdem Brillenträger. Zuletzt war er bekleidet mit einem graumelierten Anzug, dunklem Mantel, einem braunen Hut und schwarzen Halbschuhen. Seine Erscheinung könne man durchaus als gepflegt betrachten. Die Öffentlichkeit wurde aufgerufen, sofort die nächste Polizeistelle zu verständigen, sollte sie dem Polen begegnen. Ebenso wurden Zeugen gesucht, die Auguscik am 19. Oktober und danach gesehen hatten.

Etwas anderes gab den Ermittlern zu denken: Seit dem 28. Juli 1941 galt der zwanzig Jahre alte polnische Fremdarbeiter Henryk Wojcicki als vermißt. Er war in einem weiteren Gärtnerbetrieb beschäftigt, der an der nördlich der Osnabrücker Altstadt gelegenen Moorlandstraße lag. Als der Besitzer von einer kurzen Geschäftsreise zurückkehrte, wurde ihm das Verschwinden seines Arbeiters gemeldet. Und der bereits erwähnte Gärtnereibesitzer an der verlängerten Katharinenstraße hatte seit dem 5. September des Jahres nichts mehr von seinem neunzehnjährigen polnischen Arbeiter Edward Gurnadowicz gehört. Auch er war als vermißt gemeldet. Hatten beide jungen Männer ihren Arbeitsplatz unerlaubterweise verlassen oder waren sie ebenfalls einem Verbrechen zum Opfer gefallen? Letzteres wurde immer mehr zur Wahrscheinlichkeit.

Das Verschwinden des zwanzigjährigen Wojcicki jedenfalls sollte schon bald aufgeklärt werden. Die Befürchtungen der Kriminalpolizei waren durchaus berechtigt, denn lebend fand man den jungen Fremdarbeiter nicht mehr. Bei Abortarbeiten auf dem landwirtschaftlichen Betrieb in der Moorlandstraße stieß man am 25. Oktober auf einen menschlichen Kopf, der bereits in Verwesung übergegangen war. Man grub weiter und legte innerhalb kürzester Zeit den Rest der Leiche frei, die nur mit Hemd und Hose bekleidet war. Sie wurde einwandfrei als die des vermißten Henryk Wojcicki identifiziert, und sie wies, wie schon die der jungen Polin, erhebliche Kopfverletzungen auf, die mit größter Wahrscheinlichkeit von Beilhieben herrührten. Auch Wojcicki hatte eine Zeitlang mit dem gesuchten Auguscik zusammengearbeitet.

Durch diesen Erfolg beflügelt, ließ die Kriminalpolizei zudem auf dem Grundstück des Gärtnereibetriebes in der verlängerten Katharinenstraße nachgraben, auf dem kürzlich die junge Polin gefunden worden war. Am 28. Oktober stieß man schließlich auf den vermißten neunzehnjährigen Gurnadowicz. Auch er war nur mit Hemd und Hose bekleidet, wies zudem fürchterliche Kopfverletzungen auf.

Die Entdeckung des dritten Opfers verstärkte die Anstrengungen der Ermittler, den Mörder dingfest zu machen. Die Kriminalpolizei-Leitstelle in Hannover setzte eine Belohnung von fünfhundert Mark aus, forderte die Bevölkerung zur Mitfahndung auf und veröffentlichte Fahndungsfotos des gesuchten Polen. Die Bemühungen sollten schon bald von Erfolg gekrönt werden.

Als ein Ratsbote in Hannover am 4. November zu seinem in der Innenstadt abgestellten Fahrrad zurückkehrte, sah er, wie sich ein heruntergekommen wirkender Mann an ihm zu schaffen machte. Der Unbekannte entfernte sich rasch, als der Bote ihm etwas zurief. Der aufmerksame städtische Bedienstete schöpfte sogleich Mißtrauen und begann, den verdächtigen Mann unauffällig zu beobachten, um den es sich möglicherweise um einen Fahrraddieb handeln mochte. Und er wurde Augenzeuge, wie sich der Unbekannte auch an anderen abgestellten Fahrrädern zu schaffen machte. Der Bote trat auf ihn zu und stellte ihn zur Rede. In gebrochenem Deutsch gab sich der Mann zunächst als Ungar, dann aber, als der Ratsdiener nicht lockerließ und ihn nach seinem Heimatort befragte, als Russe aus. Nun schöpfte der städtische Bedienstete erst recht Verdacht. Er packte den Mann an der Schulter und führte ihn zur nächsten Polizeiwache. Angesichts der belebten Straßen war Widerstand zwecklos. Auf der Wache wurde er unter dem Verdacht des Fahrraddiebstahls prompt festgenommen.

Trotz des verwahrlosten Zustandes des Mannes stellten die Beamten eine gewisse Ähnlichkeit mit dem gesuchten Osnabrücker dreifachen Mörder fest. Schon im ersten Verhör brach der Unbekannte zusammen und gestand, er sei der Gesuchte, nach dem seit über zwei Wochen gefahndet werde. Er habe alle drei Morde begangen, um die Opfer berauben zu können. Doch auf die Ermittler warteten noch weitere Überraschungen. Nachforschungen ergaben, daß die Papiere des Verhafteten gefälscht waren. Es handelte sich nicht um den sechsundzwanzigjährigen Michal Auguscik, sondern um den am 20. Mai 1909 in Opatówek im damals zu Russisch-Polen gehörenden Kreis Kalisch geborenen Antonin Wignaniec.

Und dieser Wignaniec gestand nun auch, er habe in Polen sechs Morde, eine Brandstiftung, einen Raubüberfall und mehrere Dutzend Diebstähle begangen. Bestraft worden sei er aber nur wegen dreier Morde und einiger Diebstähle. Während des Polenfeldzuges im September 1939 sei er aus dem Gefängnis entlassen worden und habe sich, um nicht nach Deutschland zur Fremdarbeit geschickt zu werden, jenseits der Weichsel herumgetrieben und von Diebstählen gelebt. Im Dezember 1939 aber griffen ihn die deutschen Besatzungsbehörden auf und schickten ihn im Februar 1940 zur Arbeitsleistung nach Osnabrück, wo er zunächst im Gärtnereibetrieb an der Moorlandstraße, dann seit Januar 1941 in dem an der verlängerten Katharinenstraße arbeitete. Jedoch hielt er intensiven Kontakt zu den in seiner Nachbarschaft lebenden Landsleuten, von denen drei seine Opfer werden sollten.

Der *Hannoversche Kurier* vergaß in seiner Meldung zur Festnahme des gesuchten dreifachen Mörders übrigens nicht darauf hinzuweisen, daß es sich bei dem aufmerksamen Ratsdiener um einen SA-Mann handelte.

In der Verhandlung vor dem Sondergericht Hannover am 11. Dezember 1941 wiederholte der Mörder alle in der Voruntersuchung protokollierten Angaben. Als der Vorsitzende ihn nach den Motiven der mit entsetzlicher Grausamkeit begangenen Morde fragte, antwortete Wignaniec, er habe sie lediglich aus Habgier verübt. Dabei ging er folgendermaßen vor: Er täuschte den Opfern vor, er kenne einen Fernfahrer, der gegen einen gewissen Geldbetrag bereit sei, sie ins nunmehr besetzte Generalgouvernement Polen zu bringen. Kurz vor der geplanten »Abreise« lockte er sie samt allen ihren Habseligkeiten in seine Unterkunft, damit sie dort die letzte Nacht verbringen konnten, denn man müsse ganz in der Frühe abfahren. Als das jeweilige Opfer im Schlaf lag, habe er ihm mit einem

Gewaltverbrecher hingerichtet

Die Justizpressestelle Hannover teilt mit: Am 7. Februar 1942 ist der am 29. Oktober 1903 zu Hildesheim geborene Fritz Utermölen hingerichtet worden, den das Sondergericht in Hannover als gefährlichen Gewohnheitsverbrecher und Volksschädling zum Tode verurteilt hatte. Utermölen, ein oft vorbestrafter Verbrecher, hatte auf den verdunkelten Bahnsteigen der Bahnhöfe in Hannover und Hildesheim zahlreiche Koffer und Eilgutsendungen gestohlen. — Am 7. Februar 1942 ist der schwer vorbestrafte polnische Raubmörder Antonin Wignaniec hingerichtet worden, den das Sondergericht in Hannover am 11. Dezember 1941 wegen Mordes in drei Fällen zum Tode verurteilt hatte.

Hannoversche Allgemeine Zeitung, *9. Februar 1942.*

Beil den Schädel zertrümmert, dann die wenigen Habseligkeiten und das Bargeld an sich genommen und noch in der Nacht die Leichen verscharrt.

Mit der siebzehnjährigen Polin habe er ein Liebesverhältnis unterhalten, doch auch in ihrem Falle sei es darum begangen, sie zu berauben. Nach den ersten Beilhieben habe das Mädchen noch geröchelt, so daß er seinem »Leiden« dadurch ein Ende setzte, indem er ihm mit dem Messer mehrmals in den Hals stach. Mit größter Kaltblütigkeit erklärte der Angeklagte, wäre er weiterhin auf freiem Fuß und in Osnabrück geblieben, hätte er noch andere polnische Fremdarbeiter ermordet, um sie ihrer Habe zu berauben.

Dem Staatsanwalt blieb nichts anderes übrig, als die für Gewaltverbrecher gesetzlich vorgeschriebene Todesstrafe zu beantragen.

Das Sondergericht verurteilte daraufhin Wignaniec dreimal zum Tode. Das *Osnabrücker Tageblatt* titelte in seiner Ausgabe vom 13. Dezember 1941: *»Das polnische Untier dreimal zum Tode verurteilt«.*

Der polnische Serienmörder von Osnabrück wurde am 7. Februar 1942 im Richtraum des Strafgefängnisses am Ziegenmarkt in Wolfenbüttel durch Enthauptung mittelst Fallbeilgerätes hingerichtet. Mit ihm starb ein weiterer Verurteilter, der Deutsche Fritz Utermölen. Das Sondergericht in Hannover hatte ihn zum Tode verurteilt, weil er auf den Bahnsteigen in Hannover und Hildesheim die kriegsbedingte Verdunkelung dazu ausnutzte, Koffer von Reisenden und Eilgutsendungen der Reichsbahn zu stehlen.

LITERATUR- UND QUELLENVERZEICHNIS

A. Quellen

Brandenburgisches Landeshauptarchiv, Potsdam
Rep. 12C Staatsanwaltschaft beim Sondergericht Berlin II, Nr. 355.

Landesarchiv Baden-Württemberg – Staatsarchiv Sigmaringen
Best. Wü 29/2 T 1 Nr. 57 (Staatsanwaltschaft Rottweil).

Landesarchiv Berlin:
A Pr.Br.Rep. 030-03 Zentralkartei für Mordsachen und Lehrmittelsammlung, Nr. 1782–1790.

Tageszeitungen

Alb-Bote und Rundschau (Münsingen)
Anhalter Anzeiger (Dessau)
Berliner Lokal-Anzeiger
Berliner Morgenpost
Berlin-Lichtenberger Tageblatt
(später: *Karlshorst-Lichtenberger Nachrichten*)
Braunschweiger Neueste Nachrichten
Dortmunder Volksblatt
Dortmunder Zeitung
Dux-Biliner Zeitung
General-Anzeiger (Dortmund)
General-Anzeiger/Rote Erde (Dortmund)
Hagener Volkszeitung
Hagener Zeitung
Hannoverscher Kurier
Magdeburgische Zeitung
Münchener Zeitung
Münchner Neueste Nachrichten
Münsterischer Anzeiger
Neue freie Volks-Zeitung (München)
Niedersächsische Tageszeitung (Hannover)
NS-Kurier (Stuttgart)
Osnabrücker Tageblatt
Rottenburger Zeitung
Schwäbischer Merkur (Stuttgart)

Schwarzwälder Bote (Oberndorf am Neckar)
Schwarzwälder Volksfreund (Rottweil)
Stadt-Anzeiger für Hagen und Umgebung/Hasper Zeitung
Stuttgarter Neues Tagblatt
Tremonia (Dortmund)
Tübinger Chronik
Verbo/Seeblatt (Friedrichshafen)
Verdener Anzeigenblatt
Westdeutsche Volkszeitung (Ausgabe Hagen)
Westfälische Landeszeitung/Rote Erde (Dortmund)
Westfälischer Anzeiger (Hamm)
Westfälisches Volksblatt (Paderborn)
Die Zeit (Reichenberg)
Das 12-Uhr-Blatt (Berlin)

Zeitschrift

Kriminalistik. Monatshefte für die gesamte kriminalistische Wissenschaft und Praxis, Heft 5 und 6, Mai und Juni 1942, Berlin 1942.

B. Literatur

Alt, Axel: *Der Tod fuhr im Zug. Den Akten der Kriminalpolizei nacherzählt,* Berlin/Leipzig 1941.
Bosetzky, Horst: *Wie ein Tier. Der S-Bahn-Mörder,* München 1994.
Ernst, Georg: *Der Fall Eichhorn, ein weiterer Beitrag zur Kenntnis des Doppellebens schwerster Sittlichkeitsverbrecher,* med. Diss. München 1942.
Farin, Michael: *Polizeireport München 1799–1999. Katalog zur gleichnamigen Ausstellung im Münchner Stadtmuseum,* München 1999.
Schenkel, Andrea Maria: *Kalteis,* Hamburg 2007.
Selby, Scott Andrew: *A Serial Killer in Nazi Berlin: The Chilling True Story of the S-Bahn Murderer,* New York 2014.
Weimann, Waldemar: *Diagnose Mord. Die Enthüllungen eines Gerichtsmediziners,* Bayreuth 1964.

BILDNACHWEIS

Titelfoto: Landesarchiv Berlin, »Kriminalistik«, Sammlung Wolfgang Krüger

Bayerisches Staatsministerium der Justiz: S. 59

Bundesarchiv: S. 82, 178

Brandenburgisches Landesarchiv: S. 168, 169, 194

Hagener Heimatbund: S. 70

Zeitschrift »Kriminalistik«: S. 208, 241, 248

Landesarchiv Berlin: S. 202, 220, 240, 245, 257

Landesarchiv Württemberg – Staatsarchiv Sigmaringen: S. 120, 125, 127, 145, 154

Sammlung Andreas Flick: S. 262

Sammlung »Rottweiler Bilder«: S. 123, 146, 148, 157

Sammlung Verlag Kirchschlager, Postkartensammlung: S. 10, 17, 27, 164, 174, 176, 186, 193 (oben)

Sammlung Wolfgang Krüger: S. 30, 38, 44, 51, 91, 183, 193 (unten), 219, 260

WOLFGANG KRÜGER
THÜRINGER MÖRDER
AUF DEM
SCHAFOTT
VOLLSTRECKUNG MIT FALLBEIL
1860–1933
KIRCHSCHLAGER

KIRCHSCHLAGER

Kriminalistik. Kriminalgeschichte.
Kriminologie. Seit 1995

Weitere lieferbare Buchtitel finden Sie bei
www.Verlag-Kirchschlager.de

IMPRESSUM

2. Auflage Arnstadt November 2023

Satz: Nicole Laka, Hamburg
Druck und Bindung: PBtisk s. r. o., Příbram

ISBN 978-3-934277-55-7